店舗設計基礎講座

新しい飲食店づくり A to Z

竹谷稔宏 著

30業種のキッチンプラン/リスト＆ディテール

Contents

はじめに	004

第1章

プランニング1　平面計画

1. 平面計画の進め方と基礎知識／ 　ゾーニング計画をする前段階で確認しておくことと心得	006
2. 設計条件の確認の意味とは何か／ 　物件調査の重要性とチェックポイント	007
3. 業種業態別各スペース配分と割合／厨房面積の妥当性	009
4. キッチンの効率化と大きさの関係	010
5. 客席スペースを決定する／客席比率を理解する	010
6. 客席の広さは業種業態や客単位に左右される	011
7. 業種業態に合わせた客席スタイルと寸法を把握すること	011
8. テーブル、カウンターと椅子まわりの寸法を把握すること	012
9. ソファ、ベンチシート席を計画する上での 　基準寸法を把握すること	012
10. 客席形態と効率的計画のポイント	013
11. 客席まわりの寸法基準を知ること	014
12. 客動線とサービス動線の関係と寸法を把握すること	014
13. サービスカウンターと作業台の基準寸法を把握すること	015
14. ゾーニング（ラフスケッチ）計画の意義と重要性	015
15. これまでの設計の進め方と「並行設計」の 　違いを理解する	016
16. ゾーニング（ラフスケッチ）計画の 　実践的手順とチェックポイント	017
17. ファサード（入り口）デザインの重要性と役割	019
18. ローコスト計画のポイント／ 　リサイクル用品活用とリニューアル範囲の設定	021
19. 店づくりに対する投資と採算の知識を持つこと／ 　店づくりの予算はどのように決定されるか	021
20. テナント工事区分と範囲を理解する／ 　工事区分の分割により投資は上昇する	022
21. 設計から開店までのスケジュールの立て方	023
22. 設計監理で注意しなければならないこと／ 　現場は活きた教科書である	024
23. 工程管理で注意しなければならないこと／ 　適切な工事期間の設定	025

プランニング2　厨房計画

1. 厨房に関する基礎知識／飲食店にとっての厨房の位置づけ	026
2. 飲食店の厨房面積の妥当性とは／キッチンは飲食店の心臓である	026
3. 飲食店のサービスと料理提供の仕組みを理解する／ 　業種業態によってサービスの仕組みは変化する	027
4. 厨房の各施設機能と役割を理解すること／ 　キッチンセクションごとの知識を深める	029
5. 収納スペースの確保と工夫／収納スペースの創作術とアイデア	031
6. 業種業態別食器数と算定基準／ 　繁忙時客席回転数に合わせた食器数を持つこと	032
7. オープンキッチンのメリット＆デメリット／ 　オープンキッチンが流行している背景	032
8. 見積書の項目チェックと査定方法／ 　内装工事見積書の査定方法と注意点	033
9. 厨房工事見積書の査定方法と注意点	034

プランニング3　設備計画

1. 電化厨房導入の注意点	036
2. 厨房排気フードの排気容量設定の基本的考え方と注意点／ 　給気方式を確認しておくこと	036
3. 業種業態によって異なる排気設備の注意点	037
4. 厨房内防水の知識と漏水事故への配慮と注意点	038
5. 物件の用途変更に際しての注意点／ 　特に設備内容をチェックすること	039
6. 知っておかなければならない厨房設備に 　関わる関連法規と注意点	039

第2章　コストプランニング

1. デザイナーとして知っておきたい事業収支計画の基礎知識　042
2. 開店にかかる費用項目を理解すること　042
3. 損益分岐点を算出する計算式　043
4. マネジメント相談室-1　043
5. 事業収支項目と内容／飲食店経営を知る最重要資料　043
6. 損益分岐点の意味を知る　043
7. マネジメント相談室-2　046
8. マネジメント相談室-3　046
9. デザイナーの陥りやすい勘違い　046
10. 仕事は契約書を結ばないで計画してはならない　047
11. デザイナーは「クライアントに喜ばれてこそ」良い仕事をした評価である　048
12. クライアントとの接し方教えます／ワンマン社長の場合　048
13. 施工業者の監督とどのように関わるか　049

第3章　事例集／業種業態別平面計画

1. おでん居酒屋／おでん一品にこだわりを傾注する　050
2. 居酒屋　魚市場／旨い新鮮な魚を低価格で提供する　053
3. 炙り居酒屋／素材の鮮度と高付加価値を訴求する　056
4. 地鶏居酒屋／鶏の銘柄のこだわりと特徴あるメニュー開発　059
5. お好み焼き居酒屋／生地とだしにこだわりを持つ　062
6. 生け簀鮮魚居酒屋／新鮮な鮮魚を低価格で楽しめるこだわりの居酒屋　065
7. 創作和食居酒屋／鮮魚のこだわりと素材を生かした創作料理が武器　068
8. 自然派和食バイキング／医食同源は和食の根底にあり　072
9. 鮨屋／ネタの鮮度の良さと高付加価値で固定客を狙う　075
10. 蕎麦屋／蕎麦へのこだわりこそ繁盛店づくりの基本である　078
11. ステーキレストラン／肉の安全性と提供方法で店の特徴を訴求する　081
12. カジュアルフレンチレストラン／フレンチ料理を健康志向で提供する　084
13. 生麺スパゲティー専門店／コシがしっかりしとした生麺の食感が魅力　087
14. イタリア（トラットリア）料理店／肩肘張らずに美味しいイタリア料理を提案　090
15. インド料理レストラン／ナンとカレーの味で成否は決まる　093
16. 中華料理店／本格的な四川料理を主軸に独自にアレンジした料理を訴求する　096
17. 炭火焼肉店／個室タイプが人気を集める　099
18. 餃子専門店／手作り餃子のこだわりこそ繁盛のカギ　102
19. 上海らーめん店／本場の鶏スープのこだわりと上海家庭料理の訴求を狙う　104
20. グルメバーガー／ナチュラルテイスト・グルメバーガー・レストラン　107
21. 焼酎バー／個性とこだわりが成立性を高める　110
22. 洋風スタンドバー／低価格で気軽に利用できることがカギ　112
23. ライブジャズバー／昼はカフェ、夜はライブジャズのスタイルで　115
24. 和風甘味カフェ／オリジナル鯛焼きを武器に、和をキーワードにしたレトロ感を訴求する　118
25. カフェレストラン／気軽なカフェメシが人気を集める　121
26. セルフカフェ／北欧雑貨との複合スタイル　124
27. イタリアンデリ＆カフェ／デリカテッセンとバールの複合店　127
28. フレッシュジュースファクトリー／新提案のドリンクが健康を訴求する　130
29. 洋風デリカテッセン／主菜、総菜、サラダ類の盛り付け演出が集客のポイント　132
30. 和食総菜と弁当店／ロハスをキーワードにした和食デリカショップ　134

あとがき　136

はじめに

これまで飲食店は、生活者が飲食店に求める「居心地の良い空間で、美味しい料理の提供」などをコンセプトに店づくりをすれば、それなりに店に客が入りそこそこに繁盛したものであった。
しかし近年では食に対する生活者の多様化に伴い、食そのものの安全性や本物志向、高い質的サービス、料理の提供スピード、低価格で高い付加価値の料理提案など、食に要求されるニーズは益々複雑化かつ増加傾向にある。また社会的景気後退による客数減少や経営不振など食業界の再編として店づくりに求められるスタンスも大きく変わろうとしている。
これまでは、飲食店で提供される料理をさらに演出するための舞台装置（インテリアデザイン）に視点が集中していた時代が終わり、経営効率が良い飲食店づくりをローコストで実現しなければならないという時代へ変化しつつある。そのため店舗デザイナーに求められる役割は、デザインのみならず飲食店の経営的数値の把握に至るまでコンサルタント的なレベルまで、幅広い知識が求められるようになってきている。
店舗デザイナーにとっては、良い空間デザインを低コストで創造するということは当然のことであり、飲食店のビジネスとしての経営的継続や繁盛店づくりの有効なアドバイスを求められる立場になってきていると言える。
店舗デザイナーの役割は、繁盛するための種々の店づくりのアドバイスができるなど飲食店の幅広い知識が必須になってきているのである。
もはやこれまでのようなデザイン視点の飲食店づくりは施主側が望んでいるものではなく、もっと飲食ビジネスとして経営的な要素やそこで提供される料理、仕組みなどその視点は経営主体の店づくりへと大きく変化してきている。
これからは、種々な設計実務の勉強や経験を積み重ね一人前の店舗デザイナーとしての一歩を踏み出すことを目指している人、またデザイン学校やCAD製図学校など実践基礎のほんの初歩的な勉強をした初心者1年生にとっては、あこがれのデザイン会社、厨房会社の設計部、また飲食設備に関わる設備設計会社などへ就職するなど将来の目標は大きいはずだ。しかしいざ実務的な仕事に向き合うと、一生懸命学校で勉強してきたことが、実務的な内容とは異質な業務になっていることに戸惑いを覚えることがほとんどであろう。
つまりデザイン学校は、社会へ出るための心構えやデザインの入り口、すなわち基礎的知識を学び、デザイナーとしての感性を養うための機関であり、実務的にはほとんど役に立たないということが現実であるにしても、その時間は決して無駄な時間ではなく一人前のデザイナーになるための一歩であると理解すればよい。
本書は、デザイン学校で飲食店や物販店のデザインを勉強している学生あるいはこれからの店舗デザインを業務として志す人たちのための入門書となるように、初心者に分かりやすく具対的な図面を交えながら詳細に内容を説明している。また、すぐに実践に活用できるように数値や指標、参考図面などデザイナーの基礎知識を幅広くかつレベルを高める書として構成している。
これまでのインテリアデザインに片寄った設計業務の進め方を改め、これからの時代のニーズに適合した理想的な設計手法を学ぶとともに、特に難解な設備機能を持つ飲食店のキッチンとインテリアデザインのバランスの取れた店づくりを実現するための教科書として活用していただけるものである。また広く飲食業に関わる業務に携わる人たちのためにも活用していただけるように、店づくりの一歩から分かりやすく噛み砕いた説明をしている。必ずや種々の分野で働く人のための基礎本として豊富な情報量を十分に学んでいただけるものと確信している。

竹谷稔宏（たけや・としひろ）

協　力
CAD/スタッフ：畑　治

Chapter 1

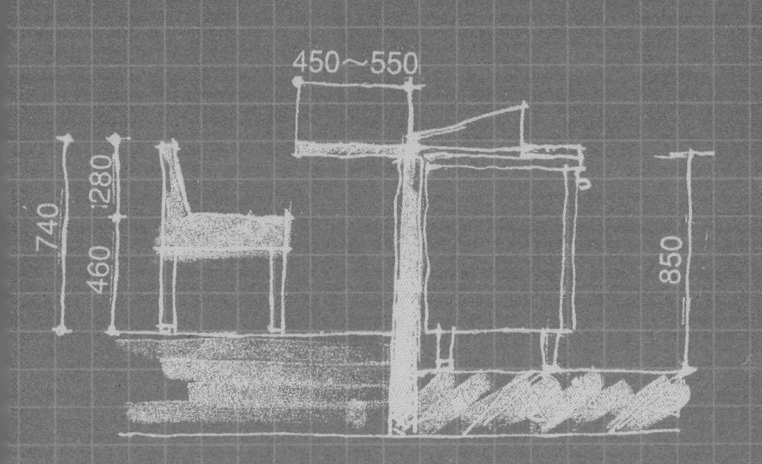

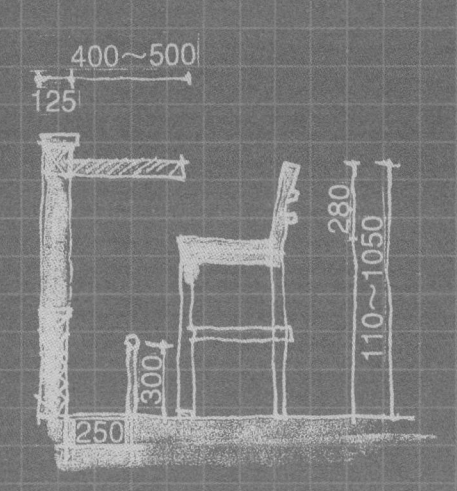

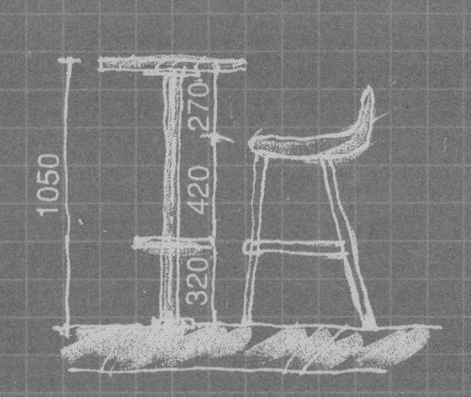

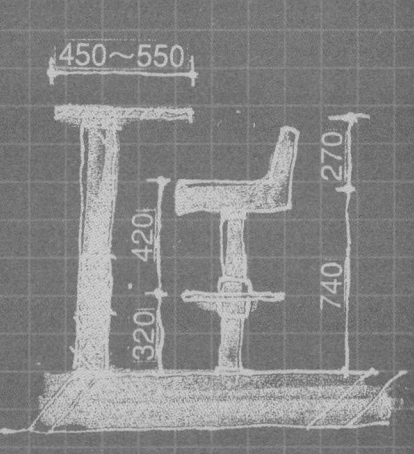

プランニング1　平面計画

1 平面計画の進め方と基礎知識／ゾーニング計画をする前段階で確認しておくことと心得

飲食店のデザイン設計をする前段階で、まず理解し注意しておかなければならないことがある。それは飲食店の設計に限らず、デザイナーの視点として、どうしても空間デザインに興味や計画が集中してしまうことが多く、飲食店として重要な機能がおろそかにされ、完成度の低いまま計画が進められてしまうことである。

飲食店の場合には、料理を提供するためのキッチンの位置づけやサービスするための付帯設備など、物販店の計画とは異なり、飲食店の業種・業態（業種＝どのような料理を提供するのか・業態＝どのようなスタイルで料理をサービスするのか）の内容を十分に理解し、計画に臨まなければ、理想的な計画を実現することは難しいと理解しておかなければならない。

まず平面計画に取り組む前段階で、飲食店の情報収集という重要な行為そのものが曖昧なままに安易に計画が進められてしまうことに大きな問題がある。計画をする前にはどのような雰囲気の飲食店にしたいのかなどデザイン情報だけではなく、飲食店の経営に至る内容までの具体的な情報をクライアント（依頼者）と十分に打ち合わせを持つことが重要であることを忘れてはならない。

ほとんどの場合、デザイン計画の前段階の情報収集というヒヤリングを十分に理解し、実務に反映できるまで分からないことはすべてクライアントに確認することがよい計画を進めるための一歩である。

具体的な情報収集項目としては、
1. 業種・業態の把握を十分にしておくこと
2. どのような料理を提供するのか。主軸になる料理内容や使用する調理機器情報
3. レジ精算方法はどのようにするのか。レジ位置の希望はあるか
4. 従業員室やストックなどのバックヤードの内容と広さの希望
5. 客席数は最低どのぐらいほしいのか
6. トイレは男女別あるいは兼用でよいのか
7. 客単価はどのぐらいの設定か
8. 繁忙時の従業員の数は何人で運営したいのか

など、その他クライアント側から収集できる情報はすべて開示してもらうことが大切である。

往々にして、この情報収集をおろそかにしたままで平面計画に臨むと、その計画はクライアントの希望や計画に応えるものではなく、完成度も低いものになってしまうことを忘れてはならない。

特にクライアントが飲食店に対して余り知識がなく、初めての独立開業という場合であれば、なおさらデザイナー側が理想的な飲食店づくりへの打ち合わせを繰り返し、納得のいく計画をしていかなければならない。ただ単にクライアント側からの図面提供と業種内容のみの情報で基本計画に取り組んでしまうことは避けるべきであろう。

クライアントが飲食店に対して素人である場合には、デザイナー側が計画に臨む前段階で検討しなければならない事項をクライアントに説明、理解させ、承認をもらいながら業務を進めなければ、後々トラブルになることが多い。完成した店を目の前にしたクライアント側からの施設変更や「イメージしたデザインと違う」などクレームの原因になりがちであることを忘れてはならない。

また、実務経験が浅いデザイナーは、クライアント側との打ち合わせ時に理解できない事項が多いだろうが、先輩デザイナーあるいは自分で文献を調べるという努力を惜しんではならない。

打ち合わせの内容がよく理解できないことは「恥ずかしい」ことではない。ベテランのデザイナーが実務を理解できないのと、まだデザイナーとして経験が浅いデザイナーでは、実務経験が少なく知らないことも多いことが当然のことであり、「よく分からない」というのはやむを得ないことである。しかしクライアントの前で「知らない」あるいは「理解できない」という言葉は、クライアントの不安感や信頼を失うもとになるため、「後ほど調べてお答えします」という対応が必要だろう。

飲食店のデザインを主軸に請け負うことが多いデザイン会社に所属する場合には、種々な業種業態の設計デザインを実務として進めていかなければならない。もちろん先輩デザイナーから直接指導を受けることは常であろうが、その知識だけでは早期に一人前になることはなかなか難しいことだ。

デザイナーとして経験が浅いと思うならば、種々の実務的設計文献を読みあさることであり、その知り得た知識を実務的に活用できるように自己研鑽を常に怠ってはならないことを肝に銘じておいてほしい。

表 1-1　平面計画の手順

```
┌─────────────────────────────────┐
│  物件の設備与件把握および確認  │
└─────────────────────────────────┘
              ↓
┌─────────────────────────────────┐
│  業種業態の具体的内容把握および理解  │
└─────────────────────────────────┘
              ↓
┌─────────────────────────────────┐
│  依頼者からの企画する飲食店情報収集  │
└─────────────────────────────────┘
              ↓
┌─────────────────────────────────┐
│  キッチンエリアは給水・排水・ガス・排気設備など集中している
│  位置に区画すること  │
└─────────────────────────────────┘
              ↓
┌─────────────────────────────────┐
│  キッチン位置設定、レジ、パントリー、トイレ、客席の順で
│  平面計画に臨むこと  │
└─────────────────────────────────┘
              ↓
┌─────────────────────────────────┐
│  各施設配置と客席エリアのバランス調整をしながら２案以上
│  計画すること  │
└─────────────────────────────────┘
              ↓
┌─────────────────────────────────┐
│  客動線と従業員動線がスムーズになっているか確認すること  │
└─────────────────────────────────┘
              ↓
┌─────────────────────────────────┐
│  最終確認として計画した図面には店のコンセプトに合わせた
│  ストーリーがあるかその内容を具体的に想定してみること  │
└─────────────────────────────────┘
```

2 設計条件の確認の意味とは何か／物件調査の重要性とチェックポイント
（平面計画と設備条件の把握は設備投資を左右する）

飲食店を計画する第一歩は、設計条件の確認である。何故に設計条件の確認をしなければならないかというと、業務を効率的かつ理想的に進めるためのポイントだからである。

設計条件の確認とは、「物件調査」あるいは「設備調査」ともいわれ、具体的に平面計画に臨む前に把握しておかなければならない重要な調査、確認事項である。

平面計画を進めるための基礎になる生きた情報が詰まった現場の設備、あるいはすべての実際寸法を実測することであり、物件調査をもとに実測した寸法が物件範囲（物件区画）、いわゆる図面枠になるわけである。

ほとんどの場合、ビルのテナントや一戸建てに関わらず、物件の竣工図面を物件契約の前段階で、設備等の把握のため現場に出向いての物件調査を行うが、竣工図面と現場状況を照らし合わせて情報（現況）を収集、確認することが基本であることを理解しておかなければならない。

物件調査をしなければならない理由は、しばしば現場の変更内容が竣工図面に反映、修正されずに設計図書として保管されている場合が多いからである。物件調査をせずに平面計画の打ち合わせをする場合もあるが、その計画には物件の設備与件が想定されていないため、現実に厨房やトイレなどの施設計画ができるか曖昧な部分が多いことがしばしばである。つまり竣工図面にない部分に、現実には配管や電気設備があるなど、現場の状況によって様々である。竣工図面をすべて現状とすることはかなり危険性が高いことを理解しておく必要があろう。

特にデザイナーとして経験が浅い設計者の場合は、まず図面に向き合う前に現場に足を運ぶことが、現状と計画との誤差や曖昧な部分をなくすための基本作業であることを忘れてはならない。

近年の飲食業界の店づくりに対する投資コストも景気後退や、客数減少などあらゆる部分での経費圧縮をする傾向にあり、店づくりに関わる投資に対しても特例ではない。

いかに投資を抑えて良いデザインをすることがデザイナーに求められ、低コストで客にとっての「居心地の良い空間」を計画することが依頼の主流になっているのが現実である。投資削減を店づくりで実現させることの限界は多々あるものの、いまやローコストで店づくりをすることが当然化しつつあるのだ。

もちろんその内容も業種業態によっても異なるが、計画店の客単価が低ければ低いほど、低投資で店づくりをするための具体的視点を絞って設計に臨まない限り、ローコスト化を実現することは難しい。

特に物件条件によっては、利用できる設備や施設内容はすべて活用するという視点をもって計画に臨まなければ、投資コストを下げることは難しいだろう。既存設備を有効に利用するためには、たとえば、設備が集中するエリアにキッチンを配置するなど、設備にかかるコストを少しでも削減することが大きなポイントになることを理解しておくことだ。

もちろん計画する飲食店のコンセプトを逸脱してしまうことは計画店そのものの経営存続に影響を与えるものであり、何

プランニング1　平面計画

が何でも既存設備を利用して投資を下げることと、飲食店の成功率を低下させる削減は「ローコスト化」という意味とは当然異なることである。

物件の平面という枠に種々の与件や飲食の機能、サービスに至るまですべての要素を想定して計画に臨まなければ、後々正式に図面化した後に再び修正しなければならないという変更も余議なくされることもしばしばであることを忘れてはならない。

またインテリアデザイナーといわれる人は経験が浅い深いに関わらず、業務の流れ上、設備設計については専門の設計者あるいは施工業者へ業務を委託するために厨房をはじめ付帯する設備に関わる知識が欠如していることが多い。飲食店を多く設計するデザイナーとしてはキッチンや給排気設備に対する最低限の知識は把握しておきたい。なぜならば、飲食店における設備にかかる投資は全体の60％と大きな比重を占めるため、設備業者の言いなりではいくらローコスト化の努力をしても限界があることを理解しておかなければならない。

表1-2は設計業務を進める前段階の物件調査項目であり、企画する飲食店のコンセプトや提供される料理に対する厨房機能や設備想定など、排気設備や給水・ガス・防水設備・衛生設備などがあり、目に見えない部分に多くの投資コストが掛かるのである。対象となる物件条件がどのようになっているかで初期投資が大きく左右されることを忘れてはならない。ただ単に物件の調査項目を全部埋め込むことが調査の本質ではなく、この物件で想定している店づくりをする場合に、設備の問題はないか、想定した予算以外の費用が発生する要素はないかなど、出店の投資採算に影響を与える判断材料になることを理解しておかなければならない。

想定した予算を膨らましてしまう要素として、設備調査の段階で電気容量が不足していることを見落としたため電気増量しなければならないというケースがある。ビルに増量の余裕がない場合にはテナント側で増量するための電気設備を負担しなければならない＝約200万円。

同様に、建物側の排気容量が不足している場合には、テナント側で店用の排気ダクトをビルの屋上まで設備を上げなければならない＝約100万円。また物件周辺が住宅地のために臭気がクレーム対象になる可能性やトラブルを予想しなければならない＝臭気フィルター設置費100万円。このように想定した以外の投資がかかる場合には、クライアント側と密に相談しなくてはならない。

物件立地が良ければ、想定外の投資が発生しても契約をして店づくりに着手したいというクライアントであっても想

表1-2　物件調査項目とチェックリスト

1 住所/所在地			
2 構造・規模	造	階建	階部分
3 占有面積	階（　坪）	階（　坪）	合計（　坪）
4 地下の有・無	有・無	防水　必要・不要	
5 防火地域	準防火地域	指定なし	その他
6 用途地域	商業・近隣商業	住居・第二種住専	その他
7 築年数	（　　年）		
8 解体の必要状況	有	無	
設備情報			
1 ガス	都市ガス	LPG	
種　類	熱　量		
接続配管径			
2 給水	現在の給水	有（　）無	
受水・高架水槽		有（　）無	
		有（　）無	
3 雑排水	現在の排水管	有（　）無	
径		（　）無	
浄化槽	必要・不要	既存（　人層）	単独・合併処理
4 電気	現在の容量	1P100V　200V	3P 200V KW
増量の必要		有（　）無	
5 空調・給換気	既存空調機　有	（使用可・不可）無	
方　式	（空・水）冷	ダクト・天井埋込	吊り・壁・床置
排　気	ダクト 立ち上げ	直吹き	
排気臭	問題　有・無		
客席換気	（　ヶ所）		
給気方式	強制・自然	天井面・壁面	
6 既存厨房位置			

定外の費用が多くかかる場合には、物件調査結果の報告と了承をきちんととっておかなくてはならない。場合によっては、その物件はあきらめるなど、すべてクライアントに進言するくらいの勇気を持ってほしい。

単に計画の障害になる設備問題をクリアすれば、店づくりができるという判断は、設計者のみで判断するのではなく、その結論はあくまでもクライアント側の意思にあるものと理解しておくことだ。勝手な判断は後々クライアント側とのトラブルを誘発するものであり、必ずすべての報告事項は書類にしてクライアント側に提出することを忘れてはならない。

3　業種・業態別各施設スペース配分と割合／厨房面積の妥当性

一般的に、飲食店の企画をする際に多くのクライアントは、客席計画やインテリアデザインに重点をおきデザイナーとの

表 1-3　業種業態別厨房面積比（人/m²）参考指標

以下指標はあくまでも参考基準であり
飲食店のコンセプトメニュー数によって厨房の大きさは左右される

業種・業態	客単価	回転率	人/m²	厨房面積比%	トイレ数 男女別
ファミリーレストラン	1000〜	2.5〜3	0.50	35〜40	大2・小2
席数110以上	2000〜	2〜3	0.40	35〜45	大2・小2
居酒屋	1800〜	2〜3	0.6	18〜25	大2・小3
席数100以上	3000〜	1.8〜2	0.50	20〜25	大3・小3
イタリア/フレンチその他	3000〜	2〜3	0.50	25〜30	大2・小1
席数50以上	5000〜	1.5〜2	0.40	25〜30	大3・小2
ラーメン/中華料理/居酒屋	800〜	3〜5	0.60	15〜18	大1
席数50以上	3000〜	2〜3	0.44	20〜25	大2・小1
席数80以上	5000〜	1.5〜2.5	0.40	20〜25	大3・小2
そば/うどん/和食料理/割烹	800〜	4〜5	0.50	15〜20	大1
席数30以上	1200〜	4〜5	0.50	15〜20	大1
席数50以上	3500〜	2〜3	0.50	18〜25	大2・小1
席数50以上	5000〜	2〜2.5	0.45	20〜28	大3・小1
ホルモン/焼肉/レストラン	1800〜	2.5〜3.5	0.60	15〜20	大1
席数80以上	3000〜	2〜2.5	0.50	18〜25	大2・小2
席数50以上	5000〜	2〜2.5	0.40	20〜25	大2・小2
ステーキ ハンバーグ	1500〜	2〜2.5	0.50	15〜20	大2・小1
席数50以上	3000〜	2〜3	0.50	15〜20	大2・小2
席数50以上	5000〜	1.8〜2.5	0.50	20〜25	大3・小2
回転寿司/鮨	1500〜	2〜3	0.50	25〜30	大3・小3
席数20以上	5000〜	1.5〜2	0.50	18〜20	大1
パスタ専門店	1000〜	2.5〜3	0.50	15〜20	大1
立ち飲み居酒屋	1500〜	3〜4	0.70	15〜18	大1
セルフカフェ	380〜	8〜10	0.50	18〜20	大1

打ち合わせに臨むというケースが多く、いつの間にか厨房スペースや従業員スペースが隅に追いやられていることがほとんどであろう。しかし現実に店が開店してみると厨房が狭すぎるあるいは料理を提供する機能が不足しているなど、客席と厨房のバランスがとれていないために料理がスムーズに提供できず、来店するゲストに迷惑をかけてしまうことがしばしばある。

クライアントが自ら店に入り従業員と一緒に働くというケースと、雇用した従業員にすべて任せてしまうという場合とでは、各用途のスペース配分が少し異なる。いくら良いインテリアデザインを店にしても、ゲストに料理がスムーズに提供できないとかオペレーションが乱れている店では、ゲストにとって居心地の良い空間にはならない。

クライアントが生業稼業として経営に臨む場合は、飲食店の経営を優先して計画に臨むというのは当然のことであり、厨房に料理を提供する機能が備わっていないということはほとんどなく、開店後にいろいろなトラブルが発生するなどの問題は少ない。とはいえ、厨房スペースや機能内容と客席のバランスを重視しながら企画に臨むことが理想的かつ良い店づくりを具体化させる手法の第一歩であることを忘れてはならない。

飲食店の厨房面積の比率指標は全体の総面積に対して約20％から40％ぐらいが一般的といわれているが、現実的には業種業態や店のコンセプトによってもこの比率は大きく異なることを理解しておくことだ。

たとえば、郊外に立地するファミリーレストラン、回転寿司、焼き肉店などでは、バックヤード施設（従業員室・事務所・倉庫など）に至るまで比較的理想的な店づくりを実現できるため、厨房と付帯する施設スペースは40％以上になることも多い。

またファストフード、セルフサービスカフェなど料理の提供サービスを優先する業態の場合には約30％になることも多い。それに比べて、料理の種類が少なく専門性が強い焼鶏居酒屋、ラーメン店などの飲食店の場合には、約15％から20％以内と厨房と付帯するスペース配分は比較的小さくなる。

つまり厨房（付帯設備を含む）面積は、そこで提供される商品数や種類、調理内容によって異なってくると理解しておくことが、より良い店づくりのポイントであろう。経営的な視点に立てば、少しでも繁忙時にゲストを受け入れる席を多く確保したいというクライアントの要望は理解できるが、すべての飲食店が、

　　客単価×客席数（充席率）×客席回転数＝売上高

であるという計画数値は、誤った考え方ではないものの、それはあくまでも計画段階での売り上げを想定する際の数値指標であり、すべての飲食店に適合するものではないことを認識しておかなくてはならない。

また客席、厨房以外の施設（従業員室・事務所・倉庫・トイレなど）の大きさや数も業種業態や客席数によって異なるものであり、店が大きくなればなるほど、従業員室の更衣スペースも調整対象になるだろうし、食材の配送回数が限られている場合には倉庫スペースも大きさを調整しなければ商品の材料が不足してしまう。また客席数が多ければトイレの数も男女分けや便器数などの施設環境を整えなければ、より良い店として成立しないことになることを忘れてはならない。

表1-3に業種業態別厨房面積比を示しておく。

この表は参考指標であり、業種業態によるコンセプト、客単価などによって客席スペース、キッチンスペース、その他付帯設備など大きく内容が変化する。一般的に客席数が多い飲

プランニング1　平面計画

食店の場合には、トイレも男女別、小便器も2から3を設備するなど客席スペースやスタイルまで業態のコンセプトに合わせて変化してくることを理解しておかなければならない。
基本的にはクライアント側との店づくりに対する意見交換を密にすることが設計者としての役割であり、やみくもに、参考資料や情報もなしに図面に取り組むことは飲食店の計画として精度の低いものになり、種々の情報が詰まった説得力のある図面でない限りクライアント側との打ち合わせの「たたき台」にもならないことを理解しておかなければならない。

4　キッチンの効率化と大きさの関係

飲食店の企画をする上で、キッチンの効率性がますます求められるようになってきた。これは飲食業界が産業という売り上げマーケットに成長しても、飲食店の現場を動かすのはあくまでも人であり、今後の高齢化社会あるいはアルバイト・パートの雇用確保や経営的な人件費削減など、経営効率のアップをキッチンの高効率化によって図ろうとするに他ならない。
しかし現実的な飲食店計画に際して、キッチンにはさして興味がなく経営視点に重きをおく場合には、とかくキッチンスペースを小さく効率的かつ低投資にしてほしいというクライアント側の要望が多い。
客席数を多く確保することこそが売り上げを上げる基本であると信じている経営者も少なくなく、客席数確保を優先するためにキッチンを小さくしてほしいという要望は、理想的なより良い飲食店づくりを目指すデザイナーにとってはやっかいな話である。
もちろん企画する飲食店の物件が全体的に小さく施設要素をすべてその中に納めなければならないという場合には、キッチンとダイニングが優先されて、その他の付帯施設の確保が無理な計画になってしまうことも多々ある。やはり理想的であっても、経営的に成立しない飲食店を計画してもクライアントの要望にはそぐわない。
そもそもキッチンの効率化とは、実際に必要な設備機器や機能をはしょってまでスペースを小さくして、機器を限られたスペースに詰め込むことではなく、そこで働くスタッフがいかに繁忙時に動きやすいか、あるいは料理をスムーズに提供できる機能が整っているかなど、メニューと厨房機器の関係（能力・稼働率・依存度）のバランスがとれていることが効率化の重要なポイントになるのである。

いまでは単にキッチンスペースを大きく確保するだけでなく、調理機器の機能に依存し、人員削減や効率的経営を計画する業種業態も増加傾向にあり、現実に成果を上げている企業が存在してもいる。
旅館やホテルでは、ハイテク機能を持つ大量調理機器がほとんどであり、ますますキッチンの効率化は進化していることを理解しておかなければならない。
つまりキッチンの効率化は、そこで提供されるメニュー内容と品数や調理工程などに大きく関係するものであり、基本的にはメニュー数が多ければ多いほど厨房は大きくなる可能性が高い。さらに厨房の効率化を求めれば、調理をハイテク機器に依存する比重が高くなるため、やはり大きくなる傾向にあろう（コンパクト化された調理機器はスペースを小さくすることもできる）。
つまり飲食店の計画に臨む上では、ただ単にクライアント側の要望にしたがって客席数を確保し、その後の余ったスペースをキッチンとして厨房業者へのすべてまる投げという設計方法をなくさなければ、より良い飲食店の計画を実現することは難しいことを理解しておかなければならない。

5　客席スペースを決定する／客席比率を理解する

飲食店の企画でデザイナーがもっとも力量を発揮できるのがダイニング計画と空間のデザインづくりであろう。しかしキッチンスペースを決定するように、業種業態によって客席スペースを確保するための基本的な理論や実践的考え方があることを理解しておくことが重要になる。
一般的に飲食店の客席スタイルや客席スペースは、企画する飲食店の業種業態で大きくその形態やスペースは異なる。さらに飲食店のコンセプトも客席構成やスタイルを変化させる要素を持っているなど、ただ単に一般的な幅（W）1200ミリ×奥行き（D）1800ミリのスペースを確保すれば、4人席を配置できるという基本的な考え方が通用しない場合も多々あるのである。
客席スペースを検討するには、物件の枠に得られるスペースと席数、あるいは要望席数と必要スペースなどの基準を持たなくてはならない。
そのための参考指標として客席比率（坪当たり何人、平米当たり何人という表示方法）を参考に計画を進めることが、コンセプトや計画を逸脱しない効率的業務の進め方であることを理解しておくことだ。

もちろんこの客席比率という指標は業種業態によって大きく異なるものである。

たとえば、非日常的な高級割烹料理店やディナーレストランの客席指標は平米当たり約0.35人以下と比較的ゆったりとした客席空間になるであろう。その理由は、非日常的な空間で美味しい料理を楽しみたいというニーズに応えるゲストスペースや厨房内容になっていなければ、ビジネスとして成立しないだろう。つまりゲストが支払う費用に見合った満足できる料理の味や空間を提供しなければ、店としての存在意義や付加価値を提案できないということだ。

しかしこれと反対に立ち飲み居酒屋、焼鶏屋などの場合には、隣同士の肘が当たるぐらいの、またモノでも押し込むように詰められた空間で飲食をするという場合も多々ある。しかしそこで飲食する人の気持ちになれば、ほとんどの場合は居心地の良い客席空間ではないが、知らぬ同士袖振り合うも他生の縁ということわざもあり、それそれで楽しい空間、客席となっている。

6 客席の広さは業種業態や客単価に左右される

飲食店の計画にあたって、客席や各用途スペースは業種業態あるいは客単価により大きく左右される。

つまり客単価が高い店が低い店よりも客席スペースを広く確保することが多くなる傾向にある。これは前述したように、ゲストが求める料理に対する期待や環境は付加価値のひとつとして、単価に見合ったサービスや雰囲気の中で「ゆっくりと食事を楽しみたい」とするゲストニーズであることに他ならない。これまでの飲食店づくりは、特に店の雰囲気や奇抜な演出デザインに重きをおき、本来飲食店に求めるゲストニーズと離れたところで「流行り」を生み出していた時代もあったが、社会的景気後退や飲食業界全体の業績悪化など飲食店の店づくりに対する思想も本来の意義を改めて再認識しつつある。特に高級料理を提供する高級和食、レストラン、その他業態でも時代の顧客ニーズを常に捉えた飲食空間の改修や新たな提案を生み出す努力をしているなど、時代の変化とともに客席スタイルやスペースのあり方も多種多様になりつつある。継続的経営という飲食店の本来の目的を逸脱してはなんの意味もないのである。

つまり飲食店の計画をする上で客席数やスペースの確保は重要な部分ではあるものの、常にキッチンやダイニングに付帯する設備などすべての要素が業種業態によって大きく異なってくることを理解しておかねばならない。

ただ単に決められた寸法を平面図に当てはめるという行為は設計ではなく、「ハメ絵」をするがごとく、クライアントからの要望（客席数、スタイルなど）を図面に落とし込んでいるだけでは、創造という本来の理想的な行為そのものが欠如していることを忘れてはならない。

新たな業種業態の専門店など多様化が進む飲食業界にあっては、客席数を確保するという現実的な計画そのもの以外に、企画する業種業態のあり方や客単価、空間創造などが客席スタイルやスペースを大きく変える要素になるものと理解しておくことが大切であろう。

流れ作業のごとく（あるいは自分の思い込みで）闇雲に図面計画をすることだけがデザイナーとしての役割ではなく、これからは、計画に臨む段階で飲食店の経営的に成立する事項に至るまでの情報や、各施設の相互関係を十分に理解しなければならない。またこれからの店づくりに求められるデザイナーとしての役割は、より多種多様化することなど、その重要性は実務設計とは異なった次元で重要なポイントになってくることを肝に銘じておくことだ。

7 業種業態に合わせた客席スタイルと寸法を把握すること

客席のかたちは、業種業態に合わせて変化するものであり、また来店する主客層に合わせてスタイルや客席寸法（椅子・テーブル）を計画することが大切なポイントであろう。

一般的な客席形状は2人用、4人用、6人用、グループ用と種々のスタイルが計画できるが、客席計画をする上での基準寸法は、その飲食店の繁忙時の利用客層と何人で来店するかなど客構成に合わせて計画することが重要だ。

客席の形状も、カウンターにはI型、L型、コの字型などがあり、テーブルの大きさ、高さ寸法、椅子の大きさによっても、確保できる客席数も大きく左右される。またテーブル形状もビッグテーブル、ロングテーブルなど業態によっても形状、寸法は大きく変化することを理解しておかなければならない。たとえば、中華料理、アジアンダイニング、居酒屋の円卓など場合は約500φから1500φの円卓、ロングテーブルであれば、約3000ミリから5000ミリ以上まで業種業態によってスタイルや形状が変化する。

プランニング1　平面計画

図1-1　客席まわりの寸法

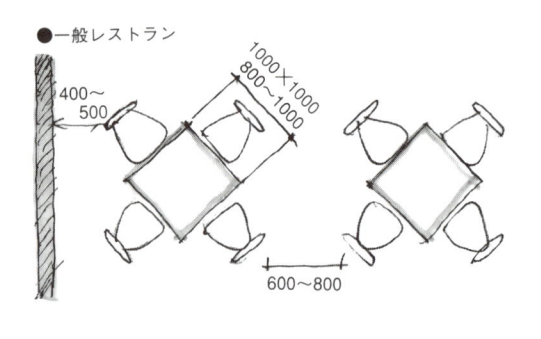

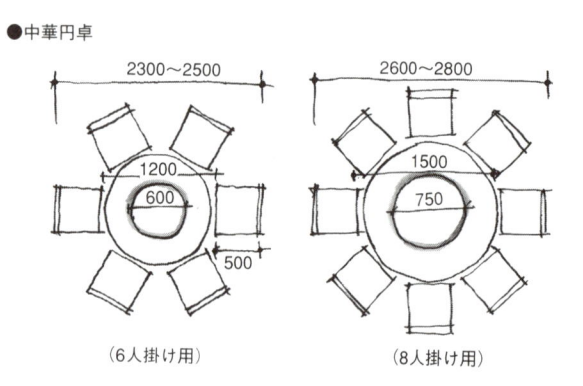

●一般レストラン

●ベンチシート席

●中華円卓　（6人掛け用）（8人掛け用）

●アジアンダイニング（4人掛け用）

●ロングテーブル席

8 テーブル、カウンターと椅子まわりの寸法を把握すること

客席寸法を設定する場合、1人、2人席の一人当たり確保しなければならない基本的寸法はテーブルの幅500ミリ以上（一般的には650ミリ）、奥行寸法は350ミリから750ミリが常であり、業態によって700ミリから800ミリ以上まで広がってくることもある。4人席の場合は2人席の約2倍のテーブルの幅寸法だと理解しておけばよいだろう。そうすれば、計画段階で大きくスペース配分を誤ることはなく、幅1200ミリ、1300ミリ、1350ミリで計画することだ。またテーブルの基本的高さ寸法は750ミリから720ミリであり、テーブルと椅子の座の間の寸法は約260ミリから350ミリを基準寸法として計画すればよい。テーブルの高さと椅子の座の間の寸法が合わないために居心地が悪い店があるが、このような場合は、椅子とテーブルを別々に購入あるいはメーカーの寸法を確認せぬままに配置をしてしまった結果、わずかな寸法誤差が座り心地の悪い客席を生み出している。つまりいかに椅子とテーブル関係においての微妙な誤差がゲストの居心地を大きく左右してしまうこ

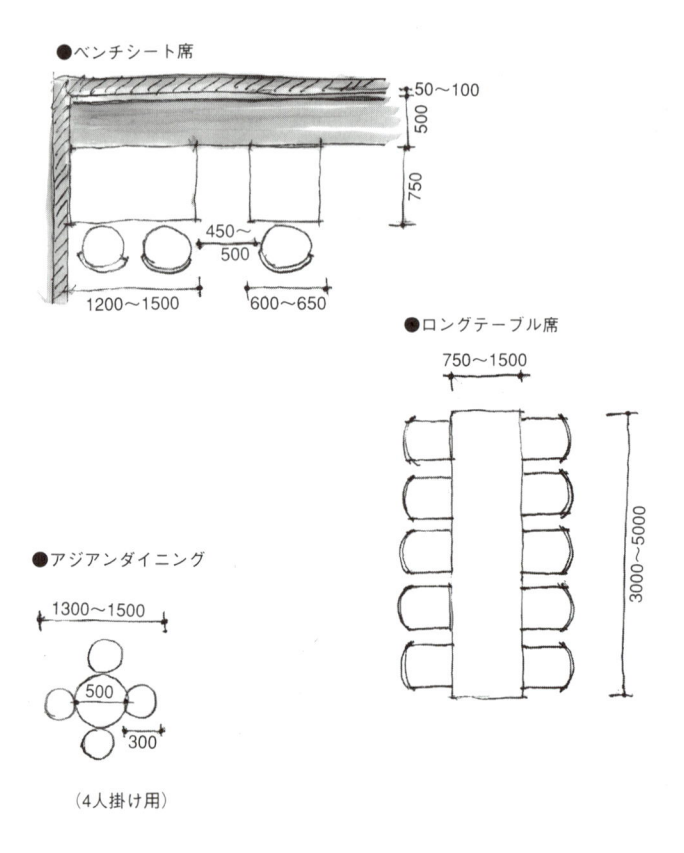

とを忘れてはならない。

また客単価が低いほどテーブル幅、奥行寸法も小さくなる傾向にあることや、客席数を多く確保するための工夫が必要である。逆に、客単価が高ければ客席寸法が広がることや客席の居心地も十分に配慮する必要があろう。

9 ソファ、ベンチシート席を計画する上での基準寸法を把握すること

客席スタイルは、椅子席、ベンチシート席やソファ席などがあり、業態によっても形状寸法が変化してくる。
もちろんベンチシートやソファの座面の奥行も450ミリ、550ミリ以上など業態によって異なってくる。たとえば食事をするテーブルのソファ、ベンチ席ではテーブルの奥行き約750ミリ、喫茶あるいはアルコール類を提供するショットバーでは500ミリなど種々の寸法がある。
またソファの形状も円形、楕円形、変形などさまざまな形状や寸法があることを理解しておかなければならない。

図1-2　客席まわりの寸法

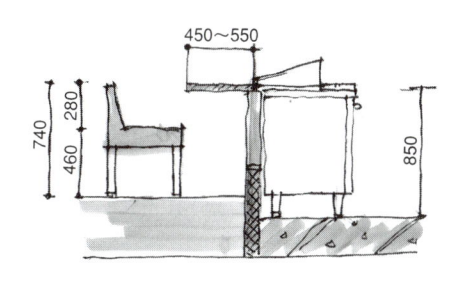

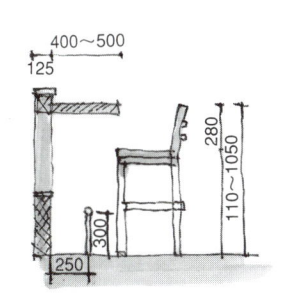

●ローカウンターの例　　　　　　　　●ハイカウンターの例

●固定テーブルの例　　　　　　　　　●固定イスの例

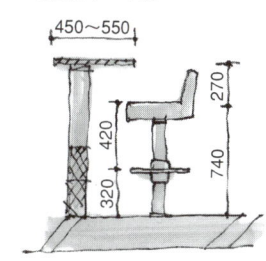

一般的には、ソファやベンチシートを計画する業態はレストラン（和・洋・中華、バーなど）が多く、どちらかと言えば、低価格の業態よりも高客単価の業態で多く計画されることが多い。もちろん低価格業態のスタンドコーヒーやカフェなど客席スタイルに変化を持たせる場合にもよく計画される客席である。

10 客席形体と効率的計画のポイント

最近の傾向として客席を区画する傾向にあるが、通常の客席配置形態よりも確保できる席数が少なくなることを理解しておかなければならない。
限られた小さいスペースを客席ごとに区画することは、計画上、図面上は成立しても、計画店の業態に合わせて、また現実にゲストが座る席として居心地の良い空間かを検討しなければならない。
一般的に客席回転数が多い業態の場合には、2人席を繋げることによって4人席、6人席になるようにしておくことが、繁忙時の客構成に対応しやすい配置計画と言える。すべてのテーブルを4人席として計画してしまうと、繁忙時の席利用の効率は低下してしまう（すべての席がゲストで満席になることはない）。
また和食や居酒屋の場合には、胡坐（あぐら）をかかなければならない席は足が痛くなることから嫌われ、最近では足が入るスペースを掘り下げた掘りごたつスタイルが主流である。
また最近の客席形態として個室を求める顧客ニーズに合わせて、小規模飲食店においても限られたスペースで客席と客席の間にパーティションを設置し、ひとつの空間づくりをする計画が多い。これは業種業態問わず、ゲストの嗜好として2人、4人、グループに関わらず求められていることであり、企画側としては店のコンセプトに合わせた客席づくりを計画することが大切である。
つまり客席スタイルや寸法は、業種業態によってさまざまに寸法が変化するものであり、基本的な寸法基準はあるものの、物件スペース、飲食店のコンセプトなどに合わせて理想的な客席計画をすることが、客席計画を決定するための基本であることを忘れてはならない。

プランニング1　平面計画

11 客席まわりの寸法基準を知ること

いかなる業種業態の飲食店であろうとも、利用者は店側から料理の提供やサービスを受けることになる（形態、程度の差はあるだろうが）。

つまりレストランの場合であれば、スタッフがゲストにサービスするための客席まわりのスペースが必要になり、客席を計画する段階で客席まわりにサービススペースを確保しておかなければならない。

一般的には客席と客席の間は約450ミリから500ミリ程度を空ける。ゲストが向かい合って座る場合（奥側が壁、ベンチシート）は客席と客席の間を通り、向い側の席に座ることになる。そのスペース＝テーブルとテーブルの間の寸法が450ミリから500ミリということである。体が大きな人のときはテーブルに触れる微妙な寸法であろう。

このテーブル間の寸法も客単価が高くなるほど、有効寸法の幅を500ミリ以上確保する傾向にあることは言うまでもない。客単価が低いスタンドコーヒーショップの場合には、350ミリなどテーブルとテーブルの間を通る際には体を横にしないと通りにくいなど、無理な客席寸法となっている店もあるが、メニューの安さに還元されているため致し方ない部分もあろう。

何れにしろ、その居心地にゲストも納得して利用しているのでなければならない。

また4人席をアトランダムに配置計画する場合には、4人席のまわりに約550ミリから600ミリのサービス寸法を確保しなければならない。

12 客動線とサービス動線の関係と寸法の把握をすること

飲食店の空間には、入り口から客席へ座るまでの、また化粧室へ行くなど客が主に使用する客動線と、そこで料理や種々のサービスを提供するための従業員のサービス動線の二つの動線を配慮して全体計画に臨まなければ、繁忙時にゲストの動線とサービス動線が交錯してしまい、効率的なサービスができなくなってしまう。

つまり客席やキッチンスペースの配置計画を考えるときは、常に客動線とサービス動線が交錯しないように配慮しながら計画を進めなければ、より良い計画にはならない。オープン後の繁忙時に店内が混乱し煩雑さを招くことは必至と理解しなければならない。

一般的に、主動線の幅員は約1000ミリから1200ミリ、副動線は約750ミリから800ミリ、客席まわりの動線幅は約550ミリから600ミリ以上を確保することが理想的であろう。

また最近の流行りであるバイキングスタイルのように、ゲストに自由に店内を回遊させる業態の場合には、動線そのものがサービス動線と客動線の二つの役割を持つために、動線幅は約800ミリから1000ミリ以上は確保しておかなければならない。またバイキングエリアの料理を陳列するテーブルなどの周辺スペースは約1500ミリ以上確保するなど繁忙時の混雑状況に配慮しながらゾーニング計画を進めなければならない。店そのものが小さくスペースを分けて確保できない場合には、ゲストの客動線とサービス動線を共有して使用する場合には、幅約750ミリから800ミリを主動線として計画に臨むことが大切である。

図1-3　サービス動線と客動線

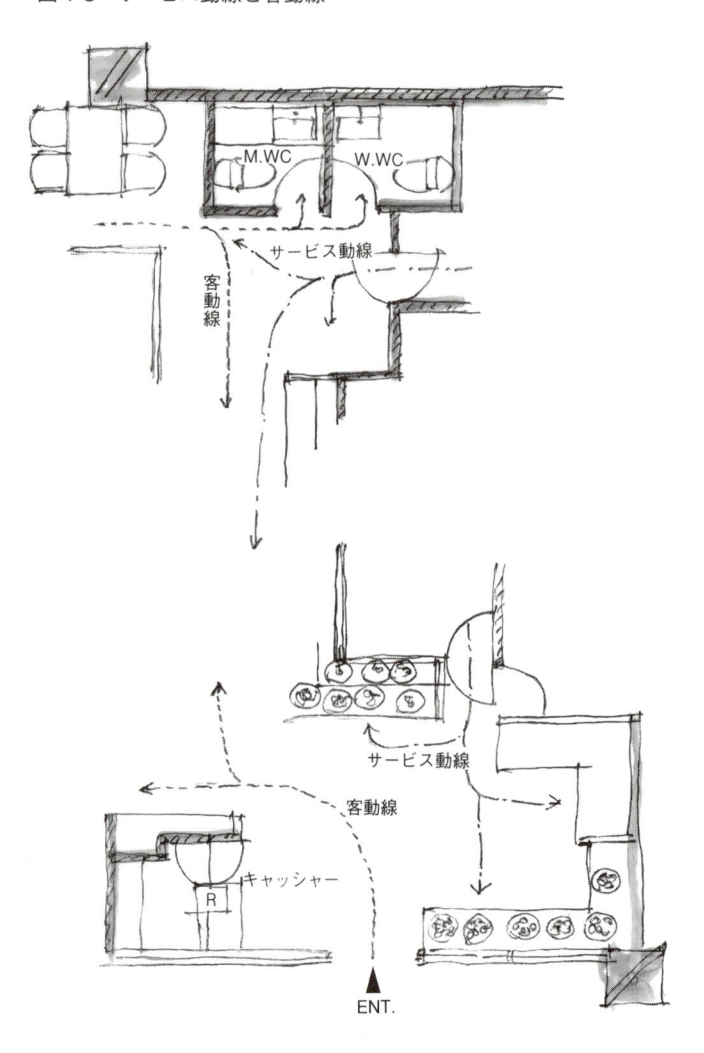

13 サービスカウンターと作業台の基準寸法を把握すること

サービスカウンターの高さや奥行などは、使用用途に合わせてあるいは業態に合わせて変化してくる。一般的に料理を提供するためのサービスカウンター（ディッシュアップ）の高さ寸法は、台のトップで約850ミリから1200ミリ以下といわれているが、これはあくまでも基準であり、個人店の場合には、基準寸法以上の高さのサービスカウンターで料理のサービスをしている飲食店も多々あるはずだ。ただしそれはイレギュラーでありデザイナーとしては、認識する高さ寸法ではなく、あくまでも基準寸法を理解しておけばよいだろう。

キッチンエリアの作業台の高さは、約800ミリ900ミリ以内が適正であり、日本人の場合には平均身長が高くなったといっても（そこで働くアルバイト・パートなど）、平均身長に合わせて計画することが常であろう。

またサービスカウンターの奥行は、キッチンエリアとサービスエリアを抱き合わせにする場合には、約1400ミリから1500ミリ以内で計画することが、キッチン側から提供される料理がサービスエリアで取りやすい奥行寸法といえる。

基本的に平面計画に臨む段階では、すべての機能や業務を進める手順を十分に理解していなければより良い計画にはならない。

特にキッチンエリアと客席エリアの計画が、平面計画を進める上で、その役割や機能を配慮しなければならない重要な部分であるため、客席とキッチンエリアのサービスカウンターの寸法に至るまで、ただ単にデザインに関わる部分だけではなく、飲食店としてのサービスをスムーズに行える計画にすることが重要なポイントになることを理解しておかなくてはならない。

14 ゾーニング（ラフスケッチ）計画の意義と重要性

飲食店の図面計画に臨む際に重要なポイントは、いかに物件に合わせた理想的な配置あるいは繁盛する飲食店をつくるかであろう。

ゾーニングという意味を直訳すれば「区画する」ということであり（各施設をすべて区画すればよいというものではない）、設計者に託された役割は、飲食店の各施設を効率的かつ有効に、それぞれの関係を配慮しながら機能させるかがプランニングの最も重要な部分であろう。

いまや図面に向き合う場合、昔のようにペンを持ち手描きで枠図に構想を練るのではなく、パソコンのモニターに向かい、種々の施設与件や業種業態のあり方などの情報を十分に理解せぬままに、線を描き始めてしまうということがほとんどであろう。ラフスケッチつまり"思考"を重ねることなく、図面に臨んでしまうことに問題があると言える。

後々計画を確定する上においてはコンピュータで描くことの効率性や、各施設の区画をモニター上で動かし、客席やキッチン、その他付帯施設の検討をするには便利であるにしても、店づくりで最も重要な、与えられた条件内容で理想的な計画を"考える"時間を持つべきであろう。

少なくともラフスケッチで種々の情報を把握しながらトレーシングペーパーが真っ黒になるまで、あるいは鉛筆の芯をすり減らすぐらいまで、図面と向き合う時間を持たなければ、決して理想的でより良い飲食店づくりはできないと肝に銘じてほしい。種々の施設要素や条件が輻輳しており、数字を＋－×÷した平均が正解というわけではないのである。単純にコンピュータで計画を進める方法では、より良い計画ができないと思うべきであろう。

まずはラフスケッチを2案から3案描いて、その中でその物件情報や条件に適合した計画を最低でも2案は「たたき台」として、クライアントと打ち合わせする前にラフスケッチをCAD図化することが理想的な業務の進め方であろう。

またラフスケッチや手描き図面でクライアントと打ち合わせに臨むことに問題があるわけではなく、コンピュータで描いた綺麗な図面でプレゼンテーションしなければならないという決まりはない。

もちろんクライアントとの打ち合わせに当たっては、綺麗にプリントされた図面で打ち合わせることが理想的であるが、逆にラフスケッチ図面には創造力という動きが感じられる。一方、綺麗に打ち出された図面には、クライアント側の要望や意見が反映されぬまま図面化している、といった誤解を招くことや完全に決定するまでの自由な発想がクライアント側に伝わらないという問題もある。

何故にラフスケッチが重要であるかは、生きた飲食店づくりをするための基本であり、デザインを進める過程として省いてはいけない"発想"する時間であることを理解しておかなければならない。

図面内容がコンピュータ図面であるか手描き図であるかを問題視しているのではなく、クライアントを納得させる要素が図面に反映できているかが重要であり、種々な要素を配慮し反映された平面計画こそ、より良いプレゼンテーションであることを忘れてはならない。

プランニング1　平面計画

15 これまでの設計の進め方と「並行設計」の進め方の違いを理解する

これまでの飲食店の設計の進め方は、クライアント側との打ち合わせや店づくりのデザインに重点が置かれることが多く、キッチン内容や料理の提供方法など業種業態の理解を設計側が十分に理解せぬままに、クライアントと設計側のみで進められてしまうことが多い。

クライアントが実際に入店するオーナークライアントであればまだしも、クライアントはその飲食店に投資するだけで、現場で働く人を雇用し店の運営は従業員に任せてしまうという場合、一人歩きした図面には、そこで働く人の意見や要望が入らないままに店づくりが行われることになり、こうしたケースが極めて多いのが現状である。

そこで働くチーフ従業員を打ち合わせに参加させて、客席や具体的なキッチン内容が図面に反映されていれば、後々大きな問題にはならないが、現場の人の意見が反映されぬままに、店づくりが完成してしまうと、のちのち現場のトラブルの原因となることが多い。

ましてやキッチン内部の機器配置や調理機器選定について現場で働く人の意見を聞かず、キッチン計画が完成されてしまうと、当然のことに機器配置が悪く、機器能力も発揮できず、料理を繁忙時にスムーズに提供することができないことになる。問題や不満が、風船に空気を入れるだけ入れてしまうと、わずかなキッカケでパーンと破裂してしまうように、つもり積もった不満が噴出してしまい、その現場での意見調整がうまくいかないことや、最悪の場合には現場の工事の改修を余儀なくされることもしばしばであることを理解しておかなければならない。

特に飲食店の設計の経験が浅いデザイナーの場合は、客席やインテリアデザインの打ち合わせは密にするものの、キッチン側の内容については、付き合いがある厨房業者に図面を描かせてクライアント側へ提案するといった進め方がほとんどである。キッチン内容やそこで提供される料理内容に至るまで業種業態としての情報も不満足のままに計画が進んでいることに大きな問題があると指摘したい。

飲食店づくりを担う設計者として、特に経験が少ないデザイナーは片寄った情報しか持っておらず、設計者として飲食店の業種業態の勉強をもっとすべきであると言える。知識として知らないことは常に勉強し、自分の経験の積み重ねや広い知識を持つための自己研鑽を怠ってはならない。

ましてや昨今の飲食業界の経営悪化や不振を配慮した場合には、何度もいうようにデザイナーとしての役割は、ただ単にインテリアデザインをすればよいというものではないことを理解しておかなければならない。店舗デザイナーは、飲食店づくりにおいては、トータルコーディネーターあるいはコンサルタントに匹敵する知識や情報を持っていなければ、時代に適合した飲食店のより良い企画設計ができない時代になっていると言えよう。

「並行設計」の進め方は、ラフスケッチ計画の進め方でも述べているように、飲食店の店づくりに臨むに当たって、企画する飲食店の業種業態の経営的成立に至るまで基本情報をすべて把握し、クライアント側の希望や意見と提供される料理に見合ったキッチン内容を理解しながら、各施設構成のバランスや関わりを配慮して計画に臨むことが「並行設計」の進め方である。これまでのように、まず客席を確保し余った部分にキッチンを配置するような設計の進め方では、生きた飲食店の計画にはならない。業種業態によっても異なるが、ただ単に客席数が多ければそれで良いというものではないことを理解することである。客席を多く確保しても、そこで提供される料理がスムーズに提供できないキッチンや機能では飲食店としては成立しない。

客席数とそこで提供される料理の客単価の積と客席回転が売上想定の参考数値（客席数×客単価×客席回転＝売上想定）であるものの、すべての業態がその公式で成立するわけではないのである。むしろ業態によっては、客席を多く確保しキッチンを片隅に追いやったために、繁忙時に料理提供ができない、あるいは遅延するなど、経営的には逆効果になってしまうこともある。

並行設計を進めるには、まずインテリアデザインに必要な情報のみでは着手できないが、それぞれの情報の相互関係や各施設の役割を十分に理解しながら計画に臨むという手順で業務を進めることが重要なポイントになる。

この並行設計で進めた計画は、これまでのデザイン側のみに片寄った図面内容と比較すると、より飲食店の成立するための要素を配慮した完成度が高い計画、図面に仕上がることだ。もちろんクライアント側の質問や疑問にも即答できるだけの計画になっているだろうし、そこで提案した内容の理解も深く、クライアントとの打ち合わせも、より密にできるはずだ。これからデザイナーとして経験を積み重ねて一人前の店舗デザイナーを目指すには、古臭い業務の進め方から新しい業務の進め方へと意識改革や知識を養うことが大切であることを忘れてはならない。

これからの飲食店の店づくりの設計業務は「並行設計手法」をフルに活用することが時代に適合した生きた図面計画になることを理解しておくことだ。

16 ゾーニング（ラフスケッチ）計画の実践的手順とチェックポイント

飲食店の計画に際しての手順を自然派和食バイキングレストランを例にして具体的に記していこう（第3章：業種業態別平面計画P.72参照）。

業種業態の企画内容や情報をクライアントとの打ち合わせで、その業態内容を理解することから始めなければならない。

(1) コンセプトと与条件。計画店の業種業態のコンセプトは、昨今の健康志向、トレサビリティー（確認可能な食材の生産、流通履歴）、LOHAS（ロハス：Lifestyles of Health and Sustainability）など生活者の健康志向に視点をおいた和食のバイキングスタイルの業態であり、60分から90分の時間内食べ放題の店舗である。

(2) 料理の種類としては約30種類から40種類の総菜をバイキングコーナーに並べゲストに自由に料理を選んでもらい楽しんでもらう仕組みである。

(3) 時間制食べ放題の仕組みは、レジで客構成に合わせて席へ案内、あるいは自由に席を選んでもらうなど、客席数や客席スタイルに合わせていずれかの仕組みを選択すること。

(4) 料理内容は基本的には常温でサービスできる料理を主軸として揚げもの、その他温かいメニューについては、バイキングエリアの料理内容の減り方をチェックし、料理を補充する仕組みとすること。

(5) ゲストは基本的には最初に客席に案内される際に受け取ったバイキング入店タイムが記載されたレシートを時間内にレジで精算してもらう仕組みとすること、ただし時間超過の場合には15分単位で超過料金をもらう。

(6) トイレは男女別一つずつ確保すること。

(7) 客席スタイルはグループ席を中心に、客層に合わせて2人席に客席構成を変えることができるスペースも確保すること。

(8) インテリアデザインのイメージは、和の自然食材を提案していることを訴求するとともに、あまり和のデザインを作りこまないカジュアルなイメージの空間とすること。

クライアントに確認、検討する事項。

(9) 現場の営業は何人で運営することを目標としているか。

(10) 夜の営業については、基本のバイキングスタイルは変わるのか、あるいはバイキングスタイルを維持しながら酒類はフルサービスになるのか。

など、計画に必要な情報はすべてクライアント側との打ち合わせで情報収集することが第一歩であろう。

次に、物件の枠図を目の前にしてキッチンスペースをどの位置に配置すれば計画店のコンセプトや効率的な運営をできるかを検討する。また物件の設備がどこの位置に集中しているかの確認をし、その設備内容を理解しながら計画に臨むこと。

物件条件として入り口が決定されている場合には、既存設備がどちら側に集中しているかなど配慮すると（この物件の場合には入り口に向かって右側の壁に集中している）、キッチンの位置設定は右側壁に隣接するか、中央に配置するか、入り口の正面奥に配置することのいくつかの位置設定ができるはずだ。

もちろんラフスケッチ計画にあたっては、実行計画に適しているいくつかのラフスケッチを手描きでシミュレーションし、最低2案から3案まで絞りこむことが理想的であろう。特別例として設備が右側に集中していても、全体の計画の上において左側にキッチンが配置したほうが飲食店の成立に有効である場合には、左側にキッチンスペースを確保することもある。

図1-4のラフスケッチ計画は、全体のスペースの約20%から25%をキッチンとバックスペースとして確保したものであり、入り口の左側にキャッシャーを配置、右側から客席中央へバイキングエリアを確保した計画になっている。

またトイレや洗浄エリアはキッチンスペースの奥に男女別で配置、そのキッチンとトイレの間に洗浄エリアを確保し、ゲストが食べ終わったテーブルに残った皿類をバスボックス（下膳するためのプラスチックトレー）で洗浄エリアへ運ぶ流れを計画している。

ラフスケッチ計画に限らず、飲食店の施設構成や機能については、ゲストの来店から料理提供、精算に至るまでのストーリーを想定し、それに沿ったゾーニングを考える。ラフスケッチ計画の良し悪しを確認するポイントは、ゲストが入店してから帰るまでの店での過ごし方をシミュレーションしておくことであり、その内容を具体的に自問自答してみることだ。実際の運営では計画どおりにいかないことも多々あるが、客席のスタイルや構成も配慮しながら各施設のゾーニングを計画することが理想的業務の進め方であろう。

① ゲストが入店してきたらスタッフは客席に案内することになる。スタッフはどの位置に立ち、どのように客席に案内することが効率的であるか。

② 客席に案内されたゲストがバイキングエリアに行く動線は確保されているか、どの客席からも同条件で行ける配置計画をすることが理想的であろう。

③ 入り口はバイキングエリアの繁忙時の混雑あるいは交錯を避けられるように計画されているか。

プランニング1　平面計画

図1-4　ラフスケッチ第1案

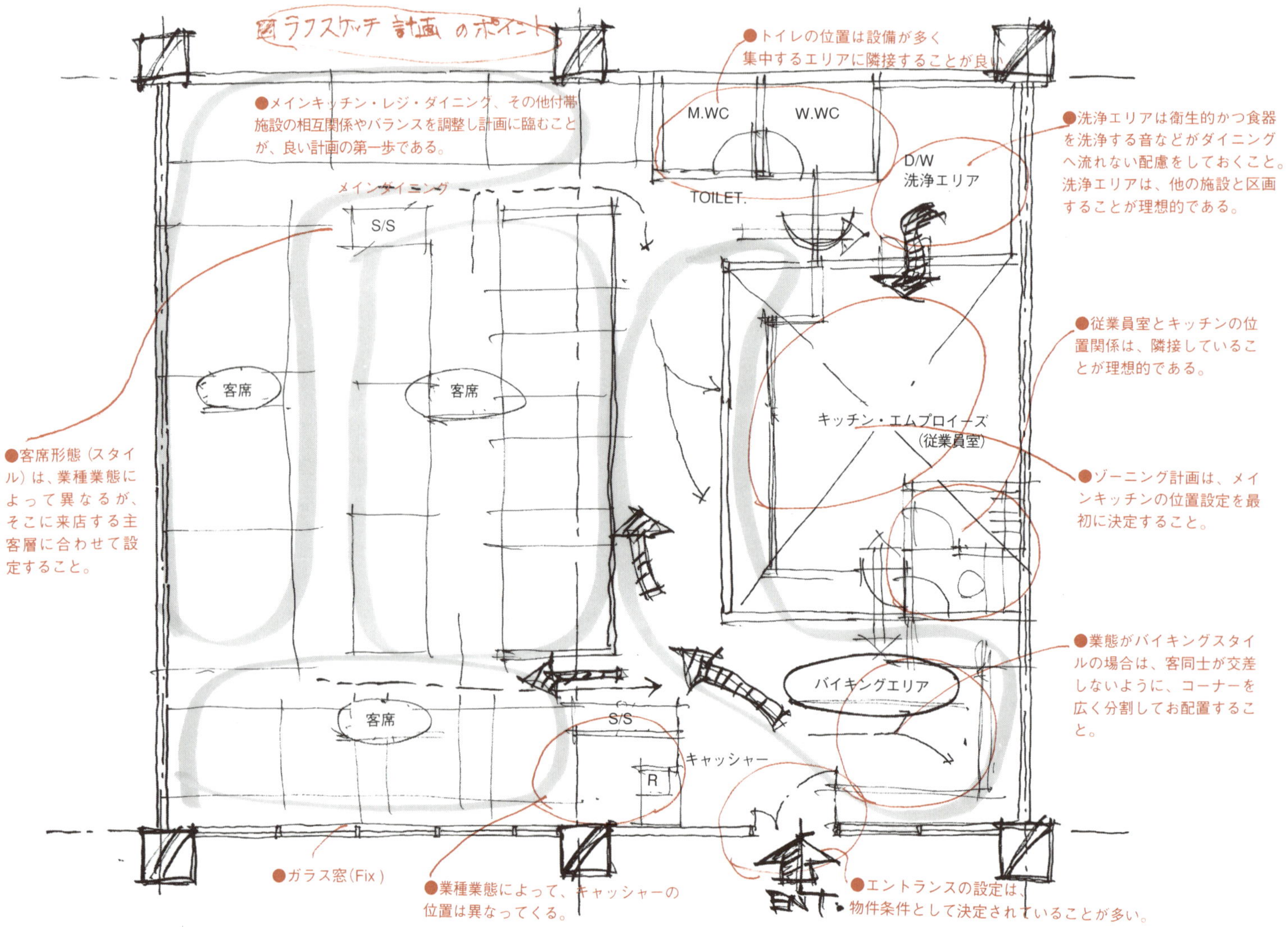

ラフスケッチ計画のポイント

- メインキッチン・レジ・ダイニング、その他付帯施設の相互関係やバランスを調整し計画に臨むことが、良い計画の第一歩である。
- トイレの位置は設備が多く集中するエリアに隣接することが良い。
- 洗浄エリアは衛生的かつ食器を洗浄する音などがダイニングへ流れない配慮をしておくこと。洗浄エリアは、他の施設と区画することが理想的である。
- 客席形態（スタイル）は、業種業態によって異なるが、そこに来店する主客層に合わせて設定すること。
- 従業員室とキッチンの位置関係は、隣接していることが理想的である。
- ゾーニング計画は、メインキッチンの位置設定を最初に決定すること。
- 業態がバイキングスタイルの場合は、客同士が交差しないように、コーナーを広く分割してお配置すること。
- ガラス窓（Fix）
- 業種業態によって、キャッシャーの位置は異なってくる。
- エントランスの設定は物件条件として決定されていることが多い。

図中ラベル：M.WC／W.WC／TOILET／D/W 洗浄エリア／メインダイニング／S/S／客席／キッチン・エムプロイーズ（従業員室）／バイキングエリア／キャッシャー／R

④キッチンからバイキングエリアに並べられた料理がチェックできるようになっているか。温かい料理の補充がすぐできる位置になっているか。
⑤スタッフ動線としてゲストへのサービスやバッシング（下膳）する場合の具体的なオペレーションの確認をしておくこと。
⑥夜の営業のスタイルはバイキングスタイルを取りながら酒類の注文についてはどのような仕組みをとるのか。ドリンク類のサービスエリアはどの位置が適切であるのか。
⑦スタッフの店への入店に際する動きはどのようになるのか。ユニフォームに着替えて店のどのポジションに配置するのかなど、その他店づくりに関わるすべての関わりを十分に確認し、ラフスケッチ計画のシミュレーションの一つがやっと完成される。

図1-5のラフスケッチ計画は、2案目として提案したものであり、キッチンスペースを右側のほぼ店全体の中央に配置した計画である。
この計画の各施設との関係や配置についてもキッチン、客席、トイレなど各関係が効率的に機能できるように計画しているものの、客席を三つのエリアに分割することにより、奥の客席からのゲストのバイキング利用の動線が遠いことやキッチンエリアから奥の客席を見渡すことができないという問題がある。
夜の営業にあたっては、奥の客席はむしろ区画された落ち着いた雰囲気の演出デザインをできるなど、デザインや区画としては楽しい空間になるものの、機能を配慮した場合には、効率的ではないという点である。

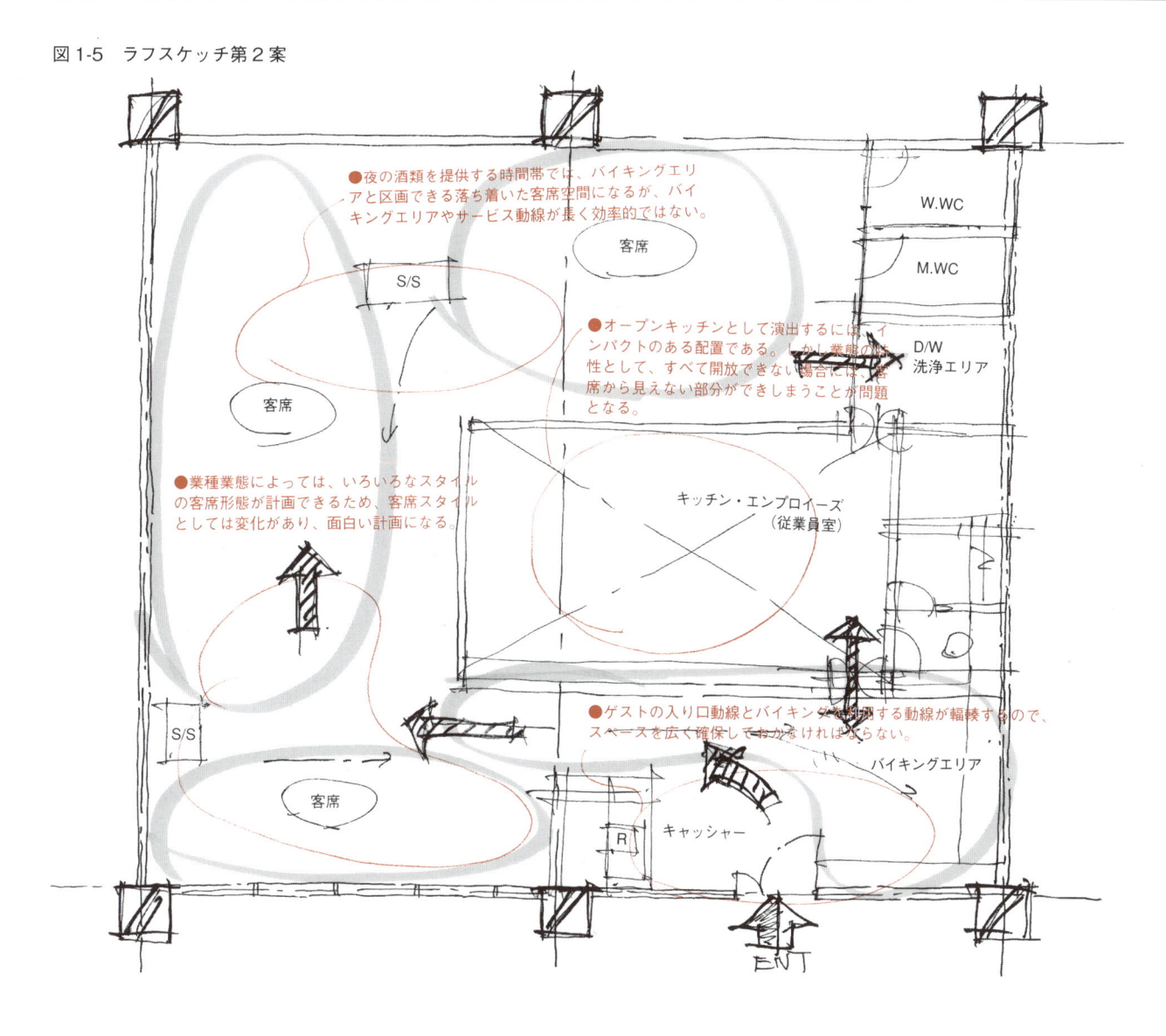

図1-5 ラフスケッチ第2案

● 夜の酒類を提供する時間帯では、バイキングエリアと区画できる落ち着いた客席空間になるが、バイキングエリアやサービス動線が長く効率的ではない。

● オープンキッチンとして演出するにはインパクトのある配置である。しかし業態の特性として、すべて開放できない場合には客席から見えない部分ができてしまうことが問題となる。

● 業種業態によっては、いろいろなスタイルの客席形態が計画できるため、客席スタイルとしては変化があり、面白い計画になる。

● ゲストの入り口動線とバイキングを利用する動線が輻輳するので、スペースを広く確保しておかなければならない。

W.WC
M.WC
D/W 洗浄エリア
客席
S/S
客席
キッチン・エンプロイーズ（従業員室）
S/S
客席
バイキングエリア
キャッシャー
R
ENT

またキッチンエリアを中央に配置することによってバイキングエリアのラインを入り口周辺で完結しなければ、サービス動線スペースが広くなることや奥の客席からの動線も長くなるなど、図1-4のラフスケッチ計画と比較すると、図1-5のラフスケッチ計画が理想的な配置計画になることが理解できるだろう。

つまり実際の設計に臨む手順としては、ただ単に図面にハメ絵をするように、各施設機能を配置するのではなく、飲食店のコンセプトに合わせた理想的な計画ができるように、種々な角度からチェックすることが大切なことを忘れてはならない。計画店のコンセプトや物件条件を考慮して最終的に図面化したものが図1-6の図面である。ラフスケッチ計画の良し悪しを決定するための①から⑦までのチェックポイントをすべてクリアし、プレゼンテーションされた図である。

つまり図面完成までに種々な要素を具体的に十分に検討した図面でない限り、理想的な飲食店の図面にはならない。図面上では種々な計画ができるが、その図面が現実の店として完成した際に、飲食店としての力を発揮できるか否かのをデザイナーが担っていることを肝に銘じておくことが大切であろう。すべての飲食店には「それぞれのコンセプトに適合したストーリーがある」ということを忘れてはならない。

プランニング1　平面計画

図1-6　ラフスケッチ案を経た決定プラン

自然派和食バイキングレストラン●PLAN 1：100

17 ファサード（入り口）デザインの重要性と役割

飲食店に限らず、一般的には店の入り口にはいかなるビジネスでも、何の商売をしているかなど一目で判断できる店名看板やサイン（目印）がある。

よく何の店か分からない店もあるが、それはあくまで特例でありビジネスとして商売を営む場合には、入り口には店名や看板サインが計画されることが一般的である。

特に小規模飲食店の場合には、間口が狭くうなぎの寝床のように店の奥にスペースが広がっている店が多く、物件の間口が常に理想的な形状、寸法であるとは限らないことを理解しておかなければならない。

一般的に小規模飲食店の場合には、坪数が小さいと同様に間口が狭いということがほとんどであり、いかに狭い間口で店の存在をゲストの知らしめることができるのが看板を含めた全体のファサードデザインであろう。

ファサードデザインの良し悪しでゲストの入りやすさを左右することは多々あり、いかに見やすく分りやすい入り口デザインを計画するかが店を繁盛させるための一つの重要な要素であるといっても過言ではない。

だからといってただ単に店の文字を大きくして目立つ派手な色遣いやデザインを施こすという意味ではなく、あくまで業種業態に合わせた、ゲストにとって「入りやすい」あるいは「入ってみたい」ファサードとすることが重要であろう。

つまりファサードの役割とは、店の入り口という機能だけではなく、ゲストに興味を持たせるための重要な位置づけであるとともに、店名やファサードが発信するイメージがいかに

ゲストに訴求できるかが大切なのである。

クライアントやデザイナーの経験が浅い場合には、どうしても入り口は間口幅に合わせた看板デザインをするだろうが、商業施設が林立する中に「ぽつんと」一間に満たない間口の店であれば、すぐに通りすぎてしまうであろう。

その狭いスペースをいかにゲストに"何屋"であるかを一目で認知させることが、デザイナーに与えられた重要な仕事のひとつであろう。そのファサードのデザインや使用方法の如何によって繁盛する店にもなるだろうし、不振店にもなるという大きな店づくりのポイントなのだ。

つまりそれだけ小規模飲食店にとってのファサードデザイン（入り口）は、「店の顔である」という認識にたって、ゲストを引きこむ力がみなぎっている魅力的なファサードデザインとすることを忘れてはならない。

18 ローコスト計画のポイント／リサイクル品活用とリニューアル範囲の設定

店舗デザイナーの役割のひとつとして、与えられた条件の中でローコスト（低投資）でより良いデザインの実現がある。最近では業種業態によっても幾分か異なるものの、投資を抑えるという経営方針が、個人あるいは企業においても定着しつつあり、高価で良い材料や素材を多用して立派な店づくりをしてほしいという依頼はほとんど「無」に等しいだろう。いまや物件が新築あるいは造作譲渡に関わらず、いかに低投資で店づくりを完成させるかが、大きな課題になってきている。空間デザインづくりも大切であるが、クライアントの投資採算に合わせた店づくり計画を実現できるかが、店舗デザイナーとしての重要な役割になってきた。

たとえば、テナント出店する場合には、建築の設備に合わせた店づくりの企画や計画をすることで投資を抑えることができる。床の高さ設定もむやみにフロアに強弱をつけるための床上げを避けるなど、これまでの空間デザインの視点を少し変えて、投資を抑える工夫もますます求められるだろう。

本物の素材を使用しなくともイメージした空間を表現できるならば、安い素材をうまく利用し、全体のコストを抑えるなど、デザインをする上での素材の選定に至るまで、m^2コストを頭におき計画に臨むことがローコストを図る第一歩になるだろう。

また居抜き物件の場合には防水区画、設備などを活用してクライアント側の要望をデザインしていくことによって、大きなコストダウンができるはずだ。もちろんそこにはデザイナーとしてのプライド（理想：現実）にも関わる部分であろうが、店舗デザイナーとしてはクライアントの「経営」という優先順位を忘れてはならない。

いくらデザイナーが良い空間デザインをしても、来店する目的は食事をすることであり、空間は環境を高める脇役であることを理解しておくことだ。

居抜き物件で、そのまま使用できる部分、部位があれば、極力予算をかけずに色を塗り直す、あるいは形を変えて再利用するなど、工夫や手段は多々あるはずだ。

また新築物件でもローコストというコンセプトで店づくりを依頼されたならば、家具や厨房機器などリサイクル品をうまく組み合わせてデザインを再構成することも、さほど難しいことではないはずだ。

クライアントとリサイクルショップへ出かけて店に合わせたイメージの家具や椅子など厨房機器、備品などリサイクル品でデザイン、構成することも可能であろう。

また、リニューアルを依頼された場合には、すべてを新しくすれば新築するほどの投資がかかってしまうが、全体を改修するのではなく、リニューアルするエリア、部分を絞って、コストをかける部分とかけない部分をしっかりと決めることでも、大きな投資コスト調整ができる。

19 店づくりに対する投資と採算の知識を持つこと／店づくりの予算はどのように決定されるか

飲食店を企画する際には個人・企業に関わらず、飲食店を経営していくための事業計画書を作成する。クライアントの打ち合わせでまず提示されるのは、店づくりにかかる予算額であり、率直に「店づくりに対する予算はいくらでお願いしたい」という話が、最近の要望としての1番目になっている。

これまでは、クライアントとデザイナーの打ち合わせは空間イメージづくりやインテリアデザインなどに集中していた。しかし飲食店を開業し、継続営業していくためのポイント、いわゆる投資や損益分岐点（赤字と黒字を分ける採算売り上げのこと）を明確化しておかなければ、ビジネスとして失敗することが多く、個人・企業側としても投資予算を低く抑えて分岐点を予想売り上げよりも低く設定する傾向が強くなってきている。

クライアント側の立場になれば、最近の景気後退の現状において、飲食店を開業することは非常に危機感があり、特に投資採算については、いかに低投資で理想的な店づくりを実現するかに焦点が集まってきていることを理解しておかなくて

プランニング1　平面計画

はならない。

飲食店の企画に際して、内装施工費、厨房機器、家具などの必要な工事項目を集めたものが、店づくりにかかる投資額（工事費）であり、加えて物件を借りるための保証金、賃借料などを合算した額が総投資（全体投資額）ということは、少なくとも知っておくことが大切であろう。

その全体投資のなかで大きく占めるのが工事費であり、内装施工費や厨房機器に対する費用である。損益分岐点の高低に直接結びつくものであることを忘れてはならない。

つまり何故に、クライアント側から低投資で「良いデザインの店づくりをしてほしい」という依頼になる理由が、デザイナーの仕事として、投資を調整する役割を大きく担っていることを理解しておかなければならない。

いわばデザイナーの店づくりに対する種々な知識やアイデアが、飲食店の成功を左右するといっても過言ではない。それだけデザイナーの仕事の重要性や役割は、店づくり全体に大きな位置を示していることを忘れてはならない。

デザイナーがクライアント側と打ち合わせを持つ場合には、ただ単にデザインのみの話に終始するのではなく、飲食店の経営という視点を含めて臨むと、デザイナーに対する認識や信用度も大きく上がることを理解しておいてほしい。

20 テナント工事区分と範囲を理解する／工事区分の分割により投資は上昇する

近年駅ビル開発が盛んに各主要駅で行われており、駅内飲食店ビジネスが多くなってきている。また駅と連結あるいは近接する商業施設やオフィスビル開発が盛んに行われていることもあってか、街の路面店やテナントビル以外の商業立地が誕生してきている。

一般の都心部のビルや路面店では、ビル管理を大手の管理業者がやっていない限りさほど制約がなく、内装工事はすべてC工事（施主側が行う工事）で施工できるために予算を比較的にコントロールできるものの、大手ディベロッパー、ゼネコンによる駅ビルやオフィスビルへのテナント出店の場合にはA、B、C（甲、乙、丙）工事というように複雑化してくる。A工事とはビル施主側が担当する工事、B工事とはテナント側の工事をテナント側Cの費用でビルのA施工側が行う工事のことであり、B工事の範囲が増加すればするほど、テナント側の施工費は増加傾向にあると言える。

特に大手企業の開発物件では、開発担当者がABC工事の区分と分担金や工事費用の折衝まですべてを行い、テナント出店の有無を採決することになる。この工事費用と分担金の内容、仕組みを理解できず、特に個人で出店を計画している場合は、ビル側の要求のままの賃借料、保証金、B工事費用などの予算でテナント契約をしてしまうというケースも多々ある。

後々採算を試算すると、到底達成できる売り上げではないことが初めて分かるといった、「ちぐはぐな」テナント展開をしている企業も少なくない。あまり知名度のない企業、店舗を有名なビルに展開することは宣伝効果などメリットはあろうが、事業計画の採算が合わなければ何にもならないことである。

もちろん企業のチェーン店の展開においても、開発の条件は少しでも安いことが良いに決まっていることであるにしても、そのテナントに応じて実はビルの出店条件が異なってくるという不思議な世界なのだ。

同じ飲食店でも、ビル側としてテナント入店してもらいたいと思う企業に対する条件と、一般としてテナントとして入居する条件が異なることは通常のビジネスではありえないことだが、現実的にはそれがまかり通っているのだ。

いわば「ゴネ得」「言ったもの勝ち」という言葉がちょうど表現としては適しているかもしれない。何も言わなければ、一般の条件で高い賃借料と保証金を支払ってもらい、B工事も見積りの金額でゼネコン（建築業者）が工事をするといった仕組みであることを理解しておかなければならない。

しかもB工事を施工する業者は、法外な価格を見積もりに提示している建築業者ではなく、その下請け業者が施工するといった、あえて高い価格で工事を発注しなければならないという仕組みがそこにある。そんな仕組みでのなかで採算が合う売り上げを得られるビジネスが多くあるとは考えられない。

したがって、物件条件が企画する飲食ビジネスとして採算上合わない場合には、デザイナー側がクライアント側にその内容を説明し、そこへのテナント出店を中止、再考するアドバイスも、デザイナーとしての役割の一つであろう（よほどの強い業態でなければ採算にのることは難しいというほかはない）。あるいは客単価が高く、さほど回転しなくとも売り上げを確保できる業態か、客席回転率を上げて薄利多売店として売り上げを確保することができる業態に限られてしまう。

いくら知名度を上げるためのアンテナショップだからといって、開発業者の言うままにテナント出店することはドブにお金を捨てるようなものであり、街の商業ビルに展開してからでも遅くはないであろう。

かつて食品や飲料メーカーがアンテナ出店として法外な賃借料と保証金を支払って立地の良い場所に店舗を展開していた時期はあったものの、あくまでもそれは、企業の遊びであって、もはやそんな危機感のないビジネスをする時代ではない。

個人展開あるいは企業のテナント展開であれ、投資採算が合わせない出店は避けるべきであるし、試算して採算が合わなければ賃借料や保証金を下げてもらう、あるいは家賃を6カ月間凍結してもらうなど、テナント出店には必要不可欠な交渉条件提示が必要だろう。

その条件をすんなりと跳ねられるものであれば、そのビル側にとって大したことのない業態、店舗であると評価していると言える。無理な展開はするべきではない。

なにもかもビル側の条件を飲まなければテナント出店できないというものであれば、最初からそのビルへの展開は考えるべきではない。重要なことは、そこでの売り上げ採算が確保できるか否かの是非にかかっているのである。

そんなビル側に賃借料の交渉や保証金を下げる交渉などできないという弱気なことを言っていたならば、ある意味で店舗設計者として弱腰過ぎるであろうし、クライアントとしても経営感覚に欠けているとしか言いようがない。無理と思えばすべて無理なことである。交渉もしないうちに諦めているのがほとんどではないだろうか。ビル側の責任者との交渉ごとがうまくいけば、テナントとして経営を有利に進めることができる絶好のチャンスであることを忘れてはならない。

出店交渉において、企画説明書条件に書かれていることは、あくまでも一般的な条件である（物件においては相談の余地がない好立地ビルもあるが）、何の交渉もせずにすべての条件を鵜呑みにしてしまうことは、業務に取り組む前に既に負けていることになる。

飲食店の営業にも粘りが必要なように交渉ごとにも粘りは必要であることを忘れてはならない。それでなくともB工事というわけの分からない工事区分がある業界で、薄利多売の飲食店を経営していくためには、損益分岐を下げておくことが、後々、有利になることは言わずと知れたことであろう。B工事についても提出された見積りを鵜呑みにせずに、自分のところで施工すればこの金額で納まるので、この金額で施工して欲しいというぐらいの折衝能力を発揮することが大切である。クライアント側の代行としてデザイナーが交渉に参加する場合も多々あるはずだ。

一般的に建築業者の見積り金額は、内装施工業者の相場の約3倍と理解しておけばよいだろう。そんな法外な金額を鵜呑みにしてできる飲食店があるのか。採算利益は一般よりも効率性が悪くもなるし、交渉次第ですべての採算は変わっていくことを理解しておかなければならない。それだけ大型ビル、著名ビルへの出店には魅力と罠があることを理解しておくことが出店する際の注意点である。決して大型ビルへの出店に反対しているのではなく、それだけ厳しい条件があるということを忘れてはならない。

その条件を乗り越えることができなければ出店を見あわせるべきであり、厳しい条件下での出店は危険度を増すだけである。

デザイナーとして物件選定や投資採算に至るまで、分かる範囲でクライアント側にアドバイスしなければ、デザイナーとしての役割を怠っていることになる。クライアント側が選定した物件で飲食店を設計することだけがデザイナーの仕事ではないことを理解しておかなければならない。

それでもクライアント側が出店を決意するのであれば、赤字覚悟で決断することを助言しておくことだ。物件選定段階では、投資に対するデザイナーとしての適切なアドバイスや判断が必要になってくる。

21 設計から開店までの スケジュールの立て方

飲食店を企画計画する上で物件選定から開店までどのぐらいの日数が必要であるのかなど、実務的な作業として把握しておかなければならない。まず物件が決定すれば、開店までどのぐらいの日数が必要であるのかクライアント側からすぐに訊ねられるであろう。

一般的に、店舗デザインの依頼がある時期は、すでに候補物件が決定している場合と、業態企画開発を含めての場合もあろうが、原則として物件選定された段階では既に業種業態の開発企画は完了して物件選定されていることが多い。

また開店スケジュールの立案に際しては、物件の事前調査が行われる段階で、店舗デザインにどのぐらいの期間をかけるのか、あるいはいつまでに開店するのかを計画決定することが多く、特に個人店の場合には、できるだけ早い開店スケジュールを立てたいとする要望が多い。

ほとんどの場合、賃借料の発生は工事着工時あるいは契約時など、物件条件によって異なり、工事期間や開店までのスケジュールが長ければ長いほど、クライアント側に経費負担がかかることになる。

一般的にスケジュール計画と進め方は、候補物件の決定後、すぐに設計業務をどこの設計者に依頼するのか、クライアント側としては、飲食店の開業を決定する段階でまず設計者の選定をしておかなければならない。いざ物件が見つかってからデザイナーを探し設計依頼をするというのでは、全体的なスケジュールが「ゴテゴテ」になることが多く、事前に検討しておくことが重要であろう。

プランニング1　平面計画

初めて飲食店を開業する場合には、早く開店したいというクライアント要望が多いものの、いくらスケジュールを短縮しても、無理なスケジュールは種々のトラブルの原因となる危険性があるため、デザイナーとしてはクライアント側との打ち合わせを十分にすることが大切であろう。

デザイナーとして、すべての統括管理をしなければならない立場としては、クライアント側の気持ちを理解しながら適切なスケジュールを立てることもデザイナーとしての役割であることを理解しておかなければならない。

むしろクライアント側のメニュー計画や人事募集、トレーニングなど、どの程度準備ができているのかなどを配慮してスケジュールを計画しなければ、あまりにも開店を急ぐあまりに、途中で開店スケジュールを変更しなければならないという場合も多々ある。

クライアント側の業種業態の具体的な計画が曖昧であれば、余裕を持ったスケジュールを計画することが、スムーズな開店を迎えることができることを、クライアント側と具体的に打ち合わせてしておくことだ。

無理なスケジュール計画は、施工精度を下げる原因にもなる場合も多く、後々種々な部分にその施工の不具合が発生することを理解しておこう。ともかくクライアントの要望にせよ、店づくりに対する責任は、すべてデザイナーにあるということを肝に銘じておくことだ。

22 設計監理で注意しなければならないこと／現場は生きた教科書である

一般的に、設計監理（設計図書どおりに施工されているか監理すること）と、工事管理（施工業者の監督が行う）は異なるものの、クライアント側からすれば、デザイナーに店舗の設計を委託している以上、すべての工事が終了し完成した店舗に納得いかない場合のクレームはほとんどデザイナーに向けられると理解しておかなければならない。

飲食店設計の経験が浅いデザイナーの場合、設計監理そのものの意義も理解できぬままに、現場担当をしなければならない場合もあろう。自分が設計監理をする場合には、現場が気になることがあれば常に現場に顔を出すことだ。その現場が遠隔地でなければ、最低1週間に一度のペースで竣工検査に至るまで、現場で定例会議を持つことだ。

現場での定例会議は、現場監督を中心に現場の進行状況やスケジュールどおりに現場が進んでいるのかなど、また設計図と現場のおさまりが設計どおりにいかない場合はどのように変更すればよいか、また工事が進行すればするほど現場の工事、業者が輻輳し、迅速かつ的確な対応が迫られることになる。

現場作業をトラブルなく進行させるためには、いかに現場監督が各業者の業務を理解し、段取りを組んでいるかによってトラブルや工事遅延が発生したりする。デザイナーとしては、現場にできるだけ足を運び、自分の経験と図面と現場の現実的な食い違いや施工法、ディテールを十分に理解、把握することだ。経験の浅いデザイナーにとって、現場は生きた教科書であることを知ってほしい。

特に現場管理をする上で注意しておきたいポイントは、
① 防水工事
② 厨房とカウンター家具との取り合い部分
③ 厨房の排気フードと天井照明や空調設備との取り合い
など、後々大きく問題になる部分は常に現場に足を運ぶことだ。

そうした仕事は、現場監督の業務であるのでデザイナーの仕

表1-4　オープニングスケジュール（例）

		一般飲食店のスケジュールの事例（テナント）〈日程〉	郊外型のスケジュールの事例〈日程〉
計画	スタート　設計者の選任（設計契約）		
	事業計画　物件事前調査	30〜50日	30〜50日
	事前打ち合わせ　基本設計（ラフ）		
	基本設計説明		
	承認	15日	25日
	実施設計		
	図面説明　承認		
実施	見積提出　相見積調整	25日	25日
	施工業者決定　工事契約		
	工事着工		
	施工期間	35日	60〜90日
	中間検査		
	竣工検査　ダメ出し　ダメ直し		
	引き渡し　諸官庁検査　トレーニング　オープン	12日	15日
		ビルトインタイプ期間（約3カ月）	フリースタンディング期間（約5カ月）

事ではないと考えるのではなく、自分のデザインに愛着があるならば、むしろすべての業務に精通していなければならないという、高い意識で仕事に取り組むことが大切であろう。
一人前のデザイナーでさえ、現場によっては大きなトラブルを抱えることもあり、設計図書どおりに現場はスムーズにおさまらないものであるという認識を持っていたほうがトラブルを最小限に留めることができる。
現場をより良くおさめるためには、現場監督と連絡を密に取り合うことや、現場でなければ判断できない場合にはデザイナーは速やかに足を運ぶことが問題解決になり、よりよい店づくりを完了させるための方法であることを理解しておくことだ。

23 工程管理で注意しなければならないこと／適切な工事期間の設定

飲食店の開業までのスケジュールを計画する上で注意しておきたいことは、クライアント側に提出したスケジュールどおりに現場が終了しない、あるいは竣工、引き渡しがゴテゴテになってしまうということは、店舗施工業の世界では思いのほか多いのが現状である。
その現状がクレームにまで発展することが少ないものの、クライアント側の立場からすれば、開業準備をしなければならないということもあり、竣工、引き渡しがスムーズに終了しなければ、現場を完全に引き渡したことにならないことを理解しなければならない。
ほとんどの引き渡しの状況は、残工事を残して仮に引き渡す場合が多く、現場のトレーニングが開始されても、残工事を開業前日まで行っているということが非常に多い。
この原因はクライアント側の開業日程と工事期間の工程管理に問題があることが多い。つまり工事期間や残工事の時間は確保しているものの、飲食店の場合には、竣工約1週間前に各業者が現場に同時に入ってくるという工程をうまく管理していなければ、現場の工事が遅延する原因となる。
デザイナーとしては、店の開店に合わせて工事期間を決定するものの、現実には工程に余裕がない場合が多く、引き渡し間近に現場に入る業者数が増えるため、当然のごとく、現場の工事進行に支障をきたすことになる。
現場の引き渡しという意味は、次の日からトレーニングをすぐに開始できる状況になっていなければならないことであり、仮の引き渡しで引き渡しができたという認識は、デザイナー、施工側の勝手な認識であり、あくまでもクライアント側に迷惑をかけているということを忘れてはならない。
つまりデザイナーとクライアントだけで、工事期間や開業日程を設定することは避けるべきであり、工事期間を設定する場合には、施工業者の監督と現場状態を確認し、工事計画やスケジュールを決定することがクライアント側のクレームを防ぐポイントになるだろう。
工事管理、工程管理を現場監督と綿密に打ち合わせを重ねることが大切である。

プランニング2　厨房計画

1 厨房に関する基礎知識／飲食店にとっての厨房の位置づけ

いかなる飲食店づくりにおいても、厨房は、ゲストに料理をスムーズに提供するための重要な機能であり、欠かすことのできない機能スペースであることを理解しておかなければならない。

つまり飲食店にとってのキッチンとは、そこで働く従業員のオペレーションを円滑かつスムーズにするためのシステムであり、そこで働きやすい環境や経営的な効率を高める機能が備わっていることが重要であることを忘れてはならない。

しかしデザイナーにとってキッチンは理解しにくいものであり、特に経験が浅いデザイナーにとっては、デザインのことで頭の中がいっぱいであるのに「厨房」の機能も併せて理解しろということは非常に「酷」な話かもしれない。

しかし飲食店のデザインをする立場としては、少なくともキッチンの機能や作業の仕組みなど、計画に臨む上での最低限の知識を持っていなければ、ただ単にインテリアデザインのみに片寄った計画となり、全体的なバランスがとれた店づくりにはならない。

飲食店の設計をする場合には（先述したように）、ダイニングエリアとキッチンエリアの相互関係や種々の関係を理解していなければ、理想的な飲食店の計画はできないと理解しておくべきであろう。

少なくとも、キッチンの役割やパントリー、レジなど、計画する飲食店のコンセプトに合わせたオペレーションの流れを理解しながら計画に臨むことが、飲食店のデザインの第一歩になることを忘れてはならない。

つまり飲食店にとっての厨房とは、まさに人間の心臓部であると理解し、インテリアデザインと厨房の相互関係を理解し、それぞれの役割をコンセプトに合わせて融合させることが飲食店のより良い計画の実現に繋がるはずだ。

飲食店において必要不可欠な厨房という機能を理解しないままに、飲食店の計画に臨むことは「邪道」であることを忘れてはならない。

飲食店では、料理を提供するということが「サービスの本質である」ということや、経営効率が店の存続を左右するということを理解するとともに、空間をデザインすることだけがデザイナーの仕事ではないということを十分に理解し、「厨房」を少しでも理解しようと日々努力し興味を持つことが飲食店を計画する上では大切であることを肝に銘じておいてほしい。

2 飲食店の厨房面積の妥当性とは／キッチンは飲食店の心臓部である

飲食店を計画する上で設計の始まりは、平面図（客席・キッチンスペース）計画をすることであり、この作業をゾーニング（配置）計画と呼んでいる。

ほとんどの場合、このゾーニング計画で入り口、パントリー、客席、キッチンなどのバランスや動線計画が決まる大変重要な意味を持っているのだが、素人の経営者、企業の施設担当者は、さほどその重要性を理解していないことが多いと言える。またただ単に、

　客席数×客単価×客席回転数＝売り上げ

という試算によって、平面計画を決定しまうことが現実のゾーニング計画になっていることに問題もある。ひとつの指針として、考え方は間違いではないものの、そこにどのような料理を提供するか、提供時間は何分、キッチンの能力は…などの情報が、キッチンのみならずパントリーなどの各機能スペースの細部が検討されぬままに平面計画が進んでしまうことが問題なのだ。

つまり、いまだに飲食店の計画は、客席数優先の考え方から脱却できない原因がそこにある。また設計者としての責務はクライアントの言う席数確保にあるとする考えが常であり、あまり理解できないキッチンやパントリーについての考察がおろそかになってしまうことは致し方ないことでもあろう。しかし、飲食店は一度計画を進めて完成すると、すくなくとも5年以上の営業することを考えると、安易に平面計画のすべてをクライアントとインテリアデザイナーで決定できるのかは疑問が残るところである。

理想的な平面（ゾーニング）計画の進め方としては、客席配置と厨房配置は設計者と厨房業者を交えて、それぞれの条件、機能を考察、検討、調整してからクライアントに説明、提案するのが理想的であるはずである。しかし経営者にとっては、キッチンスペースは極力小さくおさめてほしいという願望があるため、客席エリアを優先させた平面計画となってしまう。またデザイナーは、厨房業者との打ち合わせをクライアントに依頼されない限り、客席優先の平面計画から脱却したくないということが本音のところであろう。

デザイナーの気持ちも分からないではないが、インテリアデザインだけでは飲食店の経営は成立しないことを十分に理解しなければならない。あくまでもインテリアデザインが自分の業務だと思っている設計者が多いが、飲食店の場合には、料理を提供するための心臓部といわれるキッチンを配置しなければ、ビジネスとしては成立しないことをあまりにも軽視

していると言える。
この部分はもっと積極的に厨房業者との接点を持ち、クライアントにとって有効かつ理想的な平面計画を提案することこそ、飲食店の設計者としての責務ではないだろうか。まだまだ設計者と厨房者との間には大きな壁があり、厨房業者にとって、デザイナー先生にはなかなか自分の意見を述べることができない、という見えない上下関係（発注者：受注者）が理想的な平面計画を進めることを阻害しているのだ。
この関係はクライアントにとってはあまり良いことではない。設計者と厨房業者で客席とキッチンの配置や配分の検討をしなければならないことは、いっこうに検討されぬままに業務が進行してしまうことに問題があるのだ。
またこの関係に輪をかけて、クライアントの意向＝客席は多くとれるだけ確保してほしいという要望が、設計者に依頼される内容であることも、キッチンが店の片隅に追いやられてしまうことの原因でもある。
クライアントとしても飲食店について基本的勉強をしてから開業を考える必要があろう。
図面のことはあまり分からないといって、客席を多く設けるという依頼する根拠は、繁忙時に客を客席に詰め込めるだけ詰め込もうとするからであり、そこに料理を提供する時間についての検討がされないままに計画が進められてしまうことに問題があるのだ。
少なくとも大手企業のチェーン店においては、バックヤード、キッチン機能、パントリーの必要を平面計画に組み込んでいるために、繁忙時に大きな混乱はないが、素人の場合やあまりキッチンの重要性を理解していない大手企業の場合においては、相変わらずキッチンは根拠なく小さいスペースに追い込むという考えから抜け出せていない。経営者自身が飲食店の経営そのものの実際を理解していないと言えよう。
飲食店におけるキッチンの配分や割合は業種業態によっても異なり、そこでどのようなメニューが提供されるのか、あるいは業態としてどのようなサービスをするかでキッチンの大きさは変わってくる。
すべての業種業態において、キッチンの割合は全体スペースの何パーセントが妥当であるとは一概に言えない。新築フリースタンディング（一戸建）でない限り、出店先の物件条件によって大きさや形状が常に異なっており、その条件、形状に合わせた客席配置と厨房配置となるからである。
飲食店の全体面積に対する面積比の参考としては、業種業態、価格帯によっても異なるが、
　イタリアン・その他　25％から30％
　ステーキレストラン35％から40％
　居酒屋18％から25％
　中華料理（ラーメン含む）18％から30％
　和食料理店（うどん・そば含む）20％から30％
　ビアレストラン15％から25％
　ファミリーレストラン35％から45％
　焼肉レストラン15％から30％
が、目安と言えよう。しかし、この数値はあくまでも参考指標であり、前述したように、そこで提供されるメニューやどのように提供するかで、キッチンスペースの比率は変化すると考えておくことを忘れてはならない。
基本的にキッチンは適正かつ動きやすいスペースが必要であり、どうしても小スペースとしたいのであれば、厨房機器の基本寸法を最小限まで縮小することから計画を検討すべきであろう。
最初の計画から最終手段をとって計画に臨むことは経営者としては避けるべきであり、飲食店としてバランスの良い客席とキッチンの配分をすることこそ、繁盛店をつくるためのポイントであることを忘れてはならない。

3 飲食店のサービスと料理提供の仕組みを理解する／業種業態によってサービスの仕組みは変化する

飲食店とは、来店するゲストに料理やサービスという付加価値を提供するビジネスであり、企画する飲食店のコンセプトやサービスの仕組みが変わっても、そこで料理を提供サービスするという本質は変わるものではない。
もちろん業種業態によって料理をテイクアウトするスタイルやゲストが自分ですべてセルフで動き、コーナーに準備された料理を食べるというバイキングスタイルなど、その料理を提供するスタイルが変化しても、キッチンで料理を調理しゲストにサービスするという仕組みやオペレーションは大きく変わるものではない。
一般的なテーブルサービスの飲食店の場合を例にすると、来店した段階から店側のサービスが開始されることになる。レジ担当あるいはゲストを客席へ案内するスタッフが、来店したゲストの客構成に合わせて席へ誘導案内するということがサービスのスタートになる。
最近では料理の注文を受ける際、客席を担当するスタッフがゲストの注文を聞くまで客席の側に着いていたが、フロアサービスの人件費削減や効率的経営を目指すために、テーブルにコールベル（スタッフを呼ぶためのベル）を配置していることも多い。ゲストを客席に案内しお勧めメニュー内容の

プランニング2　厨房計画

説明が終われば、その他の仕事に従事するオペレーションになっているからだ。注文が決定すれば、コールベルでスタッフを呼び、料理を注文するという仕組みが一般的になりつつある（ファミリーレストラン、居酒屋など比較的客単価が低い店が多い）。

もちろん客単価が高い業態の場合には、テーブルを担当するスタッフが常にゲストをケアする仕組みであり、客単価が高ければ高くなるほど、サービスの質や付加価値は高くなると言える。

スタッフが注文を受ける場合には、複写式の注文書あるいはオーダーエントリー（メニュー数が記憶されたハンディ端末機に内容を打ち込めば、キッチンに注文データが紙に出力あるいはモニターに映し出される仕組み）を利用していることが多い。店の大きさや客席数に合わせて注文の仕組みやスタイルを選択することが大切であろう。

ゲストを客席に案内した段階で水のサービスをする場合や、一定料金でソフトドリンク類が飲み放題になるドリンクバーを利用してもらうなど、店側としてはいかに少ない人員で効率的な運営ができるかを考え、サービスの仕組みも変化してきている。

注文された注文内容は、オーダーエントリー式の場合、キッチン側に配置してあるプリンターに注文料理がペーパーに出力され、その注文ペーパーをクリッパーに挟み、注文に沿って調理されることになる。

キッチンでは注文を受けた段階から料理を始めることになるが、基本は注文を受けた全部の料理が約10分から15分以内に提供できることが、理想といえよう。つまりキッチンの機能は、繁忙時であろうとも料理の注文内容如何にかかわらず、提供するサービススピードは常に一定時間でできる機能や仕組みにすることがキッチン計画のポイントと言うことである。

繁忙時にはキッチンから注文された順に料理を提供するディッシュアップ台に料理が並べられ、テーブル担当のスタッフは出来上がった料理をゲストに運んでいく。高いサービスレベルの店は、注文したゲストが何を注文したかまでチェックしておき、ゲストに料理内容を聞くまでもなく、テーブルにサービスする店も多々ある。

もちろんキッチン側から料理が出来上がったというコール指示がかかれば、その料理に合わせて必要なコンディメント（塩・胡椒・ソース・ドレッシングなど）をパントリー（キッチンとダイニングを結ぶためのサービスステーション）で準備し、客席へサービスするのが一連の流れである。したがって客席を計画する場合には、レジの位置やパントリーの配置など、サービスの流れがスムーズにできるように計画することがデザイナーとしての重要な役割になる。

つまりレジ⇄ダイニング⇄パントリー⇄キッチンのサービスの流れ、役割を理解していないと、飲食店を計画する上で「ちぐはぐ」な計画をしてしまうことが多く、せっかく計画した図面も実践とは大きくオペレーションが合わないというクレームになってしまう。

飲食店にはゲストが来店してから精算して見送るまでの「ストーリー」があることを理解しなければ、現場に合った企画計画をすることはできない。ゲストが店で食事を楽しむ時間で、予期される動きや要望についてはすべて対応できることが店側としての使命であり、いかに食事を楽しんでひとときを過ごしてもらえるかが、飲食店としてのサービスの原点である。飲食店には業種業態コンセプトに合わせたサービスのストーリーがあることを理解し、デザイン計画に臨むことが理想的な図面の進め方である。図面を決定するまでには種々の視点から内容を確認することを忘れてはならない。

表1-5　サービスと料理のフロー（流れ）

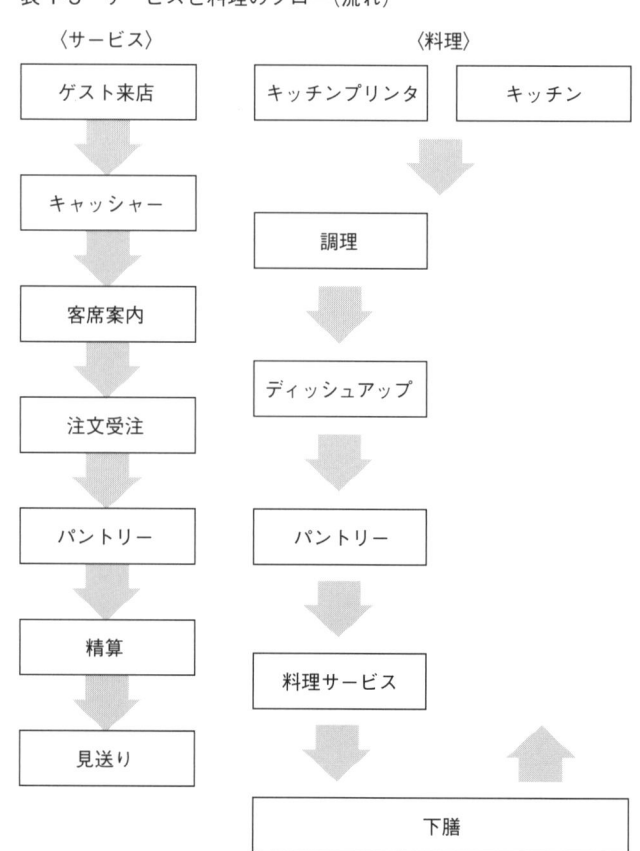

〈サービス〉
ゲスト来店 → キャッシャー → 客席案内 → 注文受注 → パントリー → 精算 → 見送り

〈料理〉
キッチンプリンタ　キッチン → 調理 → ディッシュアップ → パントリー → 料理サービス → 下膳

4 厨房の各施設機能と役割を理解する／キッチンセクションごとの知識を深める

これまでの店舗デザインの進め方は、あくまで厨房についてはまずダイニング計画を済ませて、その後、厨房会社に「空いたスペースにキッチンを計画してほしい」という依頼がほとんどであろう。

その平面計画がダイニングとキッチンエリアやサービスの流れなど、ストーリーを配慮したものであれば問題がないものの、キッチンエリアはデザイナーとしての範囲外という認識が多い現状においては、飲食店のコンセプトや内容に関わらず、その計画はキッチンの各機能や配置を考慮したものではないと言える。

まだ経験が浅いデザイナーは、理解しなければならない事柄が多く、インテリアデザイン以外のことまで理解する時間がないということがほとんどであるにしても、これから種々の経験を積み重ねて一人前の設計デザイナーを目指す志を持っているならば、最低限の知識として各キッチンセクションの機能や役割などの理解を深めておくことが将来的にバランスのとれた一人前のデザイナーになるポイントである。

4-1. ディッシュアップ機能と役割

特にキッチンセクションの機能で重要なのが料理を提供する心臓部の主軸であるディッシュアップセクションである。

一般的にはこの部分を「ディッシュアップ」（dish up／料理をキッチン側からダイニングへ料理を出す部分）という名称で呼ばれる。ここの役割はキッチンの中心を担うセクションであり、オーダーエントリー式ではダイニングから注文のすべてがここに配置されたキッチンプリンターに出力されることになる。

このディッシュアップセクションの役割は、断続的に入ってくるオーダーを、約10分から15分以内に遅延のないよう、コントロール＝セイムタイムセイムテーブル（同じテーブルの注文を料理内容に関わらず同時）に提供する役割を担っている。

このディッシュアップセクションのコントロールによっては料理の遅延や沈滞に繋がる重要な部分であり、繁忙時に対しても料理をスピーディーに提供できるかなど周辺設備機能が十分に配慮されていることは言うまでもない。

ホテルや老舗和食専門料理店の場合には、料理の最終的な味のチェックをするなど業務を専念する場合もあるが、一般の飲食店ではシェフもスタッフの一員としてオペレーションに参加することがほとんどである。

したがって平面計画に臨む場合には、業種業態の企画やコンセプトに合わせて入り口、ダイニングとの調整を配慮し、キッチンスペースのゾーニングでディッシュアップをどの位置に配置すればよいか、繁忙時にスムーズに客席へ料理の遅延なく提供できるかなど、それぞれの関係性を理解して検討を重ねることがポイントである。

4-2. クッキングセクションの機能と役割

飲食店にあって、クッキングセクションは「心臓部」そのものであり、メニュー内容や繁忙時の出数に合わせて、調理機器の配置や調理能力を選定していく。このクッキングセクションはディッシュアップとの連携が強く、クッキングセクションの機器配置や計画は、ディッシュアップに隣接した近い位置から調理機器を配置していくことが重要である。

またクッキングセクションは、店の繁閑にかかわらず、安定した料理提供をし続けることができる機能を持っていなければならない。約100席の飲食店であれば、特別な専門料理店でない限り、クッキングセクションで働くスタッフは約4人から5人が一般的であろう。クッキングセクションの不備によって料理がスムーズに提供できない、あるいは想定以上の人員がかかってしまうのでは、昨今の固定費削減、効率的経営を目指す店づくりからは外れてしまうことになる。

できることであれば、主な厨房機器についての最低限の情報＝調理機器名称と役割、大まかな寸法（W・H・D）などの知識を持って計画に臨んでほしい。

4-3. サービスセクションの機能と役割

サービスセクションは「パントリー」と言われることも多く、飲食店の機能としては客席とキッチンエリアの間に位置し、相互の作業をスムーズに繋ぐ重要な役割を担う。

このセクションの位置、内容によっては料理の遅延や客席へのサービスの沈滞を招くことも多い。店の規模によってはサービスセクションという明確なスペースは設けられてなくても、ほとんどの飲食店の場合に業種業態に関係なく、その機能の役割を果たしているスペースが存在するはずだ。

パントリー機能の例としては、飲食店に来店するゲストへのサービスの起点であり、歓迎の挨拶やメニュー、おしぼり、水類などの最初のサービスを行うための設備が集中していることがほとんどであろう。

もちろん業種業態やコンセプトに合わせてその機能や設備内容は変化してくるものの、パントリーのスペースや設備内容はそこでのサービスに合わせて計画される。

パントリーを起点にしてスタッフが水、おしぼり、メニューなどを持ち、ゲストを客席へ誘導するという仕組みをとるこ

プランニング2　厨房計画

とがほとんどで、居酒屋や焼鳥屋など酒類を主に扱う場合には水などのサービスはないものの、最初にゲストから注文を受けるメニューはドリンク類（酒）がほとんどであろう。つまりパントリーの位置関係も客席とキッチンの間に配置されることが多いであろうが、サービススタッフを効率的に配置するためには、レジ、パントリー、キッチンとの相互関係をスムーズに繋ぐ位置とすることが理想的であり、繁忙時、アイドル時に関わらず少ない人数でオペレーションができることが重要になる。

店によってはパントリーがなく、ディッシュアップに料理が出来上がっているにも関わらず、料理を出せないという状況を目にすることもしばしばであり、繁忙時にスタッフが右往左往していることもある。こうした状況の原因は、パントリー機能（スペース）がなく、客席への料理のサービスがスムーズに行えないという結果である。またこの逆にキッチンが小さく、繁忙時に客席数に対応できるキッチン設備や能力が不足しているために、料理がなかなか提供できないという飲食店も多々ある。

つまり平面計画を進める上での重要なポイントはダイニングだけではなくキッチンエリアと関わるセクションが多く、それぞれの関係を理解し相互の施設が有機的かつ効率的に機能することが大切なのである。

飲食店の設計にあたっては、各施設、スペースの役割や機能を理解しておくことが、より良い計画を実現するための基本であることを忘れてはならない。

4-4. 洗浄セクションの機能と役割

洗浄セクションは、ゲストがその店でひとときを過ごすための環境を維持するための脇役であるとともに、業種業態によっては一気に下がってくる食器類、グラス類など洗浄する役割を担っている。

別名、洗浄機そのものの呼び方で、このエリアを「ディッシュウォッシャー（dish washer）」「ディッシュウォッシュ」といわれ、図面にD/Wと表現される。

平面計画に際して、各セクションの相互関係に密接する機能であることを忘れてはならない。

このセクションは、キッチンの存在が重要視されないのと同じように、キッチンエリアの中でもさらに隅に追いやられるスペースと言える。直接ゲストのサービスに関わらない部分であるためにその扱いも低いレベルにある。

洗浄セクションも飲食店の業種業態によって、その役割や必要スペースの確保が大きく異なる部分である。一般的には、客席数や繁忙時の状況に合わせて効率的に計画される。

最近では、小規模飲食店であっても洗浄機を配置しないという店は少なくなってきているが、規模の大小に関わらず、洗浄機の配置スペースを確保したい。そもそも洗浄機導入の投資と人の手で洗浄をするのでは、比較するまでもなく、人件費を手で食器を洗浄することに使うほうが非効率的であると言えよう。

80席以上の飲食店であれば、食器類の数、シルバー、グラスなどに合わせて洗浄機の機能や能力を設定する。注意しなければならないのは、洗浄作業の際に発する食器類同士がぶつかり合う音がダイニングへ流れないようにすること、また衛生的配慮からキッチンエリアの中でも洗浄セクションを区画することなどである。

洗浄エリアのスタイルにもいろいろな形状があるが、客席から下膳された食器類を一人で洗浄し、再びクッキングエリアへ戻す仕組みになっているコの字型が理想的であり、その他ストレート、変形スタイルがあるが、洗浄するスタッフや洗浄エリアの衛生的な配慮をすると、スタッフの動きが大きく床が洗浄する水で濡れやすいなど、常に不潔な状態になってしまう場合が多いので、計画段階ではHACCP（ハサップ／Hazard Analysis and Critical Control points／食品を製造する工程上の危害要因分析に基づく必須管理点）を配慮した、理想的な配置にし効率的な計画にすることが理想的であろう。

4-5. ストレージセクションの機能と役割

一般的に飲食店の場合にはいかなる業種業態に関わらず、ストレージ（倉庫）機能は、どのような形態であろうともスペースとして確保していることであろう。

ストレージという機能は、常温、保冷の二つに分けられるが、ほとんどの場合、飲食店の規模に合わせて設けられ、広さなどの具体的な基準がないと言える。特に都心部のように一坪単価の賃料が高い物件の場合には、よほどしっかりとしたプランを実践するクライアント、あるいは店舗デザイナーでない限り、常にこのストレージの機能や位置づけが曖昧なままに計画されていることがほとんどである。

ストレージ機能については、デザイナーとして介在する必要がないという誤った認識がキッチンそのものを縮小化させてきたことと通ずるものがある。

もちろん業種業態によってストレージはごく小さいスペースで完結してしまう場合もあれば、キッチンエリアに収納できない場合もあり（食材の配送サイクルによっても異なるが）、このような店舗ではバックヤードにストレージを確保しなければ、飲食店として成立することが難しいことになる。

しかしほとんどの飲食店に言えることであるが、本来キッチ

ンの機能を補佐するための役割を持つスペースが、平面計画に反映されていないなど、ことの外「ないがしろ」にされてしまうことが多いのである。
しかしよく考えると、ストレージ、事務所などはデザイナーとして、当然、平面計画に含めて考察、検討しなければならないはずが、いつのまにか厨房業者にキッチンスペース、バックヤードに至るまで依頼してしまうという悪い風潮が一般化してしまっている。もちろん、トイレ、そのほか事務所や更衣スペースを計画に反映するデザイナーも多々いるものの、デザイナーとしての役割や範囲の認識がデザイナーによって異なるために、そのレベルもマチマチになってしまうことは嘆かわしいことである。
ストレージを含めバックヤードの領域まで、また細部に渡って料理内容を理解しているわけではないため、どうしても曖昧かつ自信のないスペース配分になることは致し方ないことであるものの、厨房業者とクライアントだけに任せるのではなく、一緒にその内容や打ち合わせに参加して、全体のバランスを調整するのもデザイナーとしての役割であることを忘れてはならない。

4-6. 付帯施設（トイレ・事務所・更衣室）の機能と役割
飲食店である以上付帯設備として、ゲストの食事環境に関わる施設や従業員の1日を過ごす事務所・休憩室などそこでのストーリーを想定しておけば、おのずとその重要性や役割が理解できるはずだ。
飲食店の付帯施設の広さなどを検討する際の指針としては、その店舗の客席数、繁忙時のスタッフの人数、トイレの数、また更衣室の有無、広さなどがある。特にトイレについては、男女別あるいは必要数も業種業態によって変わってくる。
更衣室や事務所については、繁忙時の一度に着替えるスタッフ人数や最低限のスペースは確保しておくことが重要であろう。最悪の場合には、事務所や更衣室がなく、スタッフの更衣はトイレで、事務管理は店が暇な時間に客席で作業をするという環境の飲食店も少なくない。しかしこれはあくまでも特例と考え、一般的な基本として理解してはいけない。
事務所と更衣室は一緒になろうとも、最低限の広さや内容を確保しておきたい。
物件そのもののスペースが小さい場合には、与えられた条件をその平面にうまく配置できるかが、デザイナーとしての力量が問われるところでもあろう。

5 収納スペースの確保と工夫／収納スペースの創作術とアイデア

小規模飲食店の店づくりで常に問題になるのは、バックヤードの確保や狭さをいかに利用してビジネスとして成立させる計画ができるかであろう。
特に物件そのもののスペースが小さいということは、客席、キッチン、トイレなど通常必要である機能を優先して計画に臨むことが多く、結果、そのシワ寄せは事務所や収納などバックヤード関連の諸室やスペースということになる。デザイナーの立場では、事務所については何とか計画に反映するものの、ストレージ、収納の確保についてはどうしてもおろそかになってしまう。
物件そのものの平面が小さければ小さいほど広さは限られており、高さを利用するなどの空間の有効活用法、スペース発見法といったところにデザイナーとしての手腕が問われるところであろうし、至難な業を要求されるところだろう。
ましてや経験が浅いデザイナーとしては、どのぐらいの収納スペースを確保すればよいのか、あるいはどのように考えたら収納スペースを得られるかなど、基本的なところから戸惑うことが多いだろう。
そのためにはまず、クライアントに具体的にストレージ、収納スペースを確保すればよいのか、クライアントから種々の情報を聞き出すことが重要である。ストレージとしての区画された1室は設けることができなくても、キッチンで利用する食材はキッチンに隣接する場所の天井空間を活用するなど、ストレージに保管する食材の保管状態や種類によってスペースを分散配置できる。
小さい客席スペースで有効に使用できる空間を考えると、ベンチシートであれば、そのベンチ下に空洞を作り収納スペースとして利用するのもアイデアのひとつである。また物件の天井が高い場合には、脚立を使用しなければ届かないスペースであろうとも、使用頻度が比較的少ない物品の収納スペースとすることができるはずだ。
また、床下利用というアイデアもあろう。特にキッチンに関わらない客席スペースの床であれば、地下がない限り一定のスペースを開口することも可能であるし、家庭でよくある床下収納の発想でスペース確保を図ることもできる。
また物件によってはどのように工夫してもデットスペース（ムダな空間）ができてしまう場合もあり、そのムダな空間を収納、ストレージに活用することもできる。
つまり飲食店の計画においては、客席・キッチン・ストレージ・事務所・更衣室など付帯設備はいかなる小さい物件で

プランニング2　厨房計画

も削除してしまうことはできないものとして計画全体を進めたい。

飲食店の経営に必要な諸室やスペースが反映されていない、あるいはインテリアを重視するあまりそれらをないがしろにした計画であると、結局は竣工後にクライアントから不満が出てくるのは必至であることを理解しておきたい。

6 業種業態別食器数の算定基準／繁忙時客席回転数に合わせた食器数を持つこと

これまで、業種業態にかかわらず飲食店の食器類の数量は、客席数の約1.5倍（種類別も合わせて）を持っていればよいとされてきたが、近年の人件費高騰や人手不足などの経営的要因から、食器の数量算定も業種業態によってまちまちになってきている。

たとえばレストランのようなテーブルサービスの場合、繁忙時には洗浄機を稼働させずに人件費を削減するという効率的運営から、繁忙時には洗浄機を稼働させずスローになった時点で洗浄作業を行うなど、食器数は繁忙時に回転できる十分な数量を抱えていることがほとんどであろう。

しかし小規模居酒屋や焼鶏屋の場合には、席数も限られた数しか確保できないことやスペースが狭く食器類を保管する場所もない場合には、逆に繁忙時の席数の1回転＋アルファしか抱えていない場合も多々ある。

大型飲食店や社員食堂のように常に1日の利用人数が決定している場合には、

　種類別食器数＝客席数×1.5×120％（安全率）

という公式は理論的には有効であるものの、あくまでも参考式であると理解しておくことだ。

種類別の食器数は業種業態やコンセプト、客単価などによって変化してくることを理解しておかなければならない。基本的な考え方としては、繁忙時に、食器類が不足して、洗浄エリアから戻ってくる食器類を待っているのでは、経営的にマイナスになってしまうことを忘れてはならない。もちろん料理の主軸に使用する食器類とサイドメニューに利用する食器類の数はおのずと異なってくる。厳密に言えば、全体メニューの売上構成比の情報（繁忙時のメニュー出数）も加味してこそ、初期段階の理想的な食器数の算定公式であろう。

しかし飲食店の設計デザイナーとして食器数の算定まで知識として理解しておかなくてはならないというものではない、この分野は、あくまでもクライアントと厨房業者の打ち合わせによって具体化した情報をデザイナーとして理解しておけばよいであろう。

自分の知識として種々な情報を勉強するという意識と、飲食店の店づくりに関わるすべての情報を浅く広く習得するという貪欲な執着心がほしいところである。

7 オープンキッチンのメリット＆デメリット／オープンキッチンが流行している背景

オープンキッチンの意義は、ただ単に飲食店のキッチンエリアを開放したキッチンのことではなく、インテリアデザインの一部としてライブ感の演出や非日常空間を創り出す、空間演出装置としての活用である。

これまでの一般的にオープンキッチンの認識とは、キッチンが開放していれば、すべてオープンキッチンという理解をしている人が多いが、業種業態においてはキッチンを開放しなければ成立しない飲食店は多々ある。そうしたキッチンは、オープンキッチンではなく、キッチンをオープン化したキッチンであり、そもそもの意味が異なっている。デザイナーとしては本来のオープンキッチンの基本を理解していなければ、後々飲食店づくりにおいて、設備関係はもとより種々な問題が発生することを認識しておかなければならない。

これまでオープンキッチンに対して、キッチンを開放することがノウハウの公開に繋がる、あるいはキッチンが汚れているのがゲストに見られることでイメージが悪くなるなど、業種業態によって様々な捉え方がある。キッチンをデモストレーションとして活用するという演出は、欧米の飲食店のライブ感溢れるイメージを模倣、アレンジしたものであり、昨今のオープンキッチンの流行は、デザイン計画で閉鎖的なキッチンを演出装置として開放したことに起因していると言えよう。

飲食店においてオープンキッチンの存在や役割は、そこに来店するゲストに「非日常感覚」や「食への期待や楽しさを醸し出す」演出材であり、通常のキッチン計画やデザインよりも細部に気を使わなければ、デモストレーション装置としてのパワーをアピールできない。

7-1. オープンキッチンのメリット

業種業態によっても異なるものの、キッチンをオープンにすることで効率的なオペレーションができるため、人員を削減できること、小規模飲食店の場合には、スペース自体が狭く圧迫感を感じるものであり、キッチンを開放することによっ

て空間を広く感じさせることができる。

極端に言えば、暇な時間は一人でも作業ができるというメリットがあり、クローズキッチンに比べると、作業性や効率性が増すことが第1番目のメリットであろう。しかしオープンキッチンの意義を理解せずに、キッチンを開放した場合には、キッチン内がすべてゲストに見えてしまうため、常に清潔かつ整理整頓に気をつかっていなければならない。オープンキッチンは常に清潔かつ整理整頓しやすい状態にデザインされていなければならないということである。

また店としてデモストレーションを訴求する場合には、コーナーとしてのオープン化もあろうが、調理機器や器具を見せることも迫力また臨場感ある演出になるはずだ。

経験が浅いデザイナーがオープンキッチン計画に臨む場合には、インテリアデザインの延長上にキッチンが存在するということを充分に理解して計画に臨むことを忘れてはならない。特に小規模の飲食店の場合は、客席とキッチンが近接していることが多く、客席エリアのすぐ脇にキッチンがあるということはしばしばであり、だからこそ、店舗全体として「オープンキッチン」を考え検討しなければならない。

7-2. オープンキッチンのデメリット

飲食店の業種業態によっては、オープンキッチンエリアにすることが、必ずしも良いことではないことも理解しておく必要があろう。

接待需要が多いこと、専門料理をコースで提供する店など飲食店としての専門性が強い場合には、むしろキッチンを開放することが、店としてのマイナスになる場合もある。

個室需要が高い店で、ほとんどの客席が個室として区画されている場合には、キッチンを開放する否かを検討するのではなく、美味しい料理をよりスムーズに提供するための配置、機能を検討すべきであろう。

キッチンを開放して店を訴求演出する場合には、ゲストが店に期待する興味や好奇心を掻き立てる素材としては効果的であり、決してデメリットにはならない。しかしオープンキッチンにするためにキッチンエリアのデザインを凝り過ぎるなど、ともすると一般の店づくりにかかる投資よりも予算が増加してしまう傾向もある。デザイナーとして、クライアントの予算、コンセプトなどその内容の意見調整を充分にしておかなければならない。

また洗浄エリアやストレージなどバックスペースは、原則的には区画して開放しないことがほとんどであり、オープンキッチンという意味や内容を十分に理解しておくことだ。

店のコンセプトとして、ストレージや大型冷蔵庫を店内の一角に演出装置として、一般的には隠す部分を敢えて訴求するというインテリアデザインであれば、バックヤードもオープンキッチンの一連という演出法も考えられる。

**8 見積書の項目チェックと査定方法／
原則的には相見積と指定の見積書に記入させ
見積項目をバラバラにしないこと
内装工事見積書の査定方法の注意点**

内装施工費についての項目チェックは、デザイナーの仕事の一つである。

通常、2社から3社の相見積りで施工業者を選定することがほとんどであろう。しかしあくまでも図面どおりに見積りがなされているか否かなどの詳細チェックはすべて図面と付き合わせて内容と項目、見積単価が適正であるなど項目ごとにチェックしなければならない。

この見積りも、業者の図面の見積り方によって、たとえば工事費1000万円程度を想定した店舗でも、300万から500万以上の差が出てくることは多々あることだ。

見積りのチェック方法については、図面指示どおりに見積りされているか否か、見積項目に抜けがないかどうか、見積り坪単価が異常に高くないかなど、各社ごとに項目内容をチェックすれば適正か否かが理解できるはずだ。

この見積書を作成させる際に、書式設定を指示しないと各社ごとに項目が異なった内容で見積りをしてくるために、見積りを査定する側としては非常にチェックしにくいことになる。一般的には、見積金額が一番安い業者の見積りと高い業者の見積りをチェックすれば、どこが適正であるのかなど判断するポイントとなろう。よりチェックしやすくするためには、デザイナー側が見積書式を各社に手渡し、見積り方法がばらばらにならないように、項目ごとに同じ内容で見積りができるようにしておくと、各社の見積書を横並びにすれば、坪工事単価や項目の見落としがあるのかなど一目瞭然で判断できる。もちろんデザイナー側から見積書式の設定がなければ、各社それぞれの見積り方式で見積りを提出してくるため、各社の見積りのチェックに非常に時間がかかってしまう。

業者選定基準は、見積り総額が低く、項目に見落としがない業者を選定、交渉をすることが一般的であり、基本的には、追加見積りを認めないこと。たとえ工程が進行中に予想できない工事が発生しても、大きく図面と現場が異なる以外追加工事は認めない旨の確認をして業者選定し、クライアント側と契約させるという役割をデザイナーは担わな

プランニング2　厨房計画

ければならない。
施工業者によっては、工事が進行するに従い現場状況が少しでも異なってくると、追加工事を認めてほしい、この内容は見積りで見ていなかったなど、追加工事費の承認を平然とデザイナーやクライアント側に求めてくる業者もあるため、あくまでも業者選定と契約時には「追加工事は基本的には認めない」という意向をしっかりと断言しておくことが大切であろう。

9 厨房工事見積書の査定方法の注意点

厨房工事についても業者の選定については、内装工事と大きく変わるものではなく、基本的にはクライアント側と厨房会社と間で厨房図面や詳細の打ち合わせが行われた図面で相見積もりをすることが常であろう。
厨房見積書査定については、内装工事内容をチェックするほど難しくなく、基本的には厨房図面に記入されている番号順に見積書はまとめられていることが一般的であり、各社の内容を番号順に見比べればその金額査定は素人でも簡単にできる。しかし問題になるのは、往々にして厨房図面に機器あるいは板金製作に対する仕様書がない場合には、見積りは各社の都合のよいように見積もりをしてくることであろう。
ほとんどの場合には、厨房業者選定についても店舗デザイナーの紹介であるとか、知人の紹介などその接点は種々あるものの、基本的には、見積金額の妥当性を確認する場合には、数社に見積りをしてもらうことが理想的であろう。あくまでもいくら紹介であろうとも、厨房業界は受注産業であるために受注できる仕事に対しては多く利益を生み出そうとして、見積りに反映してくることを忘れてはならない。
紹介者が厨房業者に対して見積り査定できる、あるいは妥当な金額のアドバイスができる人であれば問題はないが、クライアント側の代行としてコンサルタントを依頼しない限り（その役割はクライアント側の業務である）、クライアントが素人同然であれば、デザイナーがその役割をアドバイザーとして担う必要があることを理解しておかなければならならない。特に注意しておかなければならない点は、たとえば、作業台であっても備品などが詳細にわたる場合には、「一式」あるいは「その他備考」欄にその内容が記入されていることが多い。したがって製作物についての内容については詳しく説明をきくことを忘れてはならない。後々、その内容が見積書と異なる場合、内装工事同様に「言った、言わない」という低レベルの話しになることが多く、その仕様の細部までしっかりとチェックすることが理想的な査定方法であろう。
ただしクライアント側が想定していたことが反映されていない図面で、見積りが抜けていれば、当然のことに非はクライアント側にあること、つまり理解できなければ細部にわたってひとつひとつの機器について説明を受ける姿勢を持っていなければならないことを理解しておくことが大切であることだ。あくまでも自分の店であり最終決定者はクライアント側にすべての責任と権限があることを忘れてはならない。

表 1-6 厨房設備の見積書例

御見積書

御中　　　　　　　　　　　　　　　見積No.
　　　　　　　　　　　　　　　　　年　月　日

下記の通り御見積申し上げます。
何卒御用命願い申し上げます。
尚、消費税は別途ご請求いたします。
　　　　　　　　　　　　　　　　株式会社
納入期日　別途お打ち合わせ　　　　本社営業部
納入場所　　　　　　　　　　　　　東京支店
取引方法　従来通り
有効期限　年　月　注文No.　　　　本　社

合計金額　¥5,070,000-

NO	品名・規格	数量	単位	単価	金額
1	厨房器具合計				4,470,000
2	搬入据付工事費 一式				350,000
3	試運転器具調整費				150,000
4	現場諸経費				100,000
	合計				5,070,000

納入場所　　　　　　　　　　　　　　　　　　　　　PAGE- 1

NO	品名・規格／寸法・側考	定価	数量	単位	単価	金額
	厨房器具合計					
1	ダスト付三槽シンク 2500×600×880　サイド立ち上げ、水きり付		1	台	275,000	275,000
2	欠番					-
3	食器洗浄機　JW-400TUF3 600×600×880　水切付 ¥919,000		1	台	410,000	410,000
3-1	天板		1	枚	50,000	50,000
4	オーバーシェルフ 1250×300×300		2	台	29,000	58,000
5	オーバーキャビネット 1250×300×600　天井高さにより高さ要調整		2		78,000	156,000
6	欠番					
7	欠番					-
8	冷蔵ショーケース　RSB-1208M 1200×600×1993 ¥770,000		1		290,000	290,000
9	コールドテーブル冷蔵庫　RT-150SNC 1500×600×880 ¥625,000		1	台	132,000	132,000
9-1	天板		1	枚	50,000	50,000
10	オーバーシェルフ 2300×300×300		1		45,000	45,000
11	オーバーキャビネット 2300×300×600　天井高さにより高さ要調整		1		150,000	150,000
12	コールドテーブル冷蔵庫　RT-80SNC 800×650×880 ¥517,000		1	台	110,000	110,000
12-1	天板		1	枚	40,000	40,000
13	肉スライサー 600×900×730		1	台		別途品
14	冷凍冷蔵庫　HRF-120SFT3 1200×650×1890 ¥1,159,000		1		245,000	245,000
15	パンシンク 500×750×880　オーバーシェルフ2段		1		155,000	155,000
16	ガステーブル 1200×750×880		1	台	136,000	136,000
17	排気フード 2250×900×1900		1			支給品
18	パイプシェルフ 1300×350×300		1		43,000	43,000
19	灰焼き器 750×750×1063　特注 ¥425,000		1	台	340,000	340,000
20	シンク・ダスト付作業台 1100×750×880　ダストかご（パンチング）		1	台	160,000	160,000
21	アイスメーカー　IM-45L-1 633×456×880 ¥603,000		1	台	234,000	234,000

表 1-7 知っておきたい厨房の基本的機器と機能

機器名称 機器	中小規模飲食店の調理方法と機器								機器内容と用途
	揚げる	焼く	煮る	蒸す	茹でる	炒める	冷却	洗う	
フライヤー	○								素材を油で揚げて調理するための専用機器
圧力フライヤー	○								素材を油の中に密閉し蒸気で圧力をかけて揚げる
グリドル		○			○	○			フライパンを専用化した機器、器具使用で多様途
サラマンダー		○							上火式の焼物器、主に料理の上に焦げ目を付ける
上・下式焼物器		○							焼鳥屋、居酒屋などの素材を焼くための専用機器
ガスレンジ	○	○	○	○	○	○			調理用途にあわせて道具を変えることで調理多様化
圧力釜			○	○	○				調理時間を圧力をかけて短縮化、ラーメンのダシ取り利用
スチーマー				○	○				蒸気で調理する専用機器、素材内容で温度時間設定化
ゆで麺器					○				麺類を茹で上げるための専用機器
スチコン		○	○	○	○				焼く、蒸す、煮る、茹でるなど多種多様の調理可能
コールド（冷蔵）							○		食材類を10℃以内で保冷するための機器／クッキング
コールド（冷凍）							○		食材類を-20℃以上で保冷するための機器／クッキング
リーチイン冷凍庫							○		食材類を-20℃以上で保冷／クッキング・ストック用利用
リーチイン冷蔵庫							○		食材類を10℃以内で保冷／クッキング・ストック用利用
氷温庫							○		食材類を氷結点0℃前後で保存／魚介類・肉類適している
恒温高湿庫							○		食材を氷結点寸前2℃から5℃、湿度90％を維持・保冷
オーブン		○							食材全体を熱で包み、ある料理や食品を調理する機器
洗浄機								○	水圧で汚れを洗浄するための専用機器
シンク								○	食材の仕込み、食器類洗浄など用途は多様
製氷機							○		氷を製造する専用機、食材・飲み物冷却に使用

プランニング3　設備計画

1　電化厨房導入の注意点／厨房環境の良さと将来的な経済性をとるか初期投資のローコスト化をとるか

近年、飲食店の企画や計画に際してキッチン設備をすべて電化し、キッチンエリアの厨房環境や厨房機器から発せられるエネルギーロスを削減しようとする動きが活発化してきている。一般的なイメージからしても、キッチンの熱源をガスに主軸をおくよりも電気で賄うほうが、キッチン環境はクリーンなイメージとなるだろう。現実的にもガスと電気では、電気のほうがキッチン内の排熱、輻射熱、排気量を減らすことができるなど導入することはメリットが大きいように思える。しかし現実的に都心部のテナントビルや種々の物件設備内容を調査すると、そのメリットは手放しで喜び採用できるものではない。物件条件によっては必要電気量が不足しているケースが多々あるのだ。

近年の社会的エコ活動が活発化している中で、全国の電気供給会社はこぞって業務用厨房機器の電化を推進し、電化はガスに比べてメリットが大きく、これからの時代の新しいキッチンのあり方としては理想的であることをアピールしている。しかし不可思議なことは夏になれば必ずといって電気使用の無駄遣いを削減しようというコマーシャルが、夏の期間中ひっきりなしにテレビ、ラジオで放送されているのが現実であり、よく考えると矛盾が生じてくる（電化を推奨しているのに需要と供給はまかなえるのか）。

欧米では、いまやキッチンの熱源は電気が主軸になっているが、電気を活用する環境ができている国とできていない日本で同じことを推進しても、そこには矛盾が生じてしまう。

それほど電化厨房が良いものであれば、新しい飲食店のキッチンはすべて電化されているはずだが、何故に電化されていないのかという疑問が生まれる。

その理由には、まだまだ電気を主軸としてエネルギーを供給する環境が整っていないなど、種々の問題があることは否定できない事実であろう。たとえば、都心部の新築商業ビルであっても、熱源はガス使用を想定して、大きな電気容量を計画していない。いざその物件でキッチンを電化しようとすると、電気容量を増加する費用や手続きはそこに入るクライアント側の負担になってしまう。まだガス機器に比べて電機機器は2倍から2.5倍のイニシャルコスト増となり、ランニングコストで換算すれば、将来的に安いことになるものの、現実の初期投資では厨房予算は高くなってしまう。

本来であれば、電力会社が業務用のキッチンの電化を促進するのであれば、電化を希望するクライアントに対しては、電気増量の費用は電力会社で負担するなど、初期投資の軽減策を採るべきだが、ガス機器と比較して電化のよい部分だけをアピールしているに過ぎない。

つまり、キッチンを電化にすることを否定しているわけではないが、実情としてクライアント側の立場になって電化を推進できない点が、なかなか電化厨房が普及しない大きな原因と言えよう。

いまや飲食業界の社会的景気後退による経営不振や経営効率の悪化など、いかにローコストで飲食店づくりをして効率を上げようとしているなか、キッチンを電化することの利点は理解できても、種々の問題が解決されない限り、キッチンの電化の普及率増加は難しいだろう。

飲食店の計画を多く企画するデザイナーの知識としては、キッチンの電化は理想的ではあるものの、現実には初期投資が多くかかるという認識を持っていればよいだろう。もちろんクライアント側の意見として電化にしたいという要望には、投資がどのぐらいかかるかなど具体的に説明できる情報は最低把握しておくことが大切である。

経験が浅いデザイナーの場合には、先輩に相談するかあるいは電気設備業者に相談するなど、その物件で現実的にキッチンを電化できるか否かなどその内容を設備調査段階でクライアント側に具体的に報告できるようにすることが、デザイナーとしての役割になることを理解しておくことだ。

2　厨房排気フードの排気容量設定の基本的考え方と注意点／給気方式を確認しておくこと

一般的に飲食店の厨房内排気フードの容量設定については、設備設計あるいは空調設備業者が厨房計画の機器リストのカロリーに合わせて排気容量の数値や排気ファンの容量を設定することがほとんどであり、デザイナーの仕事の範囲としては、その情報を収集し把握しておく範囲に留められていることが常であろう。

つまりデザイナーは、衛生・空調・排気設備などの業務を専門業者に委託することが一般的であり"設備には弱い"あるいは興味を示さないというデザイナーが多々いるのが現実である。

設計経験が浅いデザイナーにとっては、インテリアデザインの構想で頭がいっぱいになっているだろうが、厨房や衛生設備など具体的な内容については、チンプンカンプンであり、経験を積み重ねるまでは施工業者の監督や設備業者に任せっきりというのでは、余りにも心もとない。

少なくとも飲食店の設計を担当するデザイナーとしては、基

本的な知識や情報など現実的な詳細内容を理解しておくことが当然でなければならない。設備計画についてはデザイナーの範疇ではないことが現実であろうとも、全体的な設計監理責任はデザイナーにあることからすれば、クライアントに質問されて何も分からないというのではクライアントの信頼や信用を得ることは難しいと言える。

これまでは、開店後の空調や排気のバランスが悪く、調理機器から発生する煙を排気フードが吸い込まず客席に流れてしまうなどのトラブルがない限り、空調設備の知識を得ようとするデザイナーは少ないがトラブル、クレームを重ねないためにも、空調設備の基本は勉強しておきたい。

空調設備は空気をコントロールする技術であるために、理論値ですべてが解決するものではなく、数多くの設備設計と実務を経験している専門業者の経験にも左右されることが大きいのである。

店舗デザイナーとして最低限理解しておかなければならない知識としては、計算式を理解しておくことだ。しかしこの数値も参考指標でありすべての現場に当てはまる公式数値ではないことを忘れてはならない。

　　排気量（CMH=Cubic Meter Hour）=30KQ、40KQ

という計算式がある。排気フードの開放面積の大きさ（3面開放、4面開放）によって数値が変化することだ。いずれにせよ小規模あるいは中規模飲食店の場合においても、いずれかの数値で排気量は算出されることが多いだろう。

具体的には排気量を算出する場合には、機器排気を基準とする場合と排気風量を基準にする場合のふたつの計算方式があり、一般的には、排気量が多く算出された数値を基準数値とすることが多い（その算出された数値に専門業者は経験値を加算してその店の排気量の設定を決定する）。

① ガスカロリー/排気量=40（係数）×K（排気フードが被さるすべての調理機器総キロカロリーの合計）×Q（0.00108/理論係数）
② 面風速/排気量=排気フードW（幅）×D（奥行）×H（高さ）×（0.3～0.5）sec（秒）×3600（秒）

飲食店の厨房環境は、排気フードの排気量の算定によって①②のいずれかの数式を算出し、そこでの調理機器特性（煙を多く発生する、蒸気を多く発するなど）に合わせて、排気量の設定調整をすることが一般的な設備計画になる。しかしあくまでもこの数式は算定方式の一例であり、すべての飲食店の条件に合致する式ではないことを忘れてはならない（物件条件により制約が異なる）。

特に注意しなければならないのは、設備業者が飲食店の排気計画や施工の経験が浅く経験値データや現場データの積み重ねがない場合には、オープン間近の竣工検査の段階になって「ちぐはぐ」な排気設備計画になっていることが発覚するということも多々ある。

よくオープン後に空調排気設備で問題になるケースとしては、
① 入り口のドアが店内給気の容量が大きく開けにくいこと
② 入り口から空気を吸い込んでいるような風切り音が聞こえること
③ キッチンエリアから排気ダクトで吸いきれない煙が客席へ流れてくること
④ 給気を店内にとり入れるために厨房の壁に大きなガラリがあり、冬は寒く、夏は外気が直接キッチンへ入ってくること

など、種々のトラブルがある。

給気を自然給気あるいは動力給気にするか、あるいは給気の取り入れ口を壁、天井など分散して取り入れるかでもそのキッチン環境は大きく異なってくる。

このように、空調排気設備計画は、空気の流れを扱う難しい計画であり、設備計画の専門家が存在するかも理解できるだろう。

少しでも空調排気設備についての知識や興味を持ったならば、デザインと併せて独自で勉強し知識や情報を積み重ねることも大切なことである。空調排気計画の良し悪しで、空間の「居心地」を左右してしまうことを忘れてはならない。

3 業種業態によって異なる排気設備の注意点／煙・臭気を多く店内で排出する業態では特に給気と排気バランスに注意すること

一般的な飲食店に比べて煙や臭いを多く放出する焼き肉店、炉端焼き店、お好み焼き店、ステーキレストランなどの排気設備は、より詳細な検討が必要になる。特に多くの煙や臭いを店内に放出してしまう焼き肉店の場合の排気設備計画には、種々の配慮をしておかなければならない。

最近の焼き肉店の排気設備の傾向としては、インテリアダクトを天井からそれぞれの熱源に落として煙や臭気を排気するダクト式ロースターが流行りになっている。さまざまなデザインダクト（上引式昇降フード）がありインテリアデザインとしては楽しいものになるものの、後々のメンテナンスや管理を検討すると手放しでは推奨できない部分も多々ある。投資コストを配慮すれば、固定式無煙ロースターの設備が店全体の環境やオイルミストなどを考えると、安全かつ店内が

プランニング3　設備計画

焼き肉の煙で充満するということはほとんどないだろう。何故にデザインダクト方式の排気フードが流行ってきているかは、比較的低投資で設備を施工できることが大きな要因といえるが、長期的に見れば、固定式無煙ロースターで安全装置付きの機器を使用するほうがゲストの環境を配慮すればベターと言えるだろう。

近年、七輪を使用しての焼き肉店の流行もある。店内が七輪からの煙で充満しているほうがよりライブ感があるとする業態だが、一概に環境そのもので飲食店のビジネスが左右されるものではないものにしても、一般的な飲食空間という環境を配慮すれば、満席時になると店内が煙で充満してしまう、あるいは排気フードで吸い込みきれない空気が店内に流れてしまうということは、設備計画の上では問題になることだと理解しておくべきである。

その他、お好み焼き店、ステーキレストランであっても一般の飲食店の排気計画に準じていなければならないことを理解しておくことであろう。むしろゲストの前で料理や調理をする環境の飲食店の場合には、一般の飲食店の排気計画よりも細部の内容に留意して設備業者や監督と打ち合わせしておかなければならない。

4　厨房内防水の知識と漏水事故への配慮と注意点
地下がある場合には要注意／
原因は防水業者の技術的レベルで内容が左右される

厨房計画で特に注意しなければならないのが、厨房内防水工事の内容についての確認である。防水内容や技術レベルによって、ことのほか漏水事故が多いのだ。飲食店の場合には、地下があるなしに関わらず防水工事をすることが多く、その方法や仕様も多々あることを理解しておかなくてはならない。

厨房内防水方法や内容については、ほとんどの場合には、施工業者が防水業者と予算、物件条件に合わせて仕様を選定することが多く、特別にデザイナーの指示がない限り、施工上の設定が見積りの段階で内容が理解できるようになっており、よほど技術レベルが低い業者ではない限り、漏水問題が起こらないことが当然でなければならない（約5年保障が一般的である）。防水業者から5年間の保障書類を提出させることも忘れてはならない。

飲食店でよく利用される防水方式の例としては、
① ウレタン防水（カルボニル＝炭素を介してアミノ基とアルコール基が脱水結合した化合物）は扱いやすい手法であり、現在ではスプレー方式の超速硬化ウレタン防水も開発されているなど用途は多い。
② 塗布防水は、液状あるいはパティ状の防水材を塗布し、硬化させて防水膜にする方法であり、塗布防水における防水層は原則的に下地と完全に接着して一体化する利点がある。
③ シート防水は、文字どおり防水シートを被せる工法であり、シート同士をつないで一体化させることが不可欠である。

その他アスファルト防水、FRP防水などの防水方式があるが、基本的には、物件状況やテナント規定などに合わせて施工業者とどのような防水手法にするか内容を確認しておけばよいだろう。

防水工事は、飲食店の大小に関わらず厨房全体を区画するために、完全に防水できているか否かは、防水工事後に水張り試験を2日から3日、養生に2日、合計約5日を設けることを忘れてはならない。また防水層の壁の立ち上げは3ブロックまでとすることを指示し、漏水原因の危機管理を計画段階でしておくことが大切である。

物件によっては種々な条件下で防水計画を実施しなければならない。特に計画店舗に下階がある場合には、漏水すれば下階のテナントの売上保障や防水工事の補修あるいはやり直しなど、後々開店後に大きなクレームになるところであり、施工業者、防水業者への責任範囲をしっかりしておくことが大切である。

漏水事故の大半は、低い防水技術や手抜き工事であり、ひどいと漏水事故時には施工業者や防水業者が倒産して、既に会社がないなどというケースもある。こうした現実に直面すると、デザイナーとしての直接責任はないものの、クライアント側からすると、そのクレームの矛先はデザイナーに及ぶことを忘れてはならない。

もちろんその後の対策や方法論についてもクライアントと相談し、問題の調整役をしなければならないことを理解しておくことであろう。施工業者や防水業者が倒産しても、店のことに対するクレームなどは、その店を担当したデザイナーに戻ってくることを肝に銘じておくことだ。その仕事は自分の範疇ではないなどと「たわけたこと」をいっている場合ではない。

5 物件の用途変更に際しての注意点／特に設備内容をチェックすること

飲食店を開業する場合、物件の立地、設備などの様々な状況が経営の成否を決定する大きな比重を占める。物件によっては「用途申請」が必要な場合があることを忘れてはならない。入居物件が事務所や物販店の場合には、「火」を使用することから、新たに飲食店への「用途変更申請」をしなければならない。

もちろん物件調査段階で不動産側からの情報が得られる場合も多いが、新たな用途変更申請には1.5カ月ぐらいの時間がかかってしまう。

たとえ「用途変更」ができたとしても、そもそもその物件に、飲食店を開業するための基本的な設備内容が設備されていないことも多々あるので注意しなければならない。

物件調査をしてみると、給水口径が20ミリ以下、排水口径100ミリ以下、ガスが物件に入っていない、またガスの配管口径が20ミリしかない、電気容量に動力が不足している、あるいは基本的に厨房設備などを稼働させる電気容量がないなど、物件調査した段階でその内容が初めて分ることが多々ある。

つまり物件調査段階で、計画している飲食店が、そこで実際にオープンできるか否かが決まってしまうということだ。もちろんガス本管が分岐されている場合もあるため、ガス口径などはメーターを変更すれば、必要なガス容量を確保できることもあるが、何れの場合でもクライアントに新たな費用負担が発生することになる。

基本的には、飲食店が開業できないという物件はほとんどないが、そこでオープンする場合には予定外の大きな投資と時間がかかるということを忘れてはならない。

6 知っておかなければならない厨房設備に関わる関連法規と注意点

一般的に、飲食店を開業する際に知っておかなくてはならない法規は、建築基準法の内装制限、避難規定、厨房では消防法の関連規制（防熱板・フードなど）がある。

デザイナーの立場としては最低限の知識としてその内容を把握しておかなくてはならない。店舗デザイナーとしてもっとも関連が強いのが消防法による規制と保健所への申請で、テナントとして開業を企画する場合には物件の所在地を管轄する消防署あるいは保健所が関連機関である。

最近の傾向として、都心部や人が多く集まる施設においては消防署の指導が厳しくなってきているため、基本計画の段階で担当消防署の指導を事前に受けておくことが重要であろう。物件の所在地、相談内容を電話で申し入れて予約すれば相談にのってもらえる。

飲食店を開業する場合には、消防法規制に関わり如何を問わず、消防署検査を受けることが重要であろう。物件によっては消防検査を受けなくとも開業できる場合もあるが、厨房機器のカロリー数に関わらず基本的には、検査を受けることを常としておくことだろう。

消防法による規制としては、床面積が200m²以内の場合や厨房エリアで使用する熱量が30万キロカロリーを超えない場合には、防火区画やダクト消火装置を設置しなくとも開業できることになっているものの、新築商業ビルや物件によっては、規制数値以下であっても防火区画、自動消火装置の設置を義務化されることもあるので確認、注意が必要だ。

飲食店開業に際しては、消防検査を受けることが常であり、さらに年に1回の消防査察がある。消防検査時に消防法規を遵守していない場合には、施設の改善指導や命令を受けることになるため注意しておかなければならない。

経験が浅いデザイナーの場合には、消防署に予約をして飲食店の計画に際しての相談に応じてもらうことでも自分自身の勉強になることであり、実践としての消防署に出向いて打ち合わせをすることに大きな意義があることだ。

もちろん消防署の担当者によっては厳しい指導をしてくるが、相談内容によっては複数の判断が可能な場合もあるため、その判断基準を少しでも理解し、知識として蓄積しておくことが大切であろう。

防火区画をする場合においてもどこで区画しなければならないか。場合によっては、平面計画上、インテリアデザインに支障が出る箇所で、そのままでは「非常にサービスがしにくい」「店としてのまとまりがなくなる」などということも多々起きることを忘れてはならない。

この場合には、現場で働くクライアント側の意見と区画規制の調整を相互にすることであり、いかに法規制にオペレーションがマイナスにならないように計画することがデザイナーとしての役割であるのだ。

消防署への厨房関連の申請書類は施工業者あるいは厨房業者に提出してもらう手配をすればよいが、設計者が申請書類に必要な内容、項目を代行記入し、クライアント側の署名を得るなどの補佐が必要であろう。

またその他、消防法に関わる部分で重要なのが避難経路である。火災の場合の避難経路で、2方向避難の確保という問題

プランニング3　設備計画

があるが、基本的にはテナント物件の構造上、出入り口が1カ所の場合には、その出入り口が入り口と避難口になる。また入り口以外に外部への出入り口がある場合には、2方向避難の通路を確保しなければならないことになるため、物件内容や構造に左右されることが多く、基本的には、平面計画が完成した段階で消防署に相談することをお勧めする。

排煙確保については、もしも火事が発生した場合に煙を外部に逃がす役割をするための設備であり、基本的には排煙設備計画を立てなければならない。排煙に関する事項は管轄する区市役所の建築課になるが、飲食店の場合には、新規物件かよほど大きな物件、あるいはフリースタンディングの店舗でない限り建築検査を受けることは少ない。基本的には、区画される客席面積、厨房面積の50分の1の排煙面積を確保することが義務付けられていることを理解しておく。

厨房面積の50分の1の排煙面積を確保できない場合には、厨房内の内装素材をすべて不燃材で計画しなければならないことになる。

ここにあげたことの法規制はほんの一例であり、デザイナーとしては建築基準法、消防法の規制や保健所の規制などを知識として習得しておくことをお勧めする。

参考書籍を一読しただけでは理解できないことも多く、消防署に直接指導アドバイスをもらうことで知識を積み重ねていくことがデザイナーにとっては実践的な知識習得方法であろう。

飲食店の開業許可を申請する機関は、保健所の衛生課に開業手続きをする部署がある。まずはクライアントに、保健所に出向き開業に必要書類など、飲食店開業に当たっての注意事項を聞いてくるようにアドバイスすることだろう。デザイナーとして知識として内容を知っておきたい場合には、クライアントに同行し、自分自身も知識を習得することが大切である。

保健所も物件の所在地によって営業許可を認可するエリアが分かれているため、まずは電話で保健所へ連絡し、物件を管轄する保健所がどこにあるのかなど情報を収集することだ。保健所も担当者によって指導が若干異なることもあるが、知識として知らなければ、まず素直に聞くことである。知ったかぶりをしたり、知識として不確定なことを保健所の担当者に軽々しく発言しないことを注意しておかなければならない。

営業許可申請用紙に記入することは、ほとんどクライアント側で理解できない場合が多く、申請内容の記載については代筆あるいはクライアント側に口頭で説明し、記入してもらうようにすることがよいだろう。

図面については飲食店の平面計画図2部、厨房機器、リスト含む2部など、申請書類を添えて開業日程に合わせて検査申請を再度保健所に提出する。

理想的には、平面図と厨房図面の計画図が完成した段階で、保健所の担当者に相談、打ち合わせしておくことが、いざ検査時に改善命令や指導を受けないための手法であることを忘れてはならない。飲食店開業に際して、関連法規はすべて遵守することを忘れてはならない。

表1-7　食品営業許可申請の流れ

● 施設の着工前
保健所へ施設の図面などを持参して指導を受ける。不備な施設は保健所の施設検査で不適となるので重要

→ 保健所に出向き事前相談

栄養士、調理師などの有資格者でない場合は食品衛生責任者養成講習会を受講し、資格をとる必要あり

→ 食品衛生責任者の資格取得

● 施設完成の10日ほど前まで
この際に、工事の進行状況、施設検査の予定日などを打ち合わせる

→ 申請書類の提出

→ 施設検査

● 施設検査に合格後

→ 許可書の交付

→ 営業開始

Chapter 2

	項目	%	月額	年額
1	売上高	100	4,800	57,600
2	原価	32	1,536	18,432
3	粗利益	68	3,264	39,168
4	人件費	30	1,440	17,280
5	交通費	1.5	72	864
6	通信費	0.3	14	173
7	開店損金	0.0	0	0
8	広告販促費	1.0	48	576
9	販売費	2.8	134	1,613
10	水道光熱費	5.0	240	2,880
11	共益費	0.0	0	0
12	消耗品	2.0	96	1,152
13	保守修繕	1.0	48	576
14	清掃他	2.0	48	576
15	雑費	1.5	72	864
16	営業費	11	504	6,048
17	減価償却費	4.0	193	2,320
18	固定資産税	0.0	0	0
19	家賃地代	12.5	60	7,200
20	その他施設費	0.0	0	0
21	施設費	16.5	793	9,520
22	経費合計	60	2,872	34,461
23	営業利益	8.0	392	4,707
24	リース料	0.0	0	0
25	借入金利	2.5	118	1,414
26	経常利益	6.0	274	3,294
27	借入返済	6.1	294	3,534
28	営業利益率	8		

コストプランニング

1 デザイナーとして知っておきたい事業収支計画の基礎知識 （飲食店経営におけるデザイナーの役割を知る）

飲食店を企画計画する上で、デザイナーの大きな役割は、いかに企画する店が繁盛するためのインテリア空間を創造するかにある。しかし近年の社会的景気後退や飲食業界の売り上げ不振など、飲食業を経営する企業あるいは個人経営者にとっては、限られた予算で最大の経営効果を発揮できるかに焦点が集まってきている。

そうした時代変化とともにデザイナーに求められる役割は、ただ単に空間をデザインすればよいというものではなく、飲食店が繁盛あるいは経営継続するための店づくりのローコスト化や、総額投資を低下させるアドバイスや指導などのコンサルティング的な知識が必要になってきている。

もちろん、店舗デザイナーにとって、低コストで良い空間づくりができるかに腐心することは言うまでもないことであるが、これまでのようにただ単にクライアント側と打ち合わせたデザインや空間づくりをすれば役割はほぼ完結するというものではなくなってきている。

当然のことにデザイナーの中には、飲食店の経営数値に強い人もいれば弱い人、あるいは興味を示さないという人も多々いることであろう。

しかしこれからの時代のデザイナーとしては、これまでの他人の業務範囲には興味はないという姿勢では、クライアントが求めるデザイナーとしての役割を担っていけない。ましてやこれからデザイナーとしての経験をつみ重ね一人前のデザイナーを目指している人にとって、知識として持っておかなければならない情報や範囲は多岐に渡ってくることを忘れてはならない。

これからの新しいデザイナーの役割を考えたとき、全体投資に対してどのぐらいの売り上げを達成しなければ飲食ビジネスとして成立しないとか、経営的に必要な最低売り上げ（損益分岐点）はどのぐらい必要であるのか、また計画している飲食店は何人で運営するのかなどの人件費はどのぐらいかかるのかなど、基礎的な経営知識は理解しておく必要があるだろう。

特に席数や配置は売り上げに関わる部分であり、ただ単に空いたスペースに席を並べてしまえばよいというものではない。つまり飲食店の経営は、どのような構成要素で成立しているかを数値で理解できる力を持っていることが理想的だろう。

特に全体投資としての店づくり総工費が投資採算にどのように関係しているかなどを理解することは必須である。

具体的な経営理論などについての詳細な知識は必要ないが、店舗デザイナーとしてクライアントと打ち合わせをする際、

表 2-1　飲食店の開業時の経費項目と内容詳細

項目	内容詳細
保証金	物件契約時にビル側へ預ける保証金のこと 一般的には年10％償却が多い
仲介手数料	物件契約時に不動産業者とビル側へ賃料の1カ月ないし2カ月の手数料支払う金額のこと
内装設計料	飲食店の場合には内装設計料という範囲は、ファサードから内装デザイン、客席配置、開業までの店作りに関わる全ての業務を担当することになる
内装工事	内装造作工事にかかる費用の範囲総合計金額のこと
衛生設備	衛生、空調など造作工事以外の店づくりに関わる工事のこと、内装と一緒にする場合も多い
厨房設備	厨房機器と設置工事までのすべての工事金額の合計総額のこと
看板工事	内装工事に含む場合もあるが、直接看板業者に依頼する場合には別途工事として費用を出す
家具工事	椅子、テーブルなど物件の坪数や配置計画する客席数によって予算は変化すること
照明器具	一般的には内装工事に含まれていることが多いが、照明器具のみを分離する場合もある
レジ	レジの機能によって5万から150万まで飲食店での経営管理方法によって予算は変化する
保険申請	営業許可、火災保険など開業時に際して最低限の申請内容にかかる経費
電話・BGM	電話開設、店内に音楽を流すのであればBGMの配線工事、初期費用
販促費	開業時にチラシ製作、配布、記念品など開業時の告知費用 約50万円から80万円
募集広告	社員、アルバイトを募集するための広告費約50万円
食器備品	キッチンで使用する食器、備品のこと約100万円から150万円／客席数によって異なる
グラフィック	内装の壁に装飾として絵を書くあるいは装飾をする費用のこと
運転資金	飲食店を開業する場合には、賃料の前家賃、食材類の購入費、飲食店を開業するための準備に関わる雑費、つり銭など、開業時にかかる費用

経験から生み出された知識やアドバイスは、経営コンサルタントではないものの、説得力を持つはずだ。

2 開店にかかる項目と費用を理解すること／投資内訳を理解すること

飲食店を開店するためには、まず物件を確保するための保証金、仲介手数料、賃借料は計画を実行する段階で発生する費用である。保証金や賃借料は物件の立地条件や位置する階によっても異なってくるものであり、仲介手数料は不動産業者とビル側に支払う、賃貸時に発生する手数料であると理解しておけばよいだろう。保証金は1カ月の賃借料の10カ月から20カ月まで物件条件によって異なってくる。

保証金とは物件を借りるためのビル側に預ける資金であり、1年ごとの償却はあるが、退店する場合にはテナント側に返却される資金である。

またデザイナーに設計を依頼するための設計料、その他飲食

店のコンサルタントに依頼すればコンサルタント料も経費としてみておかなければならない。

デザイナーやコンサルタントの場合には、飲食店の物件の大きさや指導を依頼する項目に合わせて見積書の提出があるためさほど複雑な明細ではない。もちろん費用回収の対象となるために事業収支には計上されることを理解しておかなければならない。また施工費は開業費に占める割合としては大きい部分であるが、大きく分けると内装工事費、各設備工事費、看板工事費、厨房工事費、家具費、照明機器費、レジ機器、保険申請費、電話・BGM、開店諸費用(販売促進、スタッフ募集広告費、食器備品、グラフィック)、運転資金(前家賃、商品在庫)などが開業時にかかる費用であり、各項目の合計が開業にかかる経費合計である。その項目はどのような意味や内容をもっているのかなどをデザイナーも知っておくべきだろう。

3 損益分岐点を算出する計算式／損益分岐点で投資調整をおこなうための資料

飲食店の損益分析をすることは、クライアント側の立場からすると、事前に損益分岐点をクリアできない場合には、少なくとも投資全体のリスクヘッジを考慮しておかなければならない。その意味からも損益分岐点は、店づくりにかかる投資調整をするための基準になる数値であり、何故にクライアントが総予算はすべての経費を含めて「この金額で店づくりをしてほしい」と言う理由を理解できるはずだ。

一般的には、損益分岐点を算出する方式にも種々の計算式があるが、そのポイントだけ理解しておけばよいだろう。

基本的には(前述したように)、目標損益計画書の各項目を変動費と固定費に分類し、変動費合計、固定費合計を算出する。変動費、固定費から限界利益、損益分岐点売上高を計算するという手順でシミュレーションを重ねて、その企画する飲食店の投資対効果としての理想的な損益分岐点を算出する。

　限界利益率(%) = (売上高 − 変動費) ÷ 売上高

の式から限界利益率のパーセントが算出される。

　損益分岐点 = 限界利益率 ÷ 固定費

であり、シミュレーションの売上高が損益分岐点を越えていれば、事業計画としては成立するという判断になる。

基本的には、売上設定をする場合には、最低、中間、高いという3とおりの売上高設定で収支効率を分析することが常であり、近年の傾向としては、いかに損益分岐点を下げた事業計画とすることが現実的な事業であろう。

飲食店を成功させるための投資採算に大きく占める内装・設備予算を把握しておくことであり、企画の内容を大きく逸脱することなく投資採算を合わせるかも、店舗デザイナーの役割のひとつである。

表2-2　事業収支目安と項目内容

単位(千円)

項目		%	初年度	
			月額	年額
1	売上高	100	4,800	57,600
2	原価	32	1,536	18,432
3	粗利益	68	3,264	39,168
4	人件費	30	1,440	17,280
5	交通費	1.5	72	864
6	通信費	0.3	14	173
7	開店損金	0.0	0	0
8	広告販促費	1.0	48	576
9	販売費	2.8	134	1,613
10	水道光熱費	5.0	240	2,880
11	共益費	0.0	0	0
12	消耗品	2.0	96	1,152
13	保守修繕	1.0	48	576
14	清掃他	2.0	48	576
15	雑費	1.5	72	864
16	営業費	11	504	6,336
17	減価償却費	4.0	193	2,304
18	固定資産税	0.0	0	0
19	家賃・地代	12.5	600	7,200
20	その他施設費	0.0	0	0
21	施設費	16.5	793	9,504
22	経費合計	60	2,872	34,461
23	営業利益	8.0	384	4,608
24	リース料	0.0	0	0
25	借入金利	2.5	118	1,440
26	経常利益	6.0	274	3,456
27	借入返済	6.1	294	3,514
28	営業利益率	8	384	
29	キャッシュフロー	3.6	173	2,074

4 マネジメント相談室−1
1年間に5万店が開店、5万店が閉店／絶対に成功する確証はないことを知る

飲食店の開業を志す人が悩んでいることは多種多様多岐にわたっている。

一番多い悩みは飲食店を開業することは、志として持っては

コストプランニング

いるものの、何の飲食店を企画計画しようかという漠然とした思いが先行し、現実的な計画や企画がなにひとつ内容が詰まっていないことが多い。

少なくとも、飲食店の商売として企画するからには、開業を目指す段階でいろいろな勉強や繁盛店、話題店を数多く見て回ることが大切であろう。飲食店とは、時代の変化とゲストのニーズにより、その嗜好は大きく変わっていくものであり、その変化に対応できない飲食店は衰退していく運命にある。何の飲食店を経営すれば、失敗をしないだろうかという質問や相談は問題外であり、飲食店の開業を志すならば、自らが真剣に飲食店という商売のあり方を徹底的に研究することが第一である。

飲食店の開業は、資金があれば誰でも簡単に商売を始められるという手軽さがあるものの、すべての飲食店開業者が成功するという確率は非常に低いと言える。年間約5万件の飲食店開業者に対して5万件近く閉店を余儀なくされているという厳しいビジネスであることを忘れてはならない。

5 事業収支項目と内容／飲食店経営を知る最重要資料だ

飲食店の事業計画や収支項目の数値に深い知識を持っているデザイナーは極めて少ないだろうが、この知識を持ったデザイナーは、クライアントにとって繁盛店づくりの一翼を担う強い味方になるだろう。少なくとも、飲食店の店づくりに携わるデザイナーとして、事業収支計画の項目の意味や内容を広く把握していることが理想的である。浅くとも広く把握しているからこそ、経験を積み重ねることによって種々のアドバイスができるデザイナーにレベルアップできるのである。表2-2に事業収支の基本的な目安と項目、内容を記しておく。飲食店に限らず商売には表の1.「売上高」が経営の基本になることは周知のとおりであり、売り上げとは商品を販売した対価として得た金額をいい、その合計したものが売上額である。また2.「原価」とは料理を作るためにかかった原材料の合計をいう（光熱費、人件費は含まれていないことが多い）。

1.売上高から2.原価を差し引いた数値が3.「粗利益」といい、飲食店を経営するための儲けであり、粗利益が高ければ高いほど飲食経営は効率的に運営できる意味を持つことになる。また損益計算の仕組みは「収入」「支出」「差」の三つの柱があり、収入とは主に売り上げのことをいう。支出とは4.「人件費」から16.「営業費」、19.「家賃・地代」「その他法人税」（会社の場合利益の50％を税金として納める）があることを忘れてはならない。

表2-3 事業収支計画例／焼鶏居酒屋（20坪）

単位(千円)

項目		%	初年度	
			月額	年額
1	売上高	100	4,800	57,600
2	原　価	32	1,536	18,432
3	粗利益	68	3,264	39,168
4	人件費	30	1,440	17,280
5	交通費	1.5	72	864
6	通信費	0.3	14	173
7	開店損金	0.0	0	0
8	広告販促費	1.0	48	576
9	販売費	2.8	134	1,613
10	水道光熱費	5.0	240	2,880
11	共益費	0.0	0	0
12	消耗品	2.0	96	1,152
13	保守修繕	1.0	48	576
14	清掃他	2.0	48	576
15	雑費	1.5	72	864
16	営業費	11	504	6,336
17	減価償却費	4.0	193	2,304
18	固定資産税	0.0	0	0
19	家賃地代	12.5	60	7,200
20	その他施設費	0.0	0	0
21	施設費	16.5	793	9,504
22	経費合計	60	2,872	34,461
23	営業利益	8.0	384	4,608
24	リース料	0.0	0	0
25	借入金利	2.5	118	1,440
26	経常利益	6.0	274	3,456
27	借入返済	6.1	294	3,514
28	営業利益率	8	384	4,608
29	キャッシュフロー	3.6	173	2,074

「差」とは利益のことであり、売り上げ総利益、23.営業利益、26.経常利益その他税引き前利益が、利益としての総枠である。この支出でデザイナーに関わる項目は、4.人件費で、飲食店の運営に関わる人が多ければ多いほど、人件費は高くなり、支出を増加させる要因となる。

つまり飲食店運営において、繁忙時とアイドル時のスタッフ配置＝何人で運営できるかによって、人件費削減の成否が決まる。したがって、平面計画に臨む際には、少ないスタッフで運営できることも念頭においておかなくてはならない。

一般的に飲食店の売り上げを想定する場合の指標として、

売り上げ＝客単価×席数×回転数（1日あたりの来客数）×営業日数

表2-4 事業収支計画例／カフェレストラン（28坪）

単位（千円）

項目		%	初年度	
			月額	年額
1	売上高	100	8,145	97,740
2	原価	32	2,606	31,277
3	粗利益	68	5,539	66,463
4	人件費	29	2,362	28,344
5	交通費	1.1	90	1,075
6	通信費	0.3	24	293
7	開店損金	0.0	0	0
8	広告販促費	2.0	163	1,955
9	販売費	3.4	277	3,323
10	水道光熱費	5.0	407	4,887
11	共益費	0.0	0	0
12	消耗品	2.0	163	1,955
13	保守修繕	1.0	81	977
14	清掃他	1.0	81	977
15	雑費	1.5	122	1,466
16	営業費	11	896	10,751
17	減価償却費	3.0	245	2,932
18	固定資産税	0.0	0	0
19	家賃地代	12.3	1,000	12,022
20	その他施設費	0.0	0	0
21	施設費	15.3	1,246	14,954
22	経費合計	58	4,724	56,689
23	営業利益	10	814	9,774
24	リース料	0.0		
25	借入金利	1.9	155	1,857
26	経常利益	8	652	7,819
27	借入返済	4.8	391	4,692
28	営業利益率	10	814	9,774
29	キャッシュフロー	6.2	503	6,060

という式で算出することができるが、業種業態によっては客席回転数が異なることや、充席率（空席があっても相席を嫌うため、満席として計算できない）の指数があることを理解しておくことが大切である。

6 損益分岐点の意味を知る／ 儲けが出せるか否かの収支分岐売り上げ

損益分岐点とは、簡単に言うならば「赤字」と「黒字」の分岐する点でありその目標売り上げをクリアできれば、黒字として経営が成り立つことになる。

1ヶ月の売り上げが賃貸料の10倍以上を売り上げることができれば事業収支が合う、あるいは投資総額の10%から15%の月商を確保できれば、おおよその収支は合うなどの目安がある。たとえば、1ヶ月の賃貸料30万円であれば300万円以上の月商ということになる。売り上げに対しての賃貸料の比率は10%以下。理想的には8%（低ければ低いほど良い）なので、400万円が妥当と言えよう。正確に損益分岐点を計算せずに、賃借料などの投資から収支売り上げを想定する大まかな指標であるが、遠からずとも大きく外れた数値ではないだろう。厳密な計算をせずに賃借料、物件、立地などから想定する参考指標としては使える数値と言える。

損益分岐点の数値を厳密に算出する場合には、経費を変動費と固定費に分けて整理することであり、変動費とは売り上げの操業度の増減に応じて変化する経費をいい、材料費、光熱費、通信費、消耗費、外注費、運搬費その他がある。固定費とは、売り上げの増減に関係なく一定して発生する費用のことであり、人件費、減価償却費、賃借料、リース料、借入金利などであり、変動費と固定費を足したものが総費用となる。また限界利益とは売上高から変動費を差し引いたものをいい、固定費を回収し利益を生み出すための原資となることを理解しておかなければならない。

7 マネジメント相談室－2 立地は飲食店の繁盛を左右する／ 「決断」に妥協は許されない

飲食店の開業にあたって「立地」が、ビジネスの成否を決める大きな要素であることを知ってはいるが、理解、認識していない人が多々いる。特に個人で開店を考えているオーナーにそうした傾向が強い。

人通りが多く、駅周辺の立地は当然のごとく賃借料は高く、保証金など投資にかかる費用は大きくなることは当然のことであろう。もちろん立地が良ければ、ビジネスとして成功する確率は高くなるが、業種業態によってはその限りではない。同様に、賃借料、保証金が安いことを理由に選定すれば、ビジネスとしての成功の確率は低くなるばかりか、成立しない場合も多々ある。

立地選定の際には、デザイナーあるいは店づくりに関わる人が介在することを考えると、計画しているビジネスと立地があっているか否かはデザイナーとしても意見やアドバイスをすべきであろうし、その飲食店開業に関わるデザイナーとしての立場であれば、成功してほしいという願いで助言をすべきであろう。

コストプランニング

クライアント側が選定しようとする立地が、企画や業態と適合していない場合には、別な立地を選定あるいはその場所で開業することを「止める」という勇気や助言することも、店舗デザイナーとしての役割のひとつであることを忘れてはならない。

8 マネジメント相談室-3
ショップコンセプトは時代のニーズに適合した要素を取り入れよう

飲食店の企画する上で重要なことは、業態の具現化であり、具体的にどのような店づくりをするのかなど詳細に渡り企画していくことであろう。

一般的には、いかなる飲食店であろうとも、生活者のライフスタイルの変化や嗜好などの情報や現実を考えずに計画することは開業する前に失敗するようなものであろう。

いまや高い付加価値や料理への高いロイヤルティーがなければ、ビジネスとして成功しにくくなってきている。飲食店を開業すればそれなりに商売として経営存続できた時代はいまや遠い昔の話である。

もちろんクライアントのビジネスとして取り組みたいという姿勢や企画をすべて生活者に合わせろというものではなく、そのビジネスには「独自のこだわり」があればあるほど、飲食店としての成功する確率は高くなるはずだ。

むしろ料理に対する高いロイヤルティーを持っている場合には、コンセプトは調整する必要があろう。ただし、何の主張もない飲食店の企画であれば、そこに来店してくれるターゲットとする人々のニーズや嗜好をコンセプトに落とし込まなければ、来店する機会の客層幅を狭めることになってしまうだろう。

情報の収集方法は業界誌や専門雑誌など、飲食業界の方向性や低迷する業界で生き抜く戦略など、さまざまな情報、記事を参考にしてショップコンセプトに取り入れて、店づくりに臨むことが成功するための必須条件であろう。生活者のニーズやライフスタイルに適合してこそ、飲食店は繁盛するのである。

9 デザイナーの陥りやすい勘違い／
役割は繁盛店づくりのアドバイザーだ

設計経験が浅い深いに関わらず、仕事やその役割を一部のデザイナーは勘違いしている人がことのほか多い。

デザイナーの仕事や役割は、あくまでもクライアントの要望を採り入れた繁盛店づくりのアドバイザーでなければならない。特に飲食店のインテリアデザインは、来店するお客に安らぎや快適な飲食空間でなければならない。

しかも、その店で提供される料理やサービスの付加価値を高めるための脇役でなければならない。しかしいつの間にか、本来のデザイナーの役割を忘れて、自分の好きなデザインイメージを採り入れた空間デザインを創り出すことのみに終始するデザイナーが少なくない。

デザイナーによっては、自分が携わったインテリアデザインをすべて「作品」という位置づけで考えているデザイナーも多く、それは大きな勘違いであり飲食店のデザイナーとしての役割を理解していないと言わざるを得ない。

そういうデザイナーに限って客席や空間デザインを先行することが多く、厨房やその他の施設やスペースとの関わりは配慮せずに、勝手にデザインを優先して店づくりを進める人が多い。もちもん、著名なデザイナーに、インテリアデザインやアイデアをすべて任せるという依頼もあろうが、それは特殊例であり、一般的には業態、企画に合わせた繁盛店づくりであるという役割を見失ってはならない。

業態の企画や店づくりを繁盛させるための一翼を担うことがデザイナーの仕事であり、出来上がった店が「作品」ではないことを理解しておくことだ。デザイナーとしての仕事としては一つの完結でありデザイナー個人にとっての作品ではあるものの、それは飲食店として繁盛し、継続するものでなければならない。

デザイナーの仕事はクライアントの要望や、飲食店の企画を高める空間創造することが役割であり決してデザイナーとしての自己満足の創造であってはならない。

店舗デザイナーは、飲食店を繁盛させるためのアドバイザーであり、飲食空間の付加価値を高めるデザインを創造できるか否かが大切なことであることを理解しておかなければならない。

10 仕事は契約書を結ばないで計画してはならない／
デザイナーは飲食店づくりの契約に
どのように関わるのか

飲食店づくりを依頼される際に、設計業務に対しての見積書をクライアントに提出し、設計実務に入る前には契約書をクライアントと結んでいなければならない。

それがたとえ知人の紹介や顔見知りの人であっても、設計の世界はあくまでも図面図書やデザインというソフトであるため、業務契約を交わすことを心掛けたい。設計業務開始時に50％の契約金、引渡し時に残金の50％をクライアントから銀行振

り込みで支払ってもらうのが多くの設計契約であろう。
クライアントにも金銭や約束にルーズな人がいる。契約金の支払いを遅延したり、ひどい場合には開業日のための種々の業務に追われ契約金の振込み日を忘れていることも少なくない。クライアントを疑うわけではないものの、契約金が振り込まれてこそ、設計業務の依頼を受けた証であり、成果物が図面図書というカタチがあってないようなものであるために、契約書や支払いは確認することを忘れてはならない。
契約金が振り込まれたかといって、最後の残金が回収できない限り業務は終了せず、最後の残金の支払いも、なかなか支払わないなど、クライアントの資質によってはよくある話であるので注意しておかなければならない。
飲食店を開業する上では種々の業者が関わるため、デザイナーが直接アドバイスする内容も限られてくるが、内装施工業者の見積査定と契約（支払い）内容の助言が多い。一般的には、投資額によっても異なるが工事着工時、工事半ば、竣工時の3分割、あるいは契約時と開店後1カ月後の残金支払いという契約が常であり、個人クライアントで施工費が低い場合には、契約時に60％の支払いを条件とされる場合も多々ある。
その他、厨房工事の契約や支払い内容などについてのアドバイスをクライアントから求められる場合もある。一般的には、契約時と開店後の支払いという2分割が多いと言えよう。その他店づくりに関わる細部の内容については、直接業者とクライアント側が契約書を取り交わすことが多く、デザイナーがすべての契約に関わることはない。
もちろんクライアントからアドバイスを求められれば、助言をすることがデザイナーの役割のひとつであり、常に種々のクライアントの相談にのるというスタンスに徹しなければならない。クライアントにとってのデザイナーとは開店するまでのすべてのアドバイザーであることを理解しておくことだ。

11 デザイナーは「クライアントに喜ばれてこそ」良い仕事をした評価である

店舗デザイナーとしての役割はことのほか多いものであり、クライアントが素人であればあるほど、種々のアドバイスや本来デザイナーの業務の範疇を超えて仕事を行わなければならない場合も多々ある。
個人クライアントに対して、それはデザイナーの業務範疇ではないとする一辺倒な会話は成立しないどころか、クライアントの信頼を失う要因のひとつになる危険性がある。

飲食店が開店するまでには、デザイン業務だけではなく各工事の監理やさまざまな関係業者の調整をしてようやく完成することになる。計画店舗の規模の大小にかかわらず、その業務内容はさして変わるものではないということを理解しておかなければならない。
つまり店舗デザイナーとしてある店舗の設計に携わった場合、デザイナーとしてクライアントにアドバイスできることは親身になって相談にのり、指導していかなければならない。デザインひとつにしても、飲食店についての知識があまりないクライアントは、判断する材料も力もなく、すべてデザイナーに任せてしまうというケースも多いのだ。
時には料理のサービス方法や運営方法の至るまで助言を求められることもあるが、デザイナーとして自分が知識として持っているものであれば、クライアントの意見に対しての良し悪しに助言を与えるべきであろう。
物件の現場調査から、すべての業務が終わり店の引渡しの頃には、店舗の全容が素人でも理解できるようになるはずだ。その段階でクライアントに喜んでもらうことがデザイナーとしての役割を全うした結果であり、クライアントの感謝の言葉は笑顔となってデザイナーに返ってくるはずだ。
「クライアントの笑顔」でデザイナーの仕事が決まるのである。

12 クライアントとの接し方教えます　ワンマン社長の場合

個人あるいは企業経営者に関わらず、ひとつの企業のトップであれば、種々の人がいて当然である。
明らかに自分よりも年齢も高く世間的な常識も持っているワンマン社長がクライアントの場合には、まずはクライアントの性格や特徴を会話の隅々から癖を理解することであろう。
ワンマンであればあるほどデザイナーとしての業務の範囲は本来の業務に邁進できることも多く、ワンマン社長の要望に沿ったデザインをすれば、喜んでもらえるはずだ。
ただし、インテリアデザインに対する要望が、明らかに企画している飲食店のデザインを損ねるものであれば、不興を買うのを覚悟でワンマン社長に助言やデザインの方向性を修正しなければならない。
しかし、クライアントの主張が優先されることがこの業界の常でもあることを配慮すれば、すべてを否定せずに、企画にあったスタイルに修正していけばよいのである。
つまりクライアントがワンマンであればあるほど、店づくりに対する要望は細部にわたり細かく指示されることが多

コストプランニング

く、方位学や風水などを店づくりに取り入れるクライアントであれば、配置計画としてはおかしくとも、デザイナーとしては妥協しなければならないことも多々ある。

ワンマンクライアントが年配であれば、人生の先輩として接すればよいだろう。息子ぐらいの年齢のデザイナーに頭を下げるいわれはない、と思っているクライアントも多いのである。

ワンマンクライアントの場合には、インテリアデザインや、そこで使用する家具、備品に至るまで自分の好みを現実化したいという要望が多く、常に店づくりに対してはプレゼンテーションし承認をもらうことを忘れてはならない。

ワンマンであればあるほど、いざ店が完成しても気に入らない箇所はやり直さなければならないことも多く、クライアントの承認を得ていない場合には、デザイナー責任としてそのやり直し工事の予算は認めない人もいることに注意しておかなければならない。よくクライアントの話や考え方を聞き、常に承認をとることが業務をうまく進めるためのコツと言える。

「親身に話して分からない人はいない」

13 施工業者の監督とどのように関わるか

13-1. 実力と信頼は結果で評価せよ

経験が浅いデザイナーがいるように、施工業者にも監督としてはまだまだ経験が浅く、各下請け業者の手助けを受けてようやく現場が納まるという現場監督もいる。正直なところデザイナーの立場からすると、そうした監督とは組みたくない、というのが本音だ。

デザイナーにとっては、いくつもの現場の監督をこなしたベテランの監督に巡り会うことが、自分自身の実戦的勉強として知識の幅を広げるチャンスであろう。

もし、経験の浅い監督（年齢は関係なく）と組むことになれば、その現場は非常に不安な頼りのない現場になってしまう。ともすれば、現場としておさまりがつかない箇所が数々でてくることになる。設計監理をする立場にあるデザイナーは、適切な指導を現場にしていかなければならず、このような現場には、施工業者側にその趣旨を説明し、しっかりとした監督をつけてもらうようにデザイナー側から要望を出すことが後々トラブルにならないためのポイントである。

経験も豊富な現場監督と組むことができたならば、下請け業者への指示や指導が的確で、経験が浅いデザイナーにとっては生きた実地指導を受けることができる格好のチャンスになるだろう。

またデザイナーとして現場監督とうまく業務を進めていくためには、現場定例会議だけではなく足繁く現場に足を運ぶことであり、気になる部分はどのようなおさまりにするのか、スケッチを描いて監督と打ち合わせなければならない。

ただ単に、図面どおりに施工をしてもらえばよいという立場でいると、いつのまにかデザインやおさまりがチグハグになり、図面と仕上がりが異なってくることになる。現場は生きものであることを忘れてはならない。図面の寸法と現場での寸法が異なることがほとんどなのである。

時には図面のミスもあり、ベテランの監督であればそのデザインの意図を配慮し、おさまりとしておかしくない仕上がりにしてくれることも多々あるのだ。

いわば、デザイナーと現場監督は二人三脚で店づくりを進めていく協力者であり牽引車である。種々の関係業者との関わりによって店づくりが完成していくことを忘れてはならない。設計監理と施工管理という関係にありながらも、互いの立場を理解、信頼してこそ、より良い店づくりができることを理解しておくことだ。

「設計図面と施工確認は、現場でし過ぎることはない」

13-2. 現場監督のレベルの低さと知識のなさにあきれて笑ってしまう／工事会社にすぐに対応要請を

飲食店づくりの現場には、信じられないことや理解できないこと、時には現場監督のレベルの低さや下請け業者の工事施工内容に思わずあきれて「笑ってしまう」ことは多い。

クライアントがその現場を見て、この部分の施工はおかしいのではないかと、素人でもすぐに指摘できるレベルの工事をして、平気な顔をしている工事業者がいることに怒りを覚えるどころか、何故にそんな簡単なことが理解できないかに、怒る気にもなれないという現場も多々あるのだ。

常に依頼する施工業者や監督が決まっている場合には、さほどおかしな施工を見ることはないものの、現場ごとに施工業者が変わる業界だけに、施工業者の現場監督や下請け業者の工事内容やレベルもさまざまであることを忘れてはならない。現場監督の経験、知識、飲食店の現場をどのぐらい経験しているかは、現場で打ち合わせしてみれば、そのレベルはすぐに理解できよう。現場で打ち合わせして話がかみ合わない、専門用語が理解できていないなどは監督としての知識レベルは低く、危険信号だと言える。

現場の施工内容がおかしければ改善を指示すればよいことであるが、工事の遅延の原因となる危険性もあるため、常に現場進捗状況や内容をチェックすることがデザイナーしての役割の一つであると認識すべきであろう。

Chapter 3

　飲食店の設計にあたって重要なことは、企画する業種業態の特性や情報など、計画する上で注意しなければならないポイントをどれだけ把握しているかにある。

　特に設計経験や実務経験が浅いデザイナーにとっては、CADあるいは図面に向かう前に業種業態情報を理解しておくことが重要である。またゾーニングなどは物件条件によって大きく左右されることを十分に理解しておかなければならない。

　具体的な設計手順としては、まずは物件スペースに入り口、厨房位置や客席エリア設定など並行設計のゾーニング計画手法に沿った進め方をすることが理想的な飲食計画をする第一歩である。

　飲食店計画の基本は、客が来店してからレジ清算して帰るまでのストーリーが明確でなければ良い店にはならないことを理解しておかなくてはならない。

　また客席数を想定する場合には、計画する飲食店の客単価、昼、夜に何回転するなど売り上げ想定に合わせた最低限必要な席数を確保するダイニング計画をすることが重要である。

　デザイナーの役割は、飲食店という空間に種々なデザイン装飾を施せば業務は完結するというものではなく、飲食ビジネスとして継続的に存続経営できることの大きな一翼を担っていることを理解しておくことである。

　飲食店計画には、これがベストでそれ以上の計画はないという確実性はないことであり、常に業種業態のコンセプトに適合する企画づくりを目標に設計業務を進めることが重要であることを忘れてはならない。

おでん居酒屋

おでん一品にこだわりを傾注する

67.4m² | 28 seats

総投資金額（保証金その他備品除く）：2000万円
月商売上高：510万円
回転率：昼 3回　夜 1.8回
平均客単価／昼890円　夜2500円
店舗面積：67.4m²
厨房面積（バックヤード含む）：22.4m²
客席面積（トイレ含む）：45.0m²
客席数：28席

業態特徴とイメージ・コンセプト

居酒屋という業種を広義に解釈すると、種々な組み合わせの業態を生み出すことができるが、他店との優位性や差別化を生み出すためには、その店で最も主張したい、あるいは他店よりも付加価値があるものを武器にしなければなかなか生き残ってはいけない時代になっている。この店の業態コンセプトは「手づくりのおでんとうまい魚」メニューを武器にするために、料理そのものを店名として「おでん」にこだわりを訴求をしている。

営業時間は、いまや夜の業態であってもランチ営業する店が多く、客数減少を補う手段として、ランチは14時までとし、夕刻は16時からの早い営業にすることも、近年の景気後退に対する対応策としている。

客層は立地によっても若干異なるものの、主ターゲットは女性客とするが（幅広い年齢層）、サラリーマン、男女カップルの集客を狙っている。これまでの、夜の顔をした居酒屋業態が片手間にランチ営業しているというものではなく、メニュー数や幅は広くなくとも、季節を感じる料理を付加価値ある500円（丼）から890円以内で定食を提案することが、「新しいおでん居酒屋」としてのイメージ訴求になるだろう。

夜の料理は、こだわり手づくりおでんを訴求するとともに、居酒屋としては刺身も3品から5品は美味しい魚を品揃えしておきたい（客単価約2000円から2500円）。その他、つまみ料理として、ありきたりのものではなく、ひとつひとつの料理にこだわりという調味料を負荷し高い付加価値を訴求できることこそ、安定した固定客やリピート客を集客するためのポイントになるだろう。

ゾーニング計画と設計ポイント

各施設配置区分については、物件の設備条件を配慮しながらアウトラインを想定することが大切であろう。この物件条件は入り口を入って右側が一面ガラス面になっていること、左側の壁側奥に、PS（配管パイプスペース）、EPS（電気系統スペース）があることを配慮すると、キッチンや周辺付帯設備を入り口正面に配置するか、壁側に配置するかの2通りの計画が可能であろう。

厨房設備機器リスト

No	品名	台数	寸法(mm) W	D	H	配管接続口径(A) 給水	給湯	排水	ガス 口径	KW	電気容量(kW) 単相100V	単相200V	三相200V
1	冷凍冷蔵庫	1	1200	650	1890			40					0.7
2	食器洗浄機	1	750	650	1380		15	40	15	9.3	1.2		
3	排気フード	1	900	800	下端1900								
4	シンク付ワークテーブル	1	1340	750	850	15	15	40					
5	オーバーシェルフ	1	1330	350	2段								
6													
7	炊飯器	1	450	421	407				13	5.6			
8	焼物器	1	940	610	384				13	20.9			
9	冷蔵コールドドロワー	1	1200	750	570			40			0.7		
10	パイプシェルフ	1	1200	350	1段								
11	ガステーブル	1	1200	750	850				25	46.5			
12	排気フード	1	2550	900	下端1900						0.2		
13	二槽シンク付台	1	2150	450	850	15	15	40×2					
14	冷蔵ショーケース	1	900	450	850			40			0.2		
15	ワークテーブル	1	480	600	850								
16	おでん鍋	1	540	360	180						1.4		
17													
18	ネタショーケース	2	535	400	(200)			40					
19	冷蔵コールドテーブル	1	1200	600	850			40			0.2		
20	ワークテーブル	1	1075	600	1050/735								
21	ライスウォーマー	1	435	358	315						0.1		
22	ディッシュウェル	1	Φ177		1050	15		40					
23	オーバーキャビネット	1	1075	450	700								
24	冷蔵ショーケース	1	630	450	1050			40			0.2		
25	ワークテーブル	1	445	450	1050								
26	スープウォーマー	1	365	315	375						0.1		
27	手洗器	1	410	320	760	15		40					
28	ビールディスペンサー	1	307	465	533								
29	酎ハイディスペンサー	1	324	451	592								
30	アイスメーカー	1	804	525	800	15		40			0.5		
31	ワークテーブル	1	2030	550	850								
32	シェルフ	1	758	307	1892								
	合　計									82.3	4.8	0.0	0.7

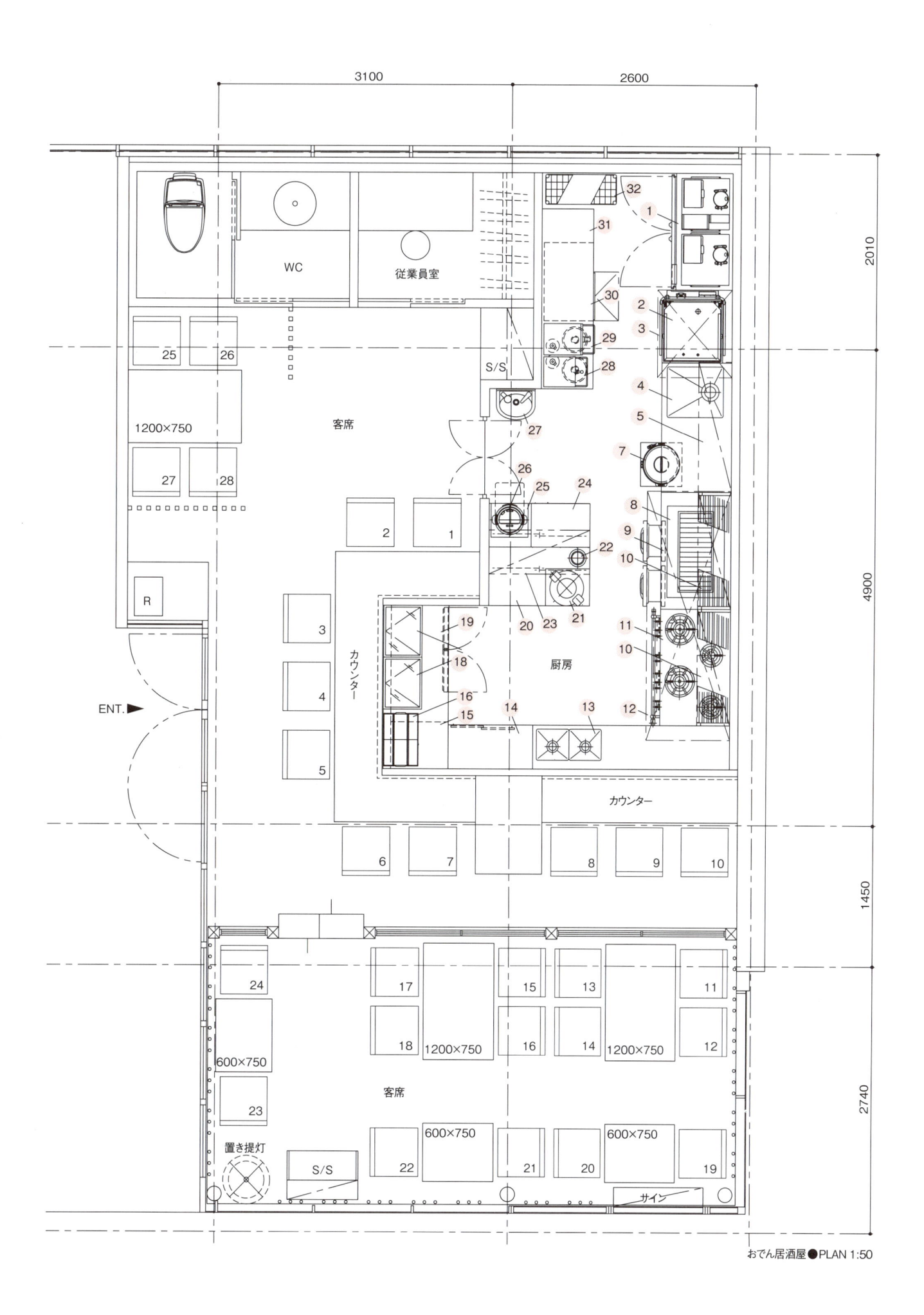

WC
従業員室
客席
カウンター
厨房
カウンター
客席
置き提灯
サイン
ENT. ▶

おでん居酒屋 ●PLAN 1:50

おでん居酒屋●A-1 断面図 1:50

カウンター天板：古材無垢（板目）t=60mm 染色CL仕上
フード：ボンデ鋼板焼付塗装仕上
壁：PB下地VP仕上 t=1mm SUS.HL貼
床：塗床仕上（カラークリート）

スイングドア：ダイノックシート貼り
壁：ジョリパット仕上
柱：ジョリパット仕上
カウンター天板：古材無垢（板目）t=60 染色CL仕上
腰壁：シナベニヤ染色仕上

おでん居酒屋●B-1 展開図 1:50

おでん居酒屋●キープラン 1:50

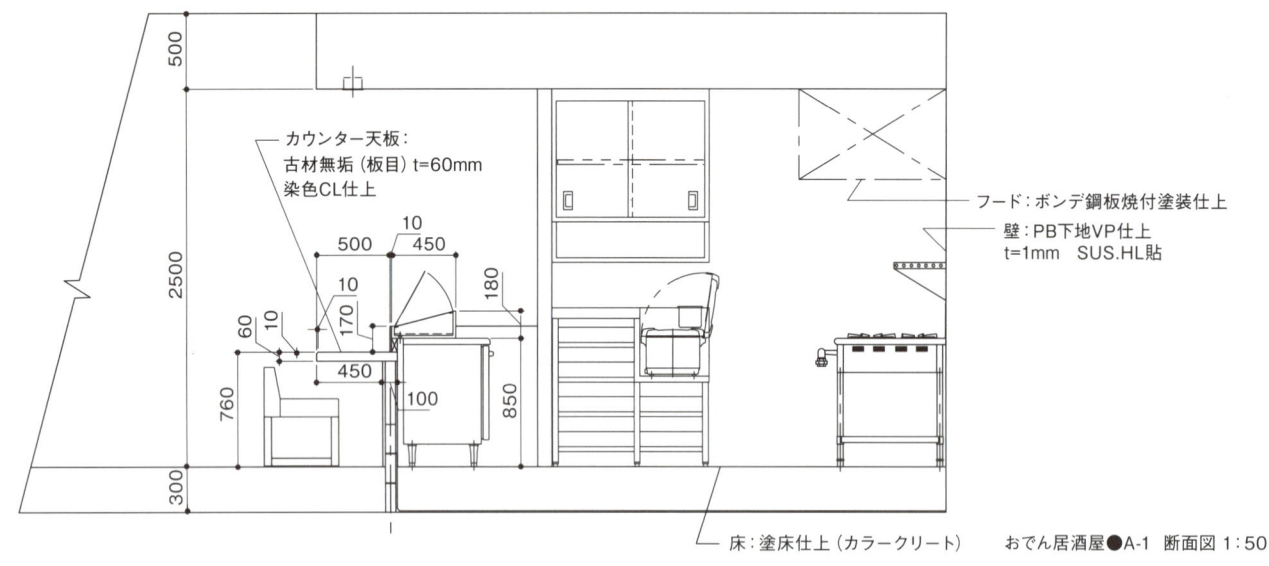

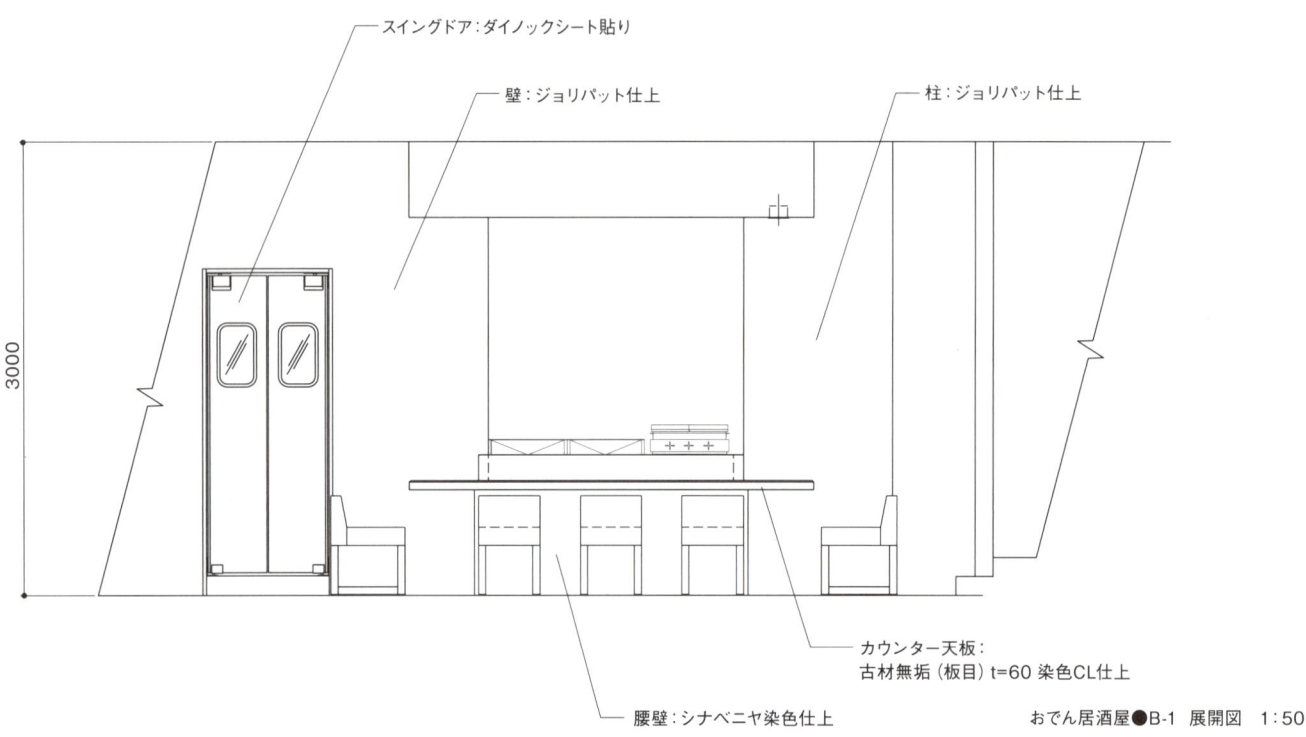

何故にキッチンを入り口正面に配置することが理想的であると判断したかは、並行設計をしていくと、客席への料理提供やキッチンを中心にカウンター席を計画できること、デモンストレーション演出として、入り口正面におでんの素材演出あるいはコーナーが店のコンセプトを具体化できる配置であることだ。
①演出としての設計ポイントは、「おでん」というコーナーを入り口正面に配置することによって店名訴求をよりインパクトあるものにすること。いかにおでんにこだわりがあるか一目瞭然になるだろう。
②セミオープンにしたキッチンを囲むように配置した客席は、一人客あるいは二人客でも気軽に導入できる席としては有効であり、またキッチン側から直接料理などサービスできるので全体の人員効率を上げることができる。
③洗浄エリアやバックヤードは、客席側から見えないようにすることがセミオープン計画の基本であり、あくまでも演出スペースとサービスのサポートエリアは分離した計画にすること（演出はデザインの延長上にあるがバックヤードは機能であることを区分する）。
④客席の配置計画は、入り口右側のスペースの床スラブが300ミリ上がっていることを配慮して、全体的に狭いスペースであるが、物件の特性を生かし空間的な変化を持たせた客席配置にしている。右側の客席スペースとカウンター席の間には、床から天井まで、たとえば50ミリの角材でパーティションを計画するなど視線の高低差を感じさせないように配慮する。
⑤あまり大きくない物件区画の場合には、演出材あるいはデザインポイントを絞って設計に臨むこと。多種多様なマテリアルを使用せず、むしろ狭いスペースを広く見せるデザイン計画をすること。

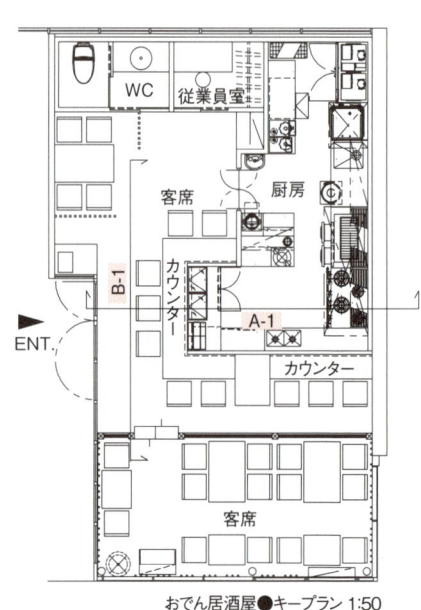

居酒屋　魚市場　　　　　　　　　　　　　　　　　　　　　　　　　　　　　　　　*89.0m²*　　*31 seats*

旨い新鮮な魚を低価格で提供する

総投資金額（保証金その他備品除く）：2500万円
月商売上高：600万円
回転率：昼2.5回　夜2回
平均客単価/昼800円　夜2800円
店舗面積：89.0m²
厨房面積（バックヤード含む）：36.0m²
客席面積（トイレ含む）：53.0m²
客席数：31席

業態特徴とイメージ・コンセプト

この店は、「魚」という一つの素材に視点を絞った業態であり、その新鮮な魚類を「焼く」「揚げる」「煮る」「蒸す」「刺身」など種々な調理方法で、低価格で客に提供する。近年の傾向としてインテリアデザインには投資をせずに、新鮮な素材の付加価値料理を低価格で提案するという業態が流行りつつある。息の長いビジネスとして業態確立をするためには、訴求するコンセプトとそこで提供される料理が、期待するものとは異なっていると、すぐに店の盛衰を決定してしまう。

主客層としては立地によっても異なるものの、活きの良い刺身や魚料理を食べたいというニーズは、女性客約25歳以上やサラリーマンでも少し年齢が高い40代以上にターゲットを絞った提案にする。

客単価は約1800円から2800円以上を狙い、客層によっては高い単価になるが、基本的には幅広い客層に支持される店として新鮮な魚を提案することをコンセプトとするものだ。

営業時間は昼11時から15時と夕方17時から23時の営業時間を想定し、昼は焼き魚定食や煮魚定食など魚料理定食を低価格800円以内で提供する店としての魚主軸の定食業態としての認知も上げることがビジネスとしては大切なポイントになるだろう。

ゾーニング計画と設計ポイント

この物件は、入り口に向かって右側の壁側に設備が集中していることを配慮すると、キッチンその他の機能は右側に配置することが理想的であろう（1階地下なし）。

入り口の間口が広く、奥に行くと間口が狭くなるという条件下にある。手前左側に客席や個室を配置するか、奥側に客席エリアを配置するかの何れかになるが、料理のサービスやカウンター席と個室、ベンチシートなどへのサポートを想定すると、繁忙時にはカウンター周辺が煩雑になる。そのため奥にベンチシート、個室を配置することにした。また洗浄エリアとドリンクラインを完全に区画して客席との空間を遮断したゾーニングにした。「魚市場」というコンセプトを現場に落とし込むと、入り口周辺には、魚ショーケースやアイスベットに新鮮な魚が並んだデモンストレーション演出をしたいところだ。また新鮮な魚を炭火で焼くという焼き場コーナーを入り口近くに配置することも業態のイメージを訴求する大きなポイントになるはずだ。

① 「魚市場」イメージを具体化すると、アイスベットショーケースの上に活きの良い魚がディスプレイされていることや、魚を炭火焼きするコーナーを入り口周辺に配置することが集客訴求ポイントになろう。

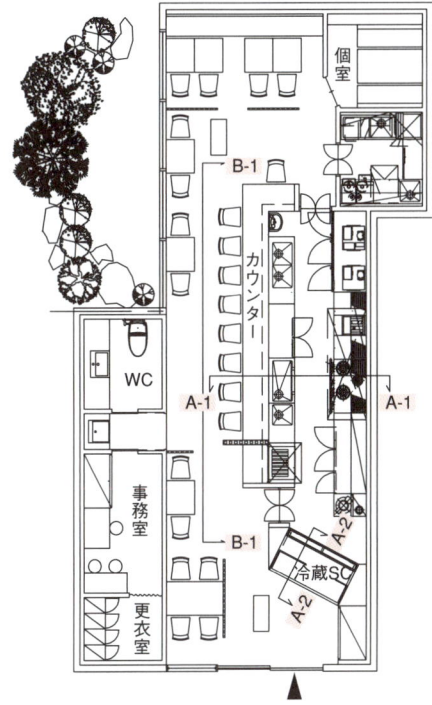

居酒屋魚市場●キープラン 1：100

② オープンキッチンにすることによって、市場というイメージや賑わいを醸し出すことができるため、入り口から店内奥まで全体が見えるようにし、うなぎの寝床のようなハンディを感じさせないこと。

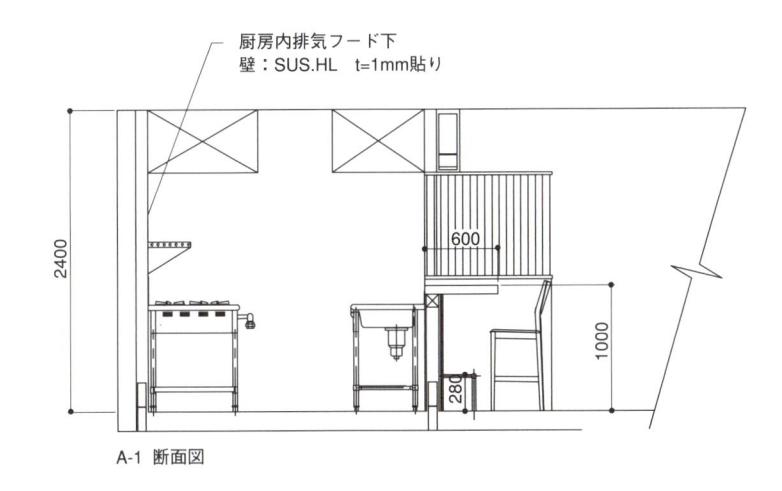

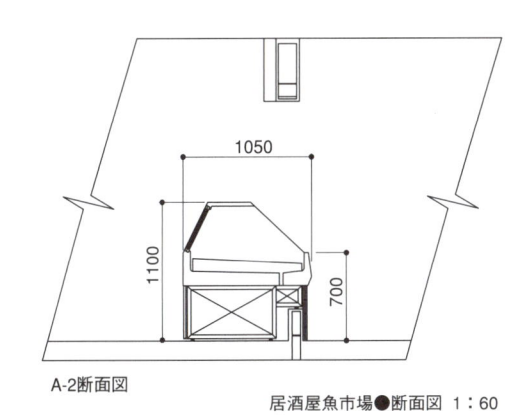

A-1 断面図

厨房内排気フード下
壁：SUS.HL　t=1mm貼り

A-2断面図

居酒屋魚市場●断面図 1：60

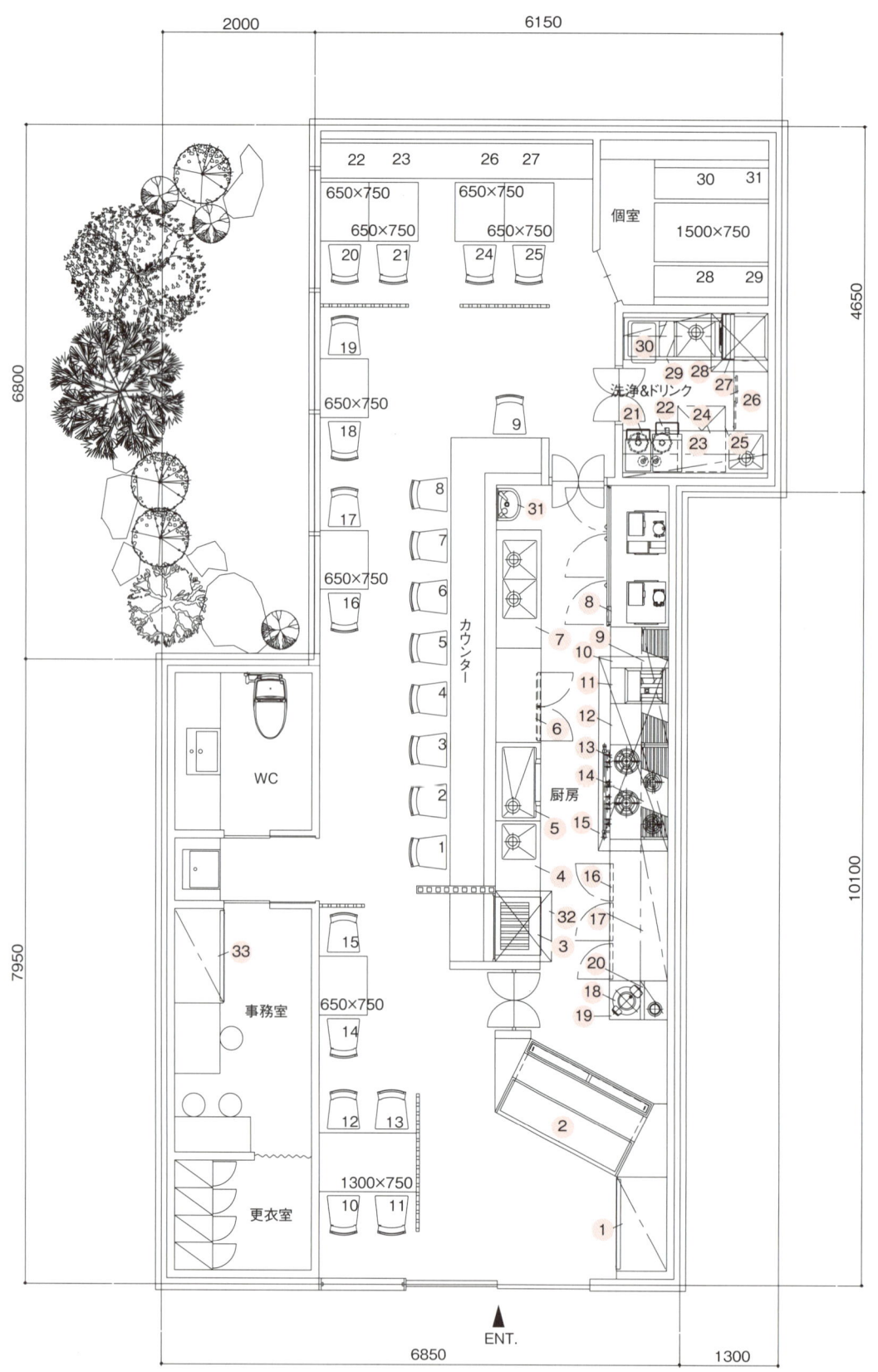

居酒屋魚市場 ●PLAN 1:80

居酒屋魚市場●B-1展開図　1：60

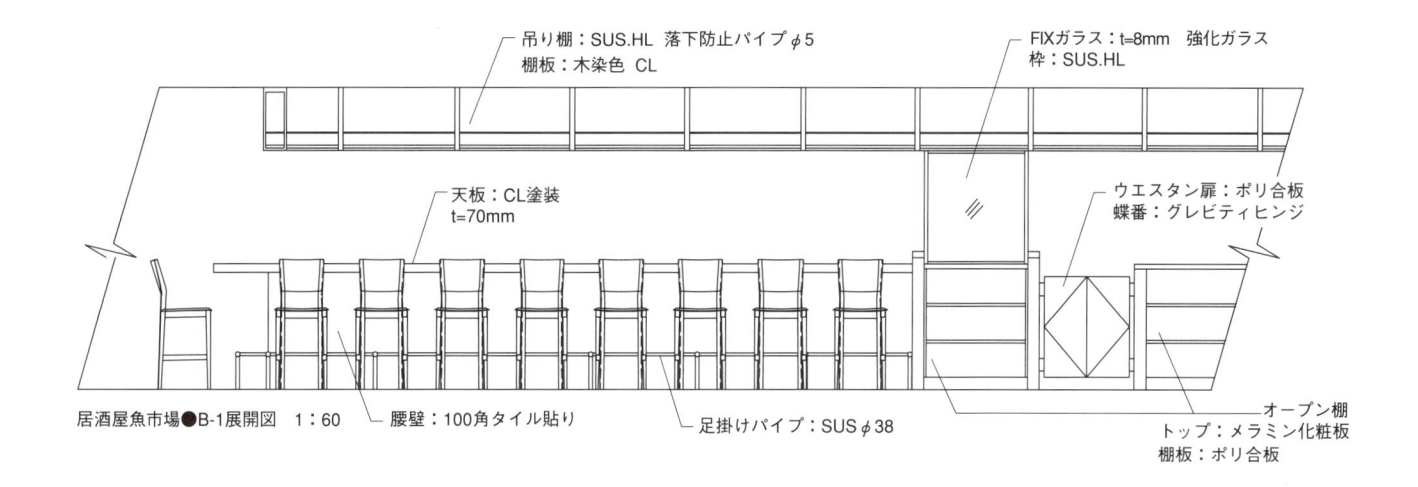

吊り棚：SUS.HL　落下防止パイプφ5
棚板：木染色 CL
天板：CL塗装　t=70mm
腰壁：100角タイル貼り
足掛けパイプ：SUS φ38
FIXガラス：t=8mm　強化ガラス
枠：SUS.HL
ウエスタン扉：ポリ合板
蝶番：グレビティヒンジ
オープン棚
トップ：メラミン化粧板
棚板：ポリ合板

③客席スタイルとしては、カウンター席、4人席、2人席、個室など幅広い客層に対応できるようにしておくこと。
④インテリアデザインとしては、魚市場のイメージを再現するために、天井から傘付きのペンダント照明をカウンターエリアまで配置し、奥はダウンライトの落ち着きあるスペースにすること。
⑤バックヤードとして事務所や更衣室は、できる限り確保することが理想であるが、物件が狭く事務所を確保できない場合には、更衣室と事務所を一つにして計画することも、狭い飲食店づくりのポイントになる。
⑥一般的に小さい飲食店の場合には、洗浄エリアはオープンキッチンに関わらず、キッチン内に配置するが、理想的には洗浄エリアは客席、キッチンと区画して洗浄音をその他の空間と遮ることが理想的である。

厨房設備機器リスト

No	品名	台数	寸法(mm)			配管接続口径(A)			ガス		電気容量(kW)		
			W	D	H	給水	給湯	排水	口径	KW	単相100V	単相200V	三相200V
1	冷蔵ショーケース	1	1200	650	1880			40			0.5		
2	冷蔵ショーケース	1	1800	1050	940						0.4		
3	炭焼器	1	740	610	384				13	11.6			
4	シンク付ワークテーブル	1	1790	600	850/465	15	15	40					
5	舟形シンク	1	1000	600	850	15	15	40					
6	冷蔵コールドテーブル	1	1200	600	850			40			0.2		
7	二槽シンク付ワークテーブル	1	1572	600	850	15×2	15×2	40					
8	冷凍冷蔵庫	1	1800	800	1890								0.7
9	パイプシェルフ	1	1500	350	1段								
10	ワークテーブル	1	525	750	850								
11	ガスフライヤー	1	450	750	850				15	10.0			
12	ワークテーブル	1	525	750	850								
13	ガスレンジ	1	1200	750	850				25	46.5			
14	パイプシェルフ	1	1200	350	1段								
15	排気フード	1	2475	900	下端1900						0.2		
16	冷蔵コールドテーブル	1	1800	750	850			40			0.3		
17	オーバーシェルフ	1	1800	350									
18	炊飯ジャー	1	360	455	360						1.4		
19	ワークテーブル	1	500	750	490/850	15		40					
20	オーバーシェルフ	1	500	350									
21	ビールディスペンサー	1	324	541	592						0.3		
22	酎ハイディスペンサー	1	385	627	553	15					0.6		
23	オーバーキャビネット	1	1900	300	800								
24	アイスメーカー	1	630	525	800	15		40			0.4		
25	シンク付ワークテーブル	1	1900	600	850	15	15	40					
26	冷蔵ショーケース	1	900	450	800			40			0.2		
27	食器洗浄機	1	600	600	1300		15	50					6.0
28	排気フード	1	750	750	下端1900						0.2		
29	ソイルドディッシュテーブル	1	1300	600	850	15	15	40					
30	オーバーシェルフ	1	1300	300									
31	手洗器	1	410	320	760	15		40					
32	排気フード	1	900	750	下端1900								
33	冷蔵ショーケース	1	1200	650	1880			40			0.5		
	合　計								68.1	4.9	0.0	7.2	

炙り居酒屋

89.3m² | 31 seats

素材の鮮度と高付加価値を訴求する

総投資金額（保証金その他備品除く）：2300万円
月商売上高：780万円
回転率：昼2.5回　夜2回
平均客単価：昼1000円　夜2500円
店舗面積：89.3m²
厨房面積（バックヤード含む）：35.0m²
客席面積（トイレ含む）：54.2m²
客席数：31席

業態特徴とイメージ・コンセプト

この店は「炙り」というキーワードをコンセプトに、魚介類、肉類、野菜に至るまで新鮮でそのままでも食べられる素材を「焼く」という調理をすることによって、より素材の旨味を引き出した料理を提案するものである。一昔前、焼き場で調理した料理を特大の杓文字（無精盆）でサービスするスタイルの炉端焼きという業態が流行ったように、キッチンの中央に焼き場を配置し、そのキッチンを取り囲むようにカウンター席を配置している。炉端焼きという業態コンセプトを現代風に再生したスタイルである。

昼のランチ需要には魚料理と羽釜で炊いたご飯と味噌汁を定食で提供し、なかなか家では魚を焼く手間や時間がない人のために、美味しい魚料理を定食で提供する店としてアピールしている。

夜のメニューは、羽釜で炊いた美味しいご飯とお新香、味噌汁で締めるのもよいだろうし、お茶づけ、焼きおにぎりなどご飯の美味しさを訴求することも一つの魅力になろう。魚を焼くことによって余分な油を落とすことができるほか、素材の旨味を引き出すなど健康的かつ魅力ある調理法である。

ターゲットとする客層は、主軸に25代の女性客、サラリーマンの20代から40代以上の男性、その他幅広い生活者が利用できるように、低価格高付加価値の料理を提案できる仕組みづくりにしている。

野菜類も全国の産直品を仕入れるなど、季節によって美味しい野菜を生で焼いて提供するといった、女性客を意識したメニュー内容にしている。

魚介類は毎日魚市場から仕入れて新鮮な刺身を提供できるなど、ともかく魚を食べたい人のために、食材の種類や調理法に至るまでを重視した店づくりとしている。

厨房設備機器リスト

No	品名	台数	寸法(mm) W	D	H	配管接続口径(A) 給水	給湯	排水	ガス 口径	Kw	電気容量(kW) 単相100V	単相200V	三相200V
1	シェルフ	1	1061	460	1867								
2	プレハブ冷蔵庫	1	1800	1800	CH2400			40			0.2		1.3
3	シェルフ	1	1212	460	1867								
4	シェルフ	1	1516	460	1867								
5	ワークテーブル	1	1350	460	850	15	15	40					
6	冷蔵コールドテーブル	1	1200	450	850			40			0.2		
7	ワークテーブル	1	300	450	850								
8	チャコールグリル	1	1200	550	350				炭仕様				
9	冷蔵ドロワーコールド	1	1200	750	550			40			0.4		
10	排気フード	1	1200	750	下端1900						0.1		
11	冷蔵コールドテーブル	1	1500	750	850			40			0.3		
12	一槽シンク	1	700	750	850	15	15	40					
13	炊飯かまど	2	390	405	664				15	10.5x2	0.3x2		
14	排気フード	1	1100	650	下端1900						0.1		
15	ワークテーブル	1	1450	650	850								
16	一槽シンク	1	600	650	850	15x2	15	40					
17	手洗器	1	410	320	760	15		40					
18	一槽シンク	1	500	750	850	15	15	40					
19	排気フード	1	2350	900	下端1900						0.2		
20	ガスレンジ	1	1200	750	300				25	52.4			
21	冷蔵ドロワーコールド	1	1200	750	550			40			0.4		
22	ワークテーブル	1	450	750	300								
23	冷蔵ドロワーコールド	1	1200	750	550			40			0.4		
24	卓上フライヤー	1	370	750	300				15	10.5			
25	ワークテーブル	1	750	750	850								
26	食器洗浄機	1	600	600	1380		15	HT40x2					5.1
27	洗浄シンク	1	1100	600	850	15x2	15x2	40x2					
28	オーバーシェルフ	1	1100	300	1段								
29	製氷機	1	804	525	800	15		40			0.5		
30	ドリンクテーブル	1	1050/1250	550	850								
31	酎ハイ&ビールディスペンサー	1	400	600	700						0.4		
32	オーバーシェルフ	1	1200	250	1段								
33	ディッシュアップテーブル	1	1200	550	850								
	合計									83.9	3.8	0.0	6.4

炙り居酒屋●PLAN 1:60

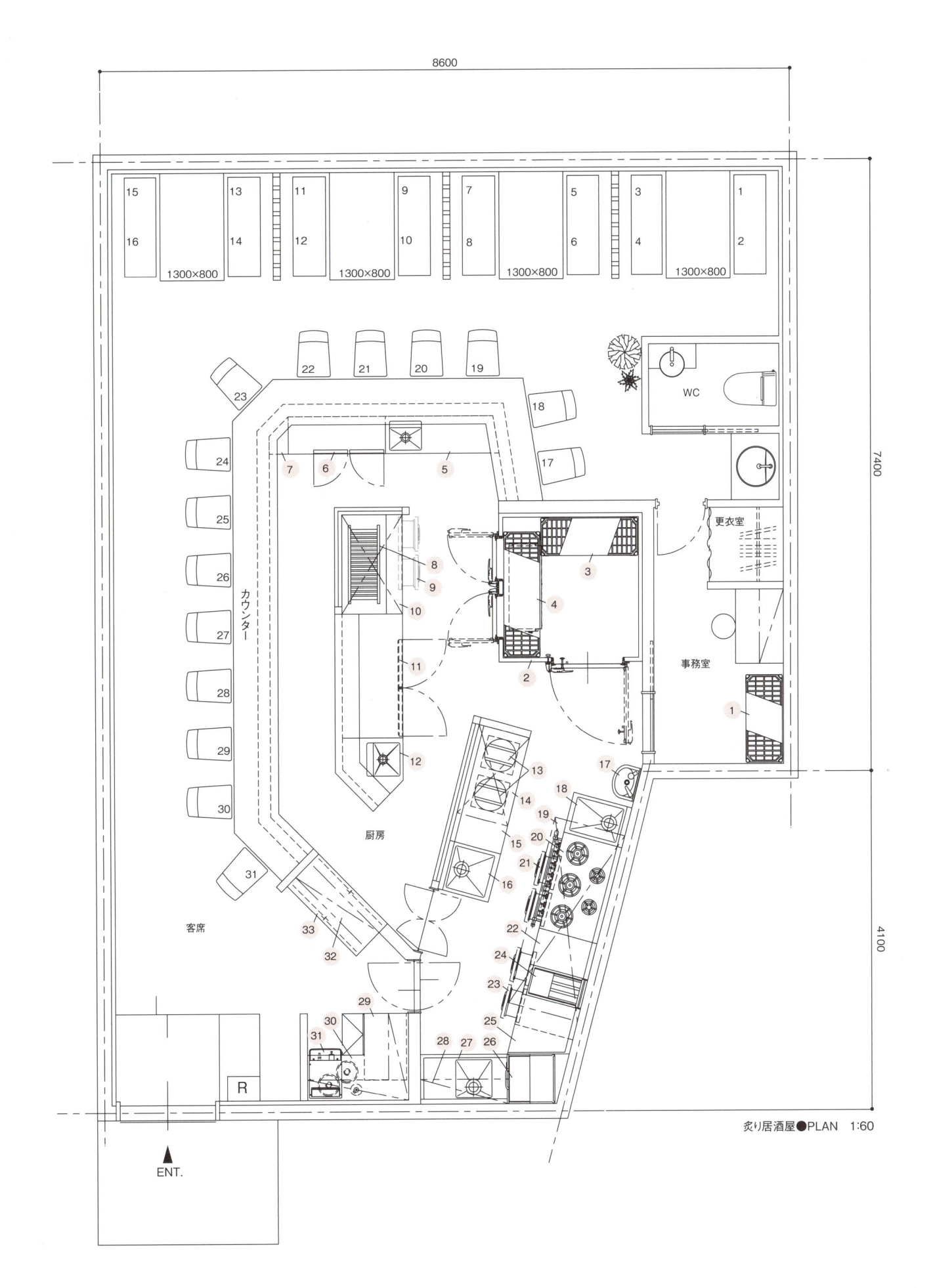

ゾーニング計画と設計ポイント

周辺にも商業ビルが乱立する5階建てビルの1階で、地階（他店舗）がある。ビルの形状自体が変形していること、入り口に向かって右側に設備が集中しているという物件である。このような物件の場合、入り口から向かって右側奥にキッチンエリアを引っ込める配置や、入り口の正面にキッチンエリアを配置する案が一般的だろう。業態コンセプトを具体化するための理想的なゾーニング計画としては、入り口の側にセミオープンキッチンを配置し焼き場のデモストレーション演出訴求をする配置が理想的計画と言えるだろう。

またキッチンエリアをオープンキッチンにすることや、昔の炉端焼きのイメージを演出するためにもカウンター席は必須だろう。ゾーニング計画とは、業態コンセプトによってさまざまに変化することを理解しておくことだ。キッチンはバックヤードエリアを区画し、演出エリア以外客席から直接見えないように配慮している。オープンキッチン計画の基本は、見せるキッチンの演出とバックヤードは分けて検討することであろう。この店のように焼き場の背後にデザインプレハブ冷蔵庫を配しているのも、キッチンという存在が店の一つのコアになることを想定しているものである。

①排気ダクトは5階屋上まで立ち上げることになることを想定する。加えて、排気ダクトがオープンキッチン、バックヤードと分散しており排気ダクトの系統が長くなるため、屋上にシロッコファンを設ける。オープンキッチンの排気量は店内にオイルミストや煙が流れていかないように十分に検討しておく。

②設備上キッチンエリアの床は280ミリほど上げなくてはならないため、この店の場合には入り口で150ミリ、キッチンエリアで150ミリの寸法を確保し、キッチンエリアの床は300ミリ上げしている。

③キッチンエリアの床が上がっている場合のカウンター席の高さは約1000ミリとして椅子の座の高さも約700ミリ前後に計画する。あるいは客席スペースに寸法の余裕があれば、カウンター席の椅子の部分のみ150ミリ床を造作する方法もある。

④客席のスタイルについては、カウンター席と4人席の2種類にしているが、客席スタイルや数については、来店する客層や利用人数に合わせた検討をすること。ここではカウンター席の高さに合わせて4人席の固定テーブル、椅子の高さも合わせて高くしている。

⑤インテリアデザインのイメージは、古材やSPF材を使用した木調のイメージでまとめたいが、天井の高さの問題もあり、デザイン梁などを装飾し4人席とカウンター席の変化をつけるなどの検討をする。

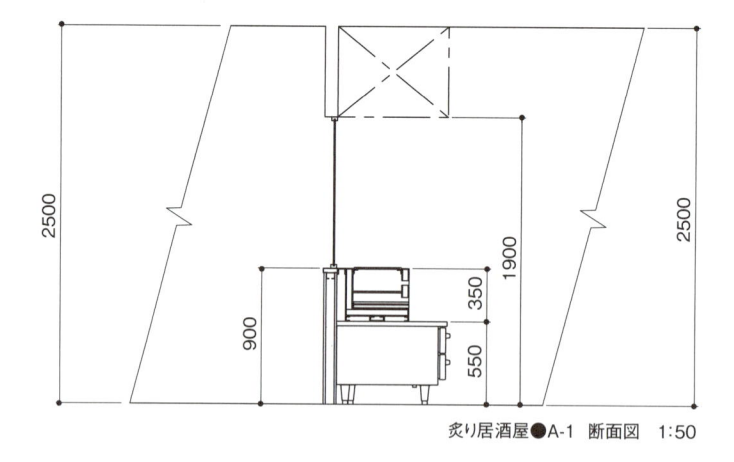

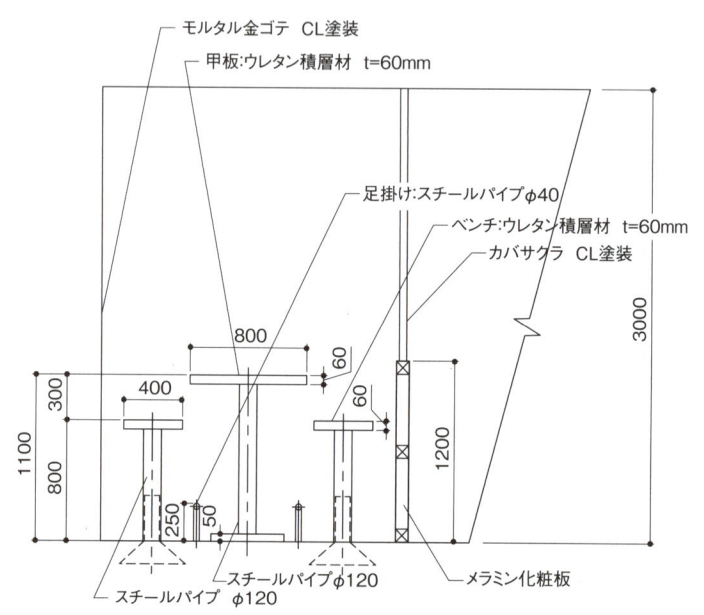

炙り居酒屋●A-1　断面図　1:50

炙り居酒屋●A-2　断面図　1:50

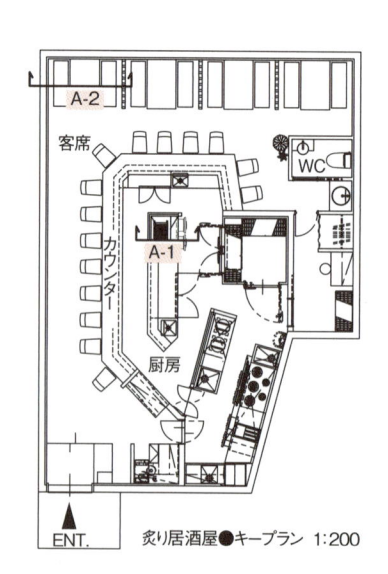

炙り居酒屋●キープラン　1:200

焼鶏居酒屋　　　　　　　　　　　　　　　　　　　　　　　　　　　　　　　　　　　*84.7m²*　　*41 seats*

鶏の銘柄のこだわりと
特徴あるオリジナルメニュー開発

総投資金額（保証金その他備品除く）：2100万円
月商売上高：700万円
回転率：昼2.5回　夜2回
平均客単価：昼850円　夜2500円
店舗面積：84.7m²
厨房面積（バックヤード含む）：28.6m²
客席面積（トイレ含む）：56.1m²
客席数：41席

業態特徴とイメージ・コンセプト

鶏そのものの銘柄や産地にこだわりを持つことによって、炭火で焼き上げた焼鶏の美味しさにポイントを絞った店である。
焼鶏居酒屋という業態は、いまや全国どこにでもあり、その混戦から抜け出すためには、こだわりや鮮度の良い食材流通の仕組みを持っていなければ、ビジネスとしての成功は望めないところであろう。
焼鶏居酒屋というイメージから想定できる客層は、圧倒的に男性サラリーマンだという固定概念があるが、この店は主ターゲット層を女性客に視点を合わせて店づくりやメニュー構成を計画している。
食材は鶏そのもので、部位によっても低カロリーであることや薬膳料理にも利用されていることなど、女性にとっては美容と健康にも良い食材である。
ただこれまでの焼鶏居酒屋のように、店内がキッチンから流れてくる煙でもくもくとして目が痛い、また服に臭いが移るという環境が多くの女性の支持を得ることができない理由であり、その内容を理解しクリアして女性客に人気が高い繁盛店は少ない。
ランチ営業については立地によって向き不向きがあるため、ランチ需要として集客できるという立地であれば、焼鶏を主軸にしたランチメニューをアピールすることが経営効率を上げるポイントになるであろう。ランチの価格帯は680円から850円前後で提供できるメニューを提案し、丼ものと御膳の2種類で5種類のバリエーションがあれば十分であろう。もちろん女性客をターゲットとするならば、メイン料理以外の小鉢、デザートに至るまでメニュー内容に配慮することが誘導ポイントになるはずだ。
夜営業の価格帯は、2500円から3000円前後で十分に楽しめるメニュー内容にすることや、居酒屋メニューについても女性客を意識した盛り付けにするなどのこだわりを持つこと。「男性客おことわり」という看板を掲げても、男の客は入店してくるものである。

ゾーニング計画と設計ポイント

この物件条件は、比較的新しい3階建てビルの1階にあり、排気系統や空調の室外機置き場の位置などはビル側で既に配慮されている。設備が集中している位置は、入り口向かって店内左側奥のビル変形スペースにあるため、ゾーニング計画としては、入り口正面にキッチンエリアを配置するか、左側にキッチンスペースを配置するかのいずれかになるだろう。この物件の場合には、スペースがほぼ四角であり正面、左側いずれでも計画をすることができるので、オープンキッチンを囲むようにカウンター席を配置するゾーニング計画で良いだろう。次いで、いずれが客席空間や店としての魅力を訴求しやすいかの詳細な配置計画の検討に入ることになる。
ゾーニング計画を進める上での注意点は、焼き場とレジ位置であるが、ここでは焼き場コーナーとレジが入り口周辺に配置されており、全体のオペレーションや効率性としての問題はさほど生じないはずだ。
ゾーニング計画の基本は、物件条件を配慮しながら、どのようにコンセプトに合わせて理想的な計画ができるかという方向性を決定することにあり、決定する判断要素はコンセプトに適合しているか、設備計画として問題はないか、飲食店として入りやすい店であるかなど、総合的な視点で計画をつめていくことだ。
①キッチンは、セミオープンキッチンのカウンター席を配置した計画であり、比較的見せたくない部分には客視線を壁で遮るように計画すること。開店した後に目隠しとして暖簾や簡易的な仕切りで視線を遮っている店があるが、当初から予想できる部分は事前に計画しておくこと。
②オープンキッチンを囲むようにカウンター席を計画する場合には、焼き場コーナーに接する席前には、耐熱ガラスのパーティションを計画しておくなど、排気フードで吸いきれない煙が前面に流れ出ないように配慮しておくこと。
③オープンキッチンについても女性を意識したコンセプトであれば、インテリアデザインをうまくキッチンエリアにも取り入れる計画にする。
④この業態の排気設備計画で注意しなければならないのは、ゲストフロアにキッチンエリアの煙や油煙などが決して流れないようにすることである。特にカウンター席の排気量は、その他の調理機器の排気量よりも吸い込みレベルを高くしておくこと。
⑤女性客を主客層として店づくりをする場合には、荷物置き場や季節に合わせた服の収納場所など、油の臭いが服に移らない配慮をしておくこと。
⑥客席スペースに余裕がある場合には、カウンター席、ベンチシート席、窓際にはパーティションで空間を区画できる4人席を配置するなど、女性客のニーズや嗜好をうまくとらえておくこと。
⑦インテリアデザインは、木調に少し濃い茶系の塗装を施し、ゆっくりと食事を楽しめる空間づくりが必要であり、サラリーマンの親父のたまり場にならないデザインにすること。

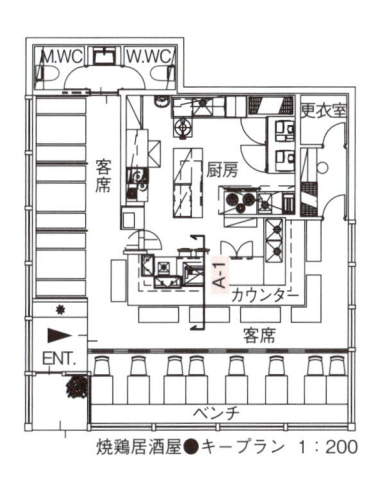

焼鶏居酒屋●キープラン　1:200

焼鶏居酒屋●A-1断面図 1:50

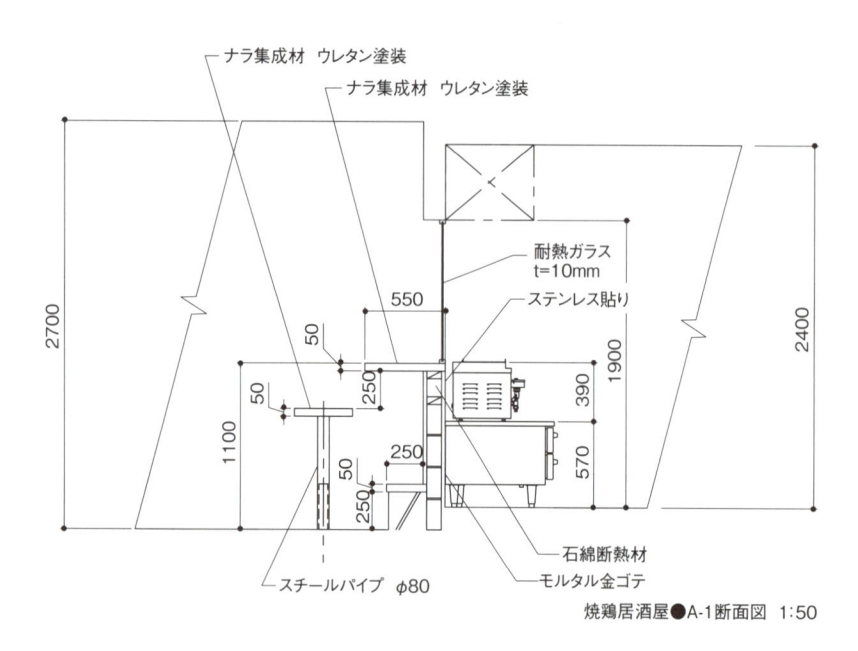

厨房設備機器リスト

No	品名	台数	寸法(mm)			配管接続口径(A)			ガス		電気容量(kW)		
			W	D	H	給水	給湯	排水	口径	Kw	単相100V	単相200V	三相200V
1	ネタケース	1	600	350	300								
2	シンク付ワークテーブル	1	890	750	850	15		40					
3	ネタケース	1	750	350	300								
4	排気フード	1	950	600	下端1900						0.1		
5	冷蔵ドロワーコールド	1	1200	750	570			40			0.4		
6	焼物器	1	960	410	390	15		40					8.0
7	冷蔵コールドテーブル	1	1200	750	850			40			0.3		
8	二槽シンク	1	1790	600	850	15x2	15x2	40x2					
9	食器棚	1	900	250	1800								
10	排気フード	1	2100	750	下端1900						0.2		
11	ガスレンジ	1	900	600	850				25	39.5			
12	シンク付ワークテーブル	1	700	600	850	15	15	40					
13	フライヤー	1	350	600	850				15	7.6			
14	冷凍冷蔵庫	1	1500	800	1890			40					0.7
15	ワークテーブル	1	1850	800	850								
16	冷蔵コールドテーブル	1	1500	600	800			40			0.2		
17	オーバーシェルフ	1	950	500	1250								
18	冷蔵ショーケース	1	900	500	1250			25			0.4		
19	ドリンクテーブル	1	900	600	850								
20	燗どうこ	1	251	196	253						0.5		
21	酎ハイ&ビールディスペンサー	1	400	600	700						0.4		
22	製氷機	1	1000	600	850	15		40			0.5		
23	オーバーシェルフ	1	1900	300	1段								
24	冷蔵ショーケース	1	900	650	1880						0.5		
25	手洗器	1	410	320	760	15		40					
26	炊飯カート	2	450	450	100								
27	IH炊飯保温ジャー	1	430	500	390							4.6	
28	ソイルドディッシュテーブル	1	1500	650	850	15x2	15	40					
29	オーバーシェルフ	1	1500	300	1段								
30	食器洗浄機	1	600	600	1300		15	40					4.0
31	シェルフ	1	1212	460	1867								
32	シェルフ	1	909	460	1867								
	合　計									47.1	3.7	4.6	12.7

焼鶏居酒屋 ●PLAN 1:60

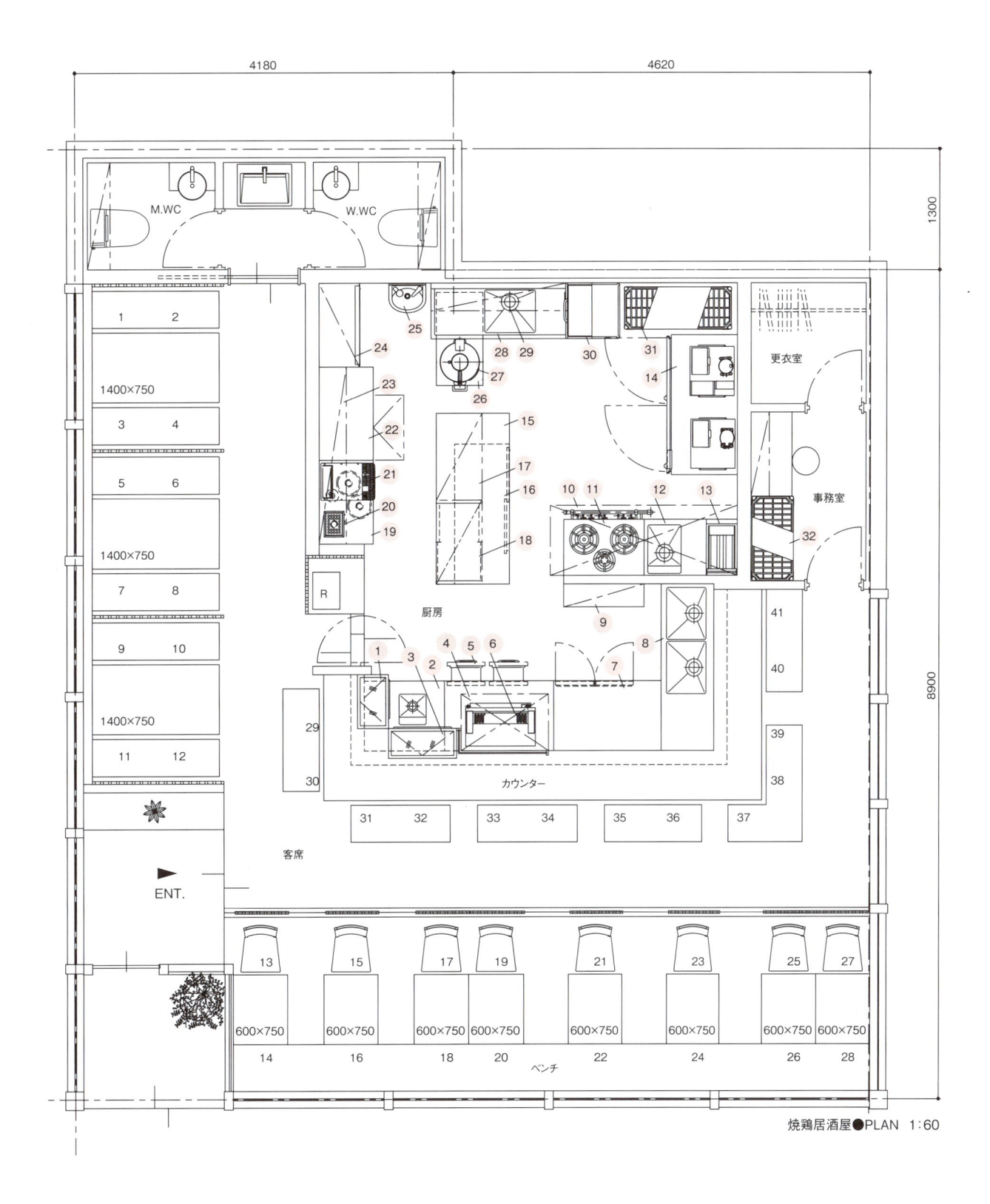

お好み焼き居酒屋

71.5m² | 30 seats

生地とだしにこだわりを持つ

総投資金額（保証金その他備品除く）：1900万円
月商売上高：630万円
回転率：昼2.5回　夜2.5回
平均客単価：昼890円　夜2300円
店舗面積：71.5m²
厨房面積（バックヤード含む）：30.2m²
客席面積（トイレ含む）：41.3m²
客席数：30席

業態特徴とイメージ・コンセプト

この店の業態コンセプトは、お好み焼きの美味しさを左右する生地とだしに店独自のこだわりを持った店である。お好み焼きにも関東焼き、広島焼き、大阪焼きなど、その他地域によってその味や料理としての味覚は大きく異なる。

特にお好み焼きは、お好み焼きを好んで食べる人々が非常に味へのこだわりを持っていることや、蘊蓄を持ち生地の厚さ、だし、ソース、マヨネーズ、キャベツなどに至るまで細かい嗜好やこだわりがあるようだ。

ひと口にお好み焼きといっても非常に奥が深い料理であり、お好み焼きという商品を構成するすべての材料内容に独自の味を訴求できるかが、ビジネスとしての成否を左右するといっても過言ではないだろう。

ターゲットとする主客層は、やはり20歳から40歳前後の女性客、男性客が中心になるだろうし、お好み焼きと居酒屋の複合店の場合には、OL、サラリーマンのグループ客もターゲットになるだろう。

価格帯としては、ランチ需要の狙いはランチセットをいくつか組み合わせてメニュー化し、約890円でメインのお好み焼き、椀、プチデザートなど、繁忙時に合わせて回転率を上げることができるメニュー構成をしておくことが理想的であろう（もちろん立地によっては夕方からの営業でなければ成立しない場所もあるが）。

夜の営業は、お好み焼きを楽しむ人とお好み焼きと酒類を楽しむ人など、利用動機によっても異なってくるだろうし、お好み焼きのほか居酒屋メニューも品揃えしておくことが、幅広い客層を誘導するポイントになるだろう。客単価としては約2000円から2500円前後で楽しめる店であることが訴求しやすいはずだ。

ゾーニング計画と設計ポイント

この物件は、3階建ての1階に位置しているテナントであり、既存条件として床レベルは入り口で150ミリ上がっていること、また排気ダクトを屋上まで立ち上げること、空調の室外機も同様に屋上指定スペースに配置すること、キッチンエリアの防水は簡易防水（壁とキッチンエリアの接点側を防水する手法）ではなく、塗布、モルタル、シートなどの一般仕様の防水とすることなど、ビル側の管理規制も厳しい。

厨房設備機器リスト

No	品名	台数	寸法(mm) W	D	H	配管接続口径(A) 給水	給湯	排水	ガス 口径	Kw	電気容量(kW) 単相100V	単相200V	50Hz 三相200V
1	鉄板	1	3950/4500	450									3.0x6
2	一槽シンク	1	750	600	850	15x2	15	40					
3	炊飯カート	1	500	500	200								
4	IH炊飯保温ジャー	1	430	500	390							4.6	
5	シンク付ワークテーブル	1	1800	650	850	15x3	15x2	40x2					
6	オーバーシェルフ	1	1800	300	1段								
7	排気フード	1	2300	900	下端1900						0.1		
8	ワークテーブル	1	1000	750	850								
9	炭焼き器	1	660	282	395				Φ9.5	5.3			
10	ガスレンジ	1	1200	750	300				25	52.4			
11	一槽シンク	1	500	750	850	15	15	40					
12	冷蔵コールドテーブル	1	1800	600	850			40			0.3		
13	オーバーシェルフ	1	1800	500	900								
14	冷蔵コールドテーブル	1	1200	600	850			40			0.2		
15	一槽シンク	1	600	600	850	15	15	40					
16	手洗器	1	410	320	760	15		40					
17	オーバーシェルフ	1	1300	300	1段								
18	シンク付ワークテーブル	1	1300	600	850	15	15	40					
19	食器洗浄機	1	600	600	1380		15	HT40x2					5.1
20	シェルフ	1	1221	610	1867								
21	冷凍冷蔵庫	1	1200	650	1890			40					0.7
22	冷蔵ショーケース	1	1200	450	850						0.2		
23	製氷機	1	630	585	800	15		40			0.4		
24	酎ハイ&ビールディスペンサー	1	400	600	700						0.4		
25	ドリンクテーブル	1	3100	600	850	15x2	15	40					
	合計									57.7	1.6	4.6	23.8

3900	4300	1300

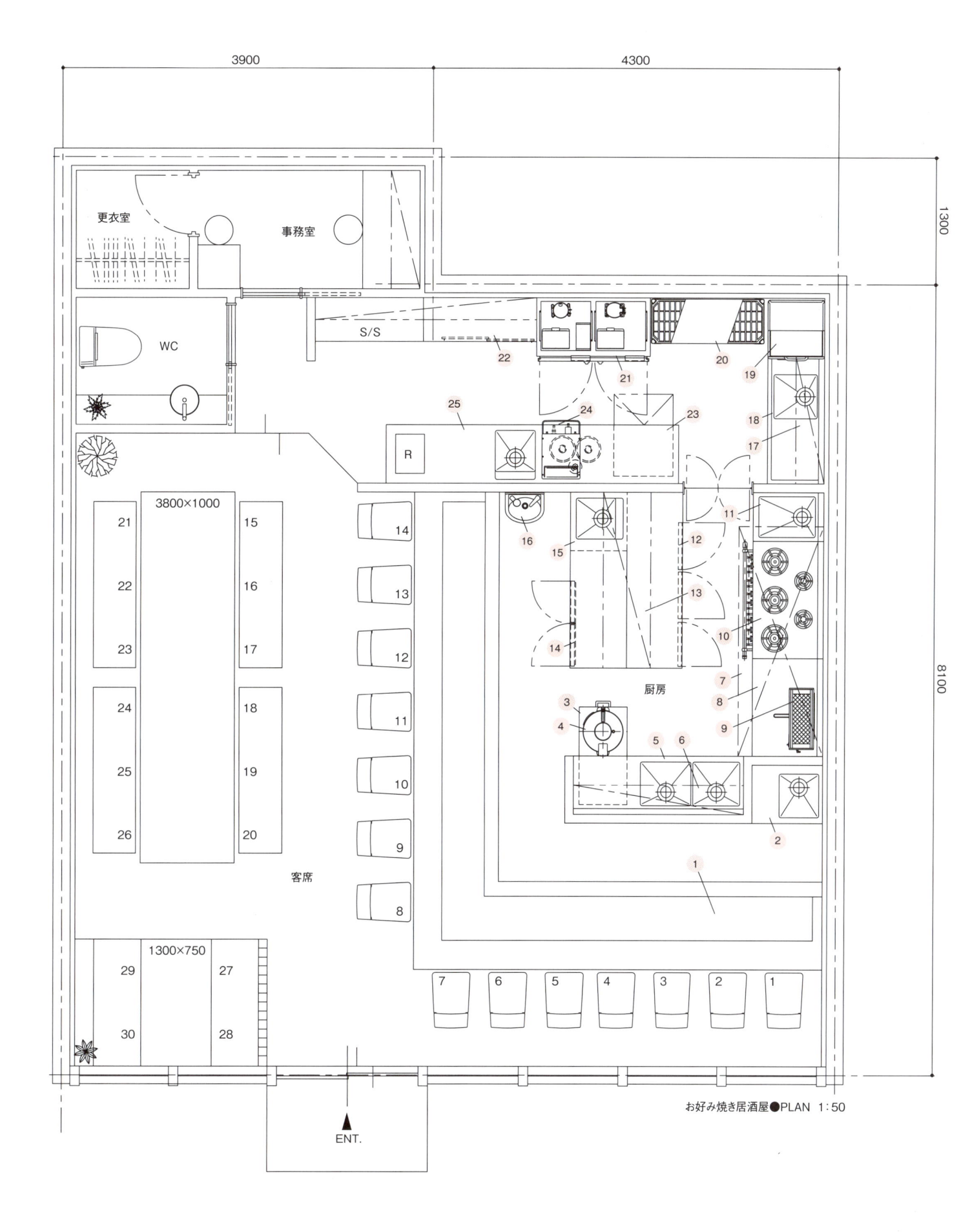

更衣室
事務室
WC
S/S
厨房
客席
3800×1000
1300×750
ENT.
R
8100

お好み焼き居酒屋●PLAN 1:50

設備位置は、入り口奥正面のビル裏側のデッドスペースに集中しており、ゾーニング計画としては、入り口正面にキッチンエリアを対面配置するか、入り口右側にキッチンエリアを配置するかのいずれかの選択になるだろう。

入り口に向かって左側にキッチンエリアを配置することも可能ではあるものの、入り口周辺のスペースにデッドスペースができてしまうことから、またコンセプトを実現化するためには右側にキッチンエリアを配置することが理想的であろう。

お好み焼き店には、客にセルフで焼いてもらうスタイルと、店のスタッフが焼くスタイルがあるが、都心部でお好み焼きを看板に掲げている店のほとんどは、後者の仕組みをとっていることが多い。

キッチンは、バックヤードやトイレは奥側に集めて、洗浄エリアやストーブなどの調理エリアは、キッチン中央に天井からキャビネットを吊り下げてカウンター客からの目隠しとしている。

①フロアの床レベルは既に入り口で150ミリ上がっており、キッチンエリア、パントリーエリアではさらに150ミリ上げているため、オープンキッチンのカウンター席の椅子の高さは少し高くなる。

②カウンター席とグリドルの配置計画は、客席側に約200ミリ程度のスペースを確保すること。スタッフが料理を調理した後ゲストのテーブルあるいはグリドル（鉄パン）の上に置くスペースである。

③客席スタイルや形状については、スペースに余裕があれば、種々なスタイルができるものの、グリドルを囲むようにカウンター客席を配置計画することは必須であろう。形状にこだわることなく、ターゲット層に合わせた配置構成を考えること。

④お好み焼き業態の排気設備は、グリドルの長さや調理機器の数によるが排気容量が大きくなることが多い。オープンキッチンとする場合、排気量が不足するとフロアに油煙が流れてしまい客席環境が悪くなるので、カウンター席のグリドル上部の排気量の設定は、充分にその内容を配慮したものでなくてはならない。

⑤インテリアデザインは、居酒屋とお好み焼き屋を複合させたものではなく、「和」のイメージでデザイン構成をすること。

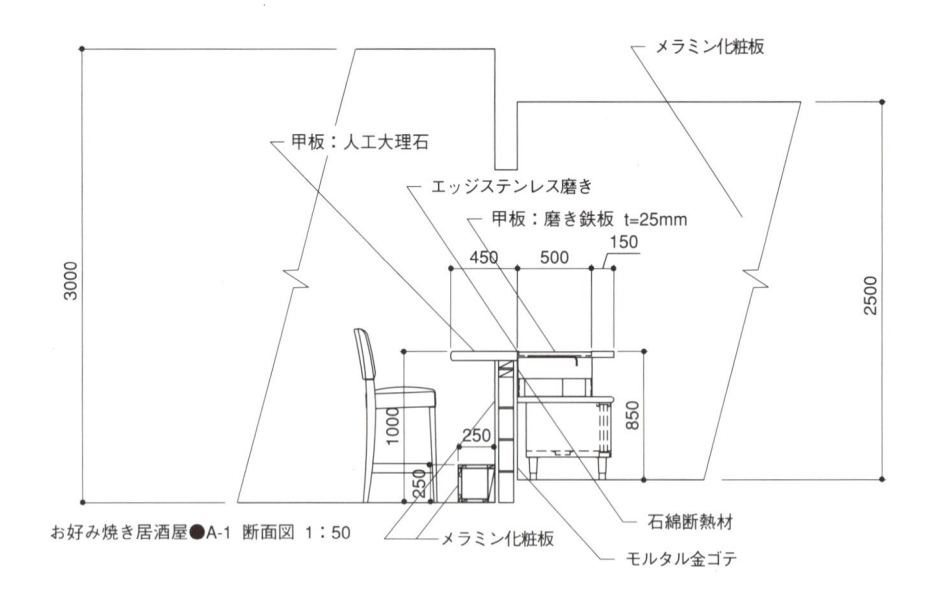

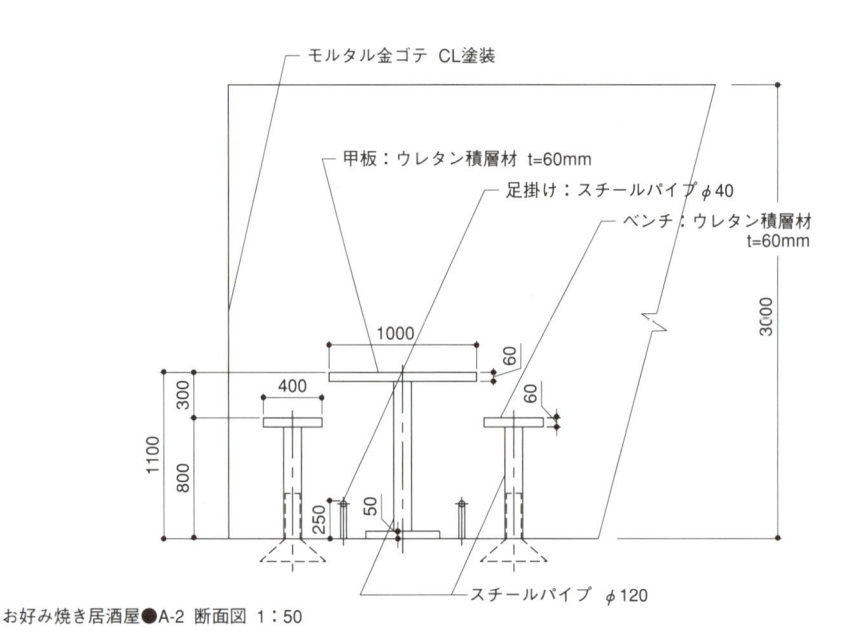

お好み焼き居酒屋●A-1 断面図 1：50

お好み焼き居酒屋●A-2 断面図 1：50

お好み焼き居酒屋●キープラン 1：150

生け簀鮮魚居酒屋　　108.2m²　　43 seats

新鮮な鮮魚を低価格で楽しめる
こだわりの居酒屋

総投資金額（保証金その他備品除く）：2500万円
月商売上高：850万円
回転率：昼3回　夜1.8回
平均客単価：昼1000円　夜3000円
店舗面積：108.2m²
厨房面積（バックヤード含む）：48.8m²
客席面積（トイレ含む）：59.4m²
客席数：43席

業態特徴とイメージ・コンセプト

入り口周辺に「生け簀」を配置し、鮮魚料理を低価格で提供する鮮魚居酒屋である。
近年の社会的不況の煽りを受けて居酒屋業界は客数減少や売上不振など厳しい状況にあるものの、美味しい魚料理への支持は相変わらず高い人気を得ている。
この事例は、一般的に「生け簀」鮮魚料理店は、魚料理は美味しいが支払う価格が高いという常識を払拭することであり、低価格で鮮度の良い魚を仕入れることで低価格で高いレベルの魚料理を提供することが、この店のコンセプトである。
料理を低価格で提供するので、インテリアにはさほど投資をかけずむしろカジュアルな雰囲気の店づくりをしている。
主なターゲットは、サラリーマン、OL、ファミリー客など鮮度の良い魚を食べたいというニーズを捉えた店であり、いかに新鮮かつ良質な魚を低価格で提供できるかが、競合店との差別化のポイントになるだろう。

昼はランチ需要に対応したメニュー、焼き魚定食、煮魚定食、刺身定食、丼ものなど、魚料理を中心とした料理を890円から1500円前後で提供できる仕組みにしている。
店内に「生け簀」を設置する場合には、扱う鮮魚によって生命力も異なるが、常に活きの良い魚を泳がせておくことに配慮しておきたい。「生け簀」を設置した店の魚を見ると、今にも死にそうな魚が最後の力で泳いでいる様は、いかに店の「生け簀」管理をしていないことやこだわりがないことを物語っているようなものである。
むしろ「生け簀」を配置することが、逆に客の料理への期待を損ねる原因にならないよう鮮度管理をすることが業態としての大切なポイントである。
この店の場合には、「生け簀」という設備を配置して活きの良い魚類を提供することが、高付加価値であり提供される料理内容と支払う対価に十分に満足いくものを目指している。
夜の客単価としては約2800円から3000円前後を平均単価として、低価格で料理を楽しんでもらうということを訴求としている。
そのため低投資での店づくりを企画し、インテリアデザインやテーブル、椅子にもさほどこだわることなく、また客席スタイルも個室など計画せずに、あくまでも大衆鮮魚居酒屋店としての位置づけを狙うものである（総投資を抑えることによって料理を低価格で提供することができる）。

ゾーニング計画と設計ポイント

商業エリアの3階建てビルの1階に位置している店であり、周辺にはオフィスビル、商業施設が密集している一角という立地である。
「生け簀」というコンセプトを企画に落とし込む場合には、入り口周辺でデモンストレーション装置とする場合と、キッチンエリアの調理ラインに連動した位置に「生け簀」を配置、演出することが多い。一般的には後者が多いと言えよう。
多くの客層を確保したいという企画から、他

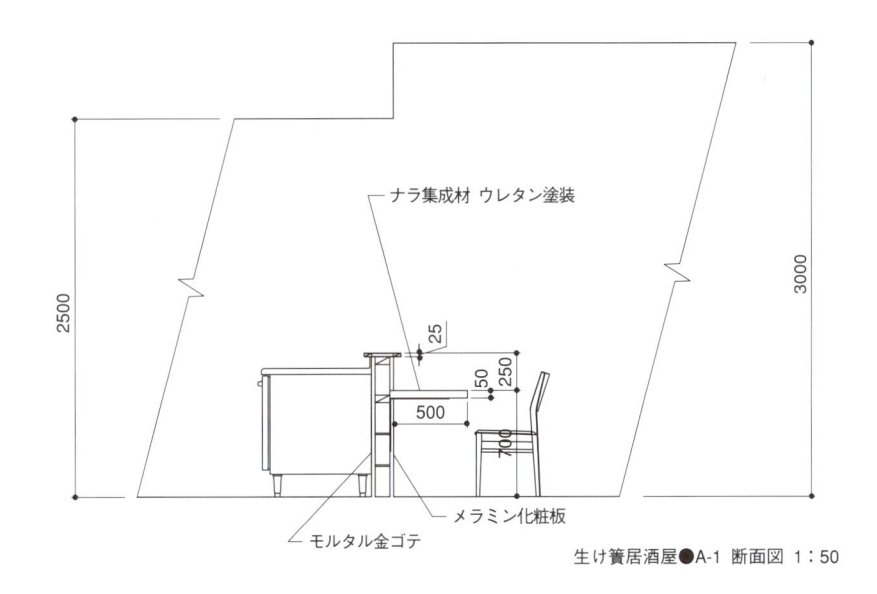

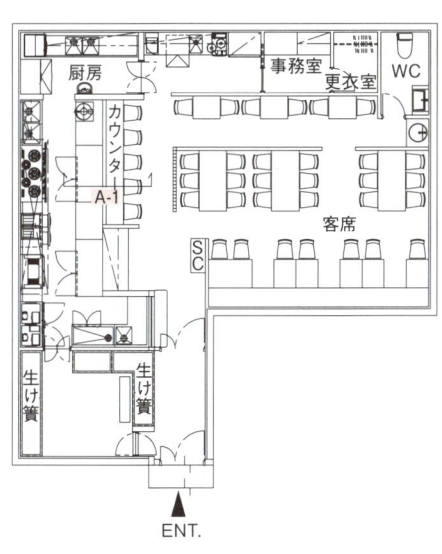

生け簀居酒屋●A-1 断面図 1：50

生け簀居酒屋●キープラン 1：200

店とは異なった演出や訴求力を持って、店の認知度やイメージを高めなくてはならない。この店の場合には、入り口に「生け簀」をコーナーとして配置し、ゲストに魚を選んでもらい調理方法などスタッフに指示するという仕組みを特徴としている。

「生け簀」と魚の捌きを同じエリアで行うことは衛生的にも良くないために、「生け簀」と魚の捌きコーナーは区画し配置する。また客に選んでもらった魚を種々の調理方法で調理することを配慮すると、魚の捌きエリアからキッチンエリアへ魚を渡しやすい仕組みが必要であり、基本的には「生け簀」捌きエリアとキッチンが隣接していることが理想的になる。

この物件の設備位置は、入り口正面側に集中しているため、ゾーニング計画としては、キッチンを入り口正面に配置、あるいは左右側の3通りの配置ができるが、コンセプトを実現化する配置としては、入り口周辺に「生け簀」とキッチンを配置することが理想的であろう。

鮮魚居酒屋という看板を掲げていることを配慮すれば、「生け簀」コーナーが入り口にあることによって、客の料理への期待やイメージを膨らませることはできるだろうし、「生け簀」で泳ぐ鮮魚に客の視線が集まることは明白である。

①排気ダクトはビルの屋上まで立ち上げること。その他室外機などの設置場所など設備調査段階で調査しておくこと。
②「生け簀」設備を計画する場合には、「生け簀」の仕組みによっても魚の鮮度に影響が出る。海水循環式が多いが、汚れや不純物はフィルターで取り除くなどその他種々の機能が付いたシステム生け簀も多く発売されている。良いものを選ぶことが店としての認知や生命線のポイントである。
③キッチンエリアはセミオープンキッチンであるが、ドリンクパントリーや洗浄エリアは客席から見えない工夫をしておくこと。
④客席スタイルは、カウンター席、4人、6人席、2人席、ベンチシート席など種々の客層に合わせた計画を立てておくこと。
⑤インテリアデザインは、デザインとしてこだわる必要はほとんどない。むしろ港の鮮魚居酒屋のイメージで臨場感を訴求できる装飾を施すこと。
⑥「生け簀」コーナーのキッチンの内装は壁に白のタイルや床はグレーの磁器タイルを使用するなど清潔感を訴求すること。
⑦「生け簀」コーナーは、衛生的な配慮をすると、魚を捌き割くにするエリアと魚料理を調理するエリアは区画しておくこと。

厨房設備機器リスト

No	品名	台数	寸法(mm) W	D	H	配管接続口径(A) 給水	給湯	排水	ガス 口径	Kw	電気容量(kW) 単相100V	単相200V	三相200V
1	冷蔵ショーケース	1	900	650	1880						0.5		
2	酎ハイ&ビールディスペンサー	1	400	600	700						0.4		
3	タオルウォーマー	1	350	275	290						0.2		
4	ドリンクテーブル	1	2350	600	850								
5	製氷機	1	630	525	800	15		40			0.4		
6	オーバーシェルフ	1	2350	300	1段						0.3		
7	ソイルドディッシュテーブル	1	2600	650	850	15	15	40					
8	オーバーシェルフ	1	2600	300	1段								
9	食器洗浄機	1	600	600	1430		15	40	15	11.0			4.0
10	製氷機	1	930	545	1425	15		40					0.6
11	手洗器	1	410	320	760	15		40					
12	IH炊飯保温ジャー	1	430	500	390							4.6	
13	ワークテーブル	1	1200	750	850								
14	冷蔵コールドテーブル	1	1500	750	850			40			0.3		
15	ワークテーブル	1	1000	750	850								
16	冷蔵コールドテーブル	1	1500	750	850			40			0.3		
17	オーバーシェルフ	1	1650	450	1段								
18	ディッシュアップテーブル	1	1650	750	850								
19	シンク付ワークテーブル	1	1250/1000	600	850	15	15	40					
20	舟形コールドテーブル	1	1200	600	850	15		40			0.3		
21	二槽シンク	1	1200	600	850	15x2	15x2	40x2					
22	オーバーシェルフ	1	1050	300	1段								
23	排気フード	1	2800	900	下端1900						0.4		
24	ガスレンジ	1	1500	600	850				25	55.8			
25	ワークテーブル	1	300	600	300								
26	冷蔵ドロワーコールド	1	1200	750	550			40			0.4		
27	ガスフライヤー	1	350	600	300				15	6.0	0.1		
28	ガスフライヤー	1	350	600	300				15	6.0	0.1		
29	ワークテーブル	1	400	600	300								
30	焼物器	1	890	550	380	15		50					15.0
31	架台	1	1450	600	550								
32	ワークテーブル	1	350	600	300								
33	冷凍冷蔵庫	1	1200	650	1890			40					0.7
34	いけす	1	2700	600	1300	15					0.5		1.1
35	いけす	1	1100	600	1300	15					1.0		
36	いけす	1	2000/1200	600	1300	15					0.5		2.1
	合計									78.8	6.7	4.6	23.5

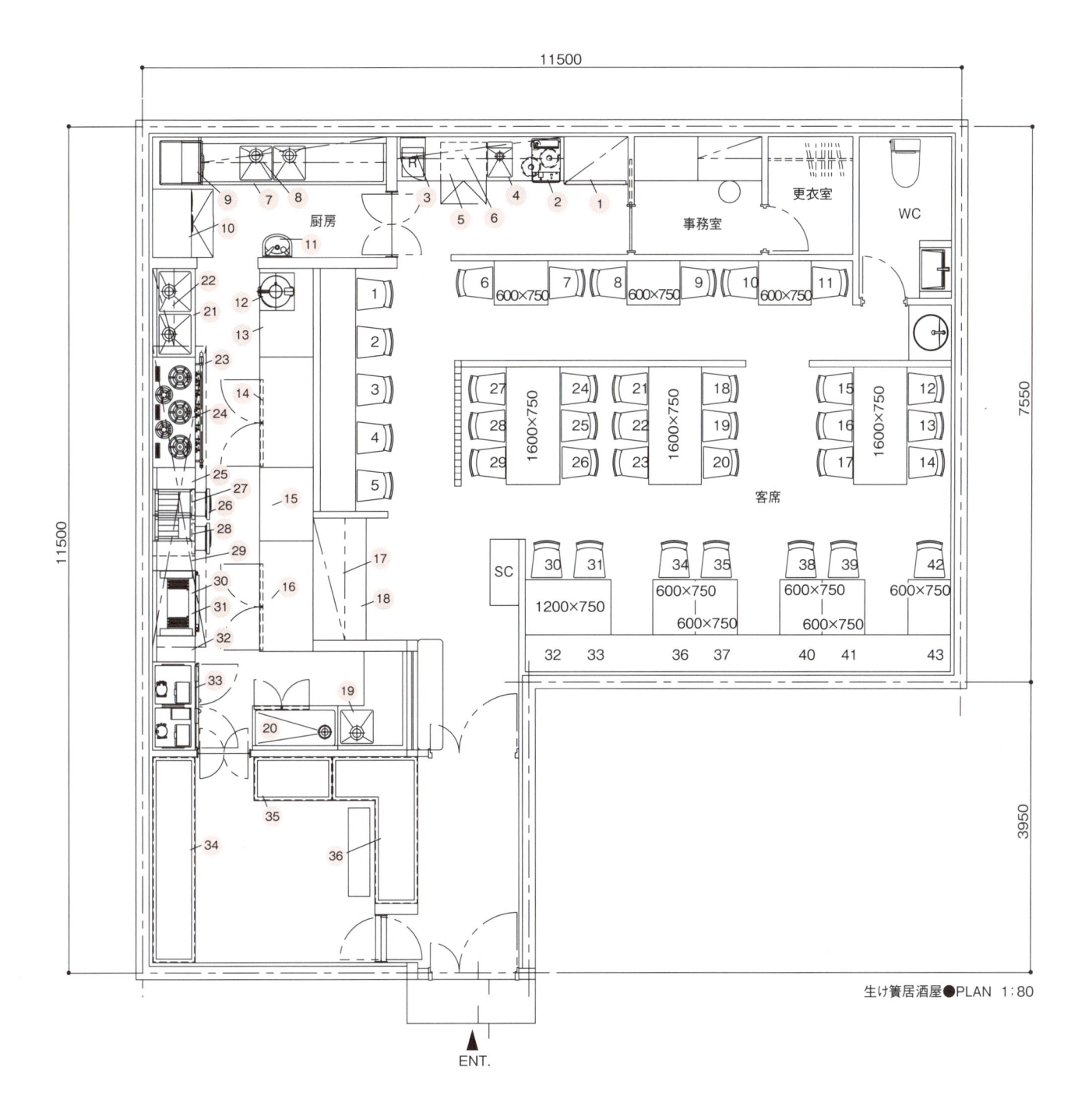

厨房
事務室
更衣室
WC
客席
SC
ENT.

生け簀居酒屋●PLAN 1:80

創作和食料理店 | 150.2m² | 46 seats

鮮魚のこだわりと素材の味を生かした創作料理が武器

総投資金額（保証金その他備品除く）：3600万円
月商売上高：1300万円
回転率：昼2回 夜2回
平均客単価/昼1500円 夜3800円
店舗面積：150.2m²
厨房面積（バックヤード含む）：72.1m²
客席面積（トイレ含む）：78.1m²
客席数：46席

業態特徴とイメージ・コンセプト

鮮魚と鮨、その他季節の素材の味を生かした創作料理の店として企画するものである。
接待需要の客層が激減している昨今、飲食店として高付加価値がなければ成立しない時代になりつつある。
つまり高級料理店でも低価格高付加価値へと転換しなければ生き残っていけない厳しい環境にあることは他の業態ともに例外ではないのが現実だろう。
これまでのように素材がよく美味しい料理を提供する店は、庶民が利用するには入りにくいというイメージを払拭することが、新しい和食創作料理店のコンセプトでなければならない。
大衆的に支持されている低価格回転寿司であっても価格競争に打ち勝つための方策として一人前の職人が高付加価値の鮨を握り繁盛している時代であり、創作料理の割烹業態もその利用者のニーズや嗜好と無縁ではないはずだ。
主軸ターゲットとしては女性客の25歳から40代以上の主婦層を中心に、その他ファミリー客を設定。男性客などサラリーマンを主軸におくよりも、地域密着型の気軽に美味しい和食料理を楽しめる店として訴求する狙いだ。
また価格帯については、料理内容にもよるが一人3500円から5000円以内で創作料理や鮮魚料理、鮨御膳を楽しめることができることが、庶民的かつ中間層の食ニーズや嗜好に対応できるであろう（本来の割烹料理店価格の半額で美味しい料理が楽しめると理解すればよいだろう）。
新しい創作料理店の基本としておかなければならないことは、少量多品種のこだわり料理を主軸にメニュー提案とアピールすることが多く。本例のように、女性客を主軸にするならば、料理のみならずデザートに至るまで、季節にこだわったクオリティーの高い内容にすることが女性客を誘引する大きな魅力になるだろう。
いかにこれまでの和食割烹料理店から脱却し、新しい創作割烹料理店を創造することが幅広い客層に受け入れられる店になるだろうし、サービスレベルや粋の雰囲気は残しつつ新しい店の在り方を創造することがポイントと言える。

女性客を主軸ターゲットにする際の鉄則は、高付加価値、少量多品種、プチデザート付などコース料理も女性客同士で気軽に楽しめる環境づくりをすることである。
顧客にとっても鮨、つまみ、和食料理を楽しみながらカウンターで大人の女性の雰囲気を演出、身を置くのもライフスタイルとしては楽しいものであろう。
土日であれば、ファミリーのグループ客を集客できる6人席も配置していることや女性客、男性客などグループ客を多く集客できる計画にしておくことが低価格高効率経営をするためのポイントになる。
またグループ客は基本的には予約客という認識であらかじめ基本のコース料理を選んでもらいその他追加料理については注文できる仕組みにしておくと良いだろう
カウンター席については、基本的には予約客中心ではないため、しいて予約をとることはないが、繁盛店の場合には、カウンター席に至るまでも予約しなければ入店できない場合も多々ある。
いくら低価格効率経営化を図っても基本的な割烹料理店のステータスやサービスのレベルが低下するものであってはならない。基本的には、目配り、気配り、心配りなど、客の要求することは"視線"で把握するレベルは維持することが大切であろう。
またランチ料理としては、魚介類を利用したちらし丼、刺身御膳、ミニ創作御膳など1000円から3500円、5000円までのサービスランチを提供できる仕組みにしておくことが夜の集客に繋げることができるはずだ。
特にOL、サラリーマンなどの客層には、夜でも比較的低価格で美味しい料理を楽しめる店であることを告知することが夜のリピート客を増加させるためのポイントである。
立地によっては、OL、男性客、主婦層、高齢者に至るまで利用動機が異なるために、価格帯も低価格から一般的な付加価値コースまでランチメニューとして提案することが理想的であろう。
ランチ営業は11時から15時までとして予約があれば受け入れるという生活者のライフスタイルに合わせた店の在り方を追求していくべきだろう。たとえランチタイムであろうとも、和食割烹料理店の美味しい新鮮な魚料理や和食創作料理を楽しめることや「職人の調理技術」や「粋」の雰囲気を維持しなければならない。

ゾーニング計画と設計ポイント

駅と住宅をつなぐ中間に立地する5階建ビルの1階に位置する。ビルも新しく周辺の景観に配慮した商業ビルである。
したがって、空調機の室外機置き場、排気フードの立ち上げ位置など、ビル設備に関わる基本指針が設定されているため、物件調査の段階でテナント側が必要とする資料が準備されていた。
ビルに関わる設備は入り口に向かって右側奥に集中しており、ビル後方側にも出入り口が計画されている。
ゾーニング計画としては、右側壁側に沿ってキッチンエリアを計画することが理想的であるし、後側出入り口はスタッフや食材業者の出入り口になるようにすることが、設備条件やスタッフの動きを配慮すると効率的であろう。
もちろん裏側に出入り口がある場合には、セキュリティーから電子キーロックによる方式による扉開閉にしておくことが大切であろう。キッチンエリアは右側にセミオープンキッチンで配置し、演出訴求する焼き場コーナー、新鮮な魚を生かしておくための生け簀などのデモンストレーション材を入り口から見てすぐに店の特徴が理解できる位置に配置することが、料理の期待や興味を喚起することになるだろう。
特にカウンター席は、鮨職人の技術レベルの高さと「粋」さが要求されるだけに、ゲストとの会話や料理技術も高い職人を配置することが大切であろう。
①キッチンエリアが全体の面積に比べて配分が多くなっているが、低価格で効率客回転を狙う業態の新しいスタイルを配慮（料理内容の質や提案方法を主軸に考えている）すると、この程度の面積は必要と言える。
②生け簀の作業は、仕込み時間に鮨ネタなどの仕込みは終了しているため、焼き場などを兼任できるような配置とすること。
③オープンキッチンを取り囲むようにカウンター席を配置する場合には、キッチン側の調理作業や、見せる場所と見せない場所を明確にして、ゲストの視線を配慮した機器配置に

することが大切である。見せないエリアは魚の下処理をする場所や洗浄エリア。これらエリアはキッチンおよび客席フロアと完全に区画すること。

④高級和食料理店の場合には、客席も個室も畳席とすることが多いが、低価格高付加価値を狙う店づくりでは来店客に則した、またスタッフの作業負担を考えた効率的な形態とすること。

効率経営を配慮した客席スタイルや配置計画をすること。

⑤食事を楽しんでもらうとするカウンター席の場合は、カウンター席の高さとキッチンエリアと段差がないことが理想的であり、原則的には椅子の座の高さが高寸法にならないように配慮しておくこと。

⑥インテリアデザインとしては、和という括りで構成することは当然であるが、高価な素材や装飾を施すことはない、むしろいかに低コスト素材で高いイメージをデザインできるかに視点を絞って設計に臨むこと。

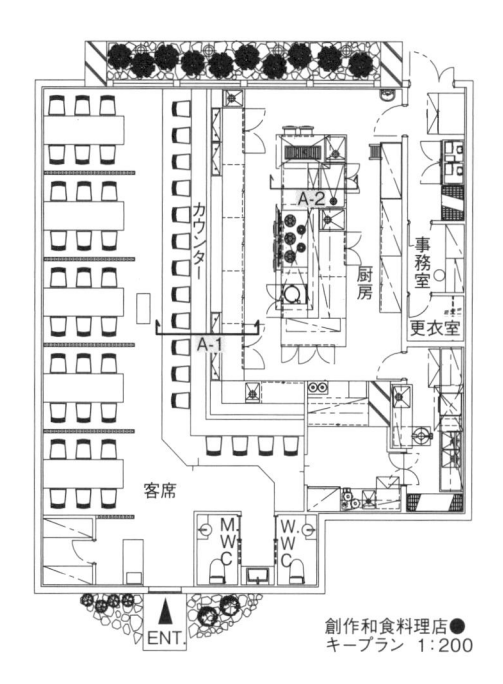

創作和食料理店●キープラン 1:200

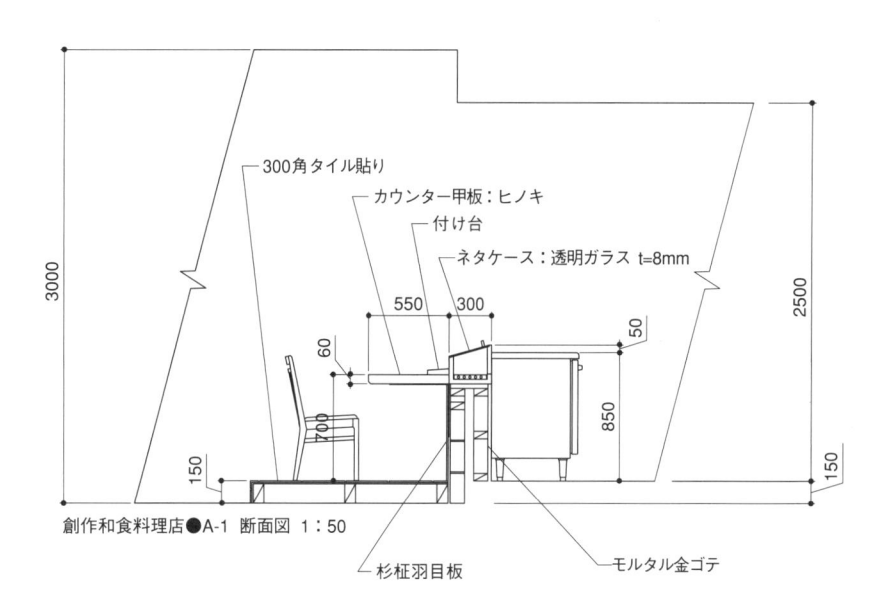

創作和食料理店●A-1 断面図 1:50

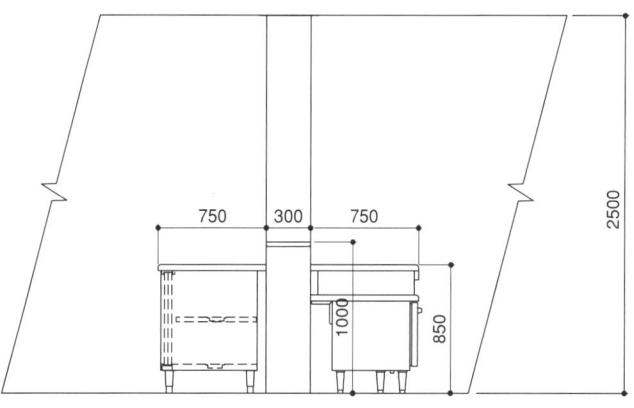

創作和食料理店●A-2 断面図 1:50

厨房設備機器リスト

No	品名	台数	寸法(mm) W	D	H	配管接続口径(A) 給水	給湯	排水	ガス 口径	Kw	電気容量(kW) 単相100V	単相200V	三相200V
1	製氷機	1	1080	710	1727	15		40x2					1.1 0.3
2	冷凍冷蔵庫	1	1200	650	1890			40					0.7
3	シェルフ	1	909	613	1867								
4	活魚水槽	1	1500	600	1400	15					0.8		
5	食器戸棚	1	1500	600	1800								
6	食器戸棚	1	1500	600	1800								
7	ワークテーブル	1	1100	750	850								
8	オーバーシェルフ	1	2900	600	1段								
9	冷蔵コールドテーブル	1	1200	750	850			40			0.2		
10	一槽シンク	1	600	750	850	15	15	40					
11													
12	舟形シンク付冷蔵コールドテーブル	1	1200	750	850	15		40x2			0.3		
13	一槽シンク	1	600	750	850	15	15	40					
14	冷蔵ドロワーコールド	1	1200	750	550			40			0.4		
15	炭焼き器	1	1200	750	300								
16	排気フード	1	1500	750	下端 1900						0.1		
17	配管スペース	1	4100	300	1000								
18	ワークテーブル	1	1250	750	850								
19	排気フード	1	2800	1050	下端 1900						0.2		
20	ガステーブル	1	1500	750	300				25	52.4			
21	冷蔵ドロワーコールド	1	1650	750	550			40			0.4		
22	ワークテーブル	1	450	750	300	15	15	40					
23	卓上天ぷらフライヤー	1	530	750	300				Φ13	10.5	0.1		
24	ワークテーブル	1	350	750	300								
25	冷蔵コールドテーブル	1	1200	750	550			40			0.3		
26	オーバーシェルフ	1	1500	350	1段								
27	冷蔵コールドテーブル	1	1800	750	850			40			0.3		
28	IH炊飯保温ジャー	1	430	500	390							4.6	
29	ディッシュアップテーブル	1	1650	1200	850								
30	オーバーシェルフ	1	1650	400	1段								
31	スープウォーマー	1	550	350	260			25			0.9		
32	ワークテーブル	1	1200	600	850								
33	シンク付ワークテーブル	1	1070	600	850	15	15	40					
34	ネタケース	1	900	300	260			40					
35	ネタケース	1	900	300	260			40					
36	冷蔵コールドテーブル	1	1500	600	850			40			0.2		
37	ワークテーブル	1	1400	600	850								
38	ワークテーブル	1	1400	600	850								
39	ワークテーブル	1	1400	600	850								
40	ネタケース	1	900	300	260			40					
41	ネタケース	1	900	300	260			40					
42	冷蔵コールドテーブル	1	1500	600	850			40			0.2		
43	一槽シンク	1	450	600	850	15	15	40					
44	手洗器	1	410	320	760	15		40					
45	炊飯テーブル	1	1700	600	850	15	15	40					
46	オーバーシェルフ	1	1700	300	1段								
47	炊飯カート	1	500	500	200								
48	IH炊飯保温ジャー	1	430	500	390							4.6	
49	オーバーシェルフ	1	1000	350	1段								
50	クリーンディッシュテーブル	1	1200	650	850								
51	排気フード	1	1200	800	下端 1900								
52	食器洗浄機	1	600	600	1430		15	40	15	11.0			4.0
53	ソイルドディッシュテーブル	1	1950	650	850	15x2	15x2	40x2					
54	オーバーシェルフ	1	1600	350	1段								
55	シェルフ	1	1520	460	1867								
56	製氷機	1	630	585	800	15		40			0.4		
57	ドリンクテーブル	1	1650	600	850	15x2	15	40					
58	生ビールサーバー	1	255	553	570						0.3		
59	冷蔵ショーケース	1	900	650	1900						0.5		
	合 計									73.9	5.6	9.2	6.1

創作和食料理店●PLAN 1:80

客席 / 厨房 / 事務室 / 更衣室 / M.WC / W.WC / ENT.

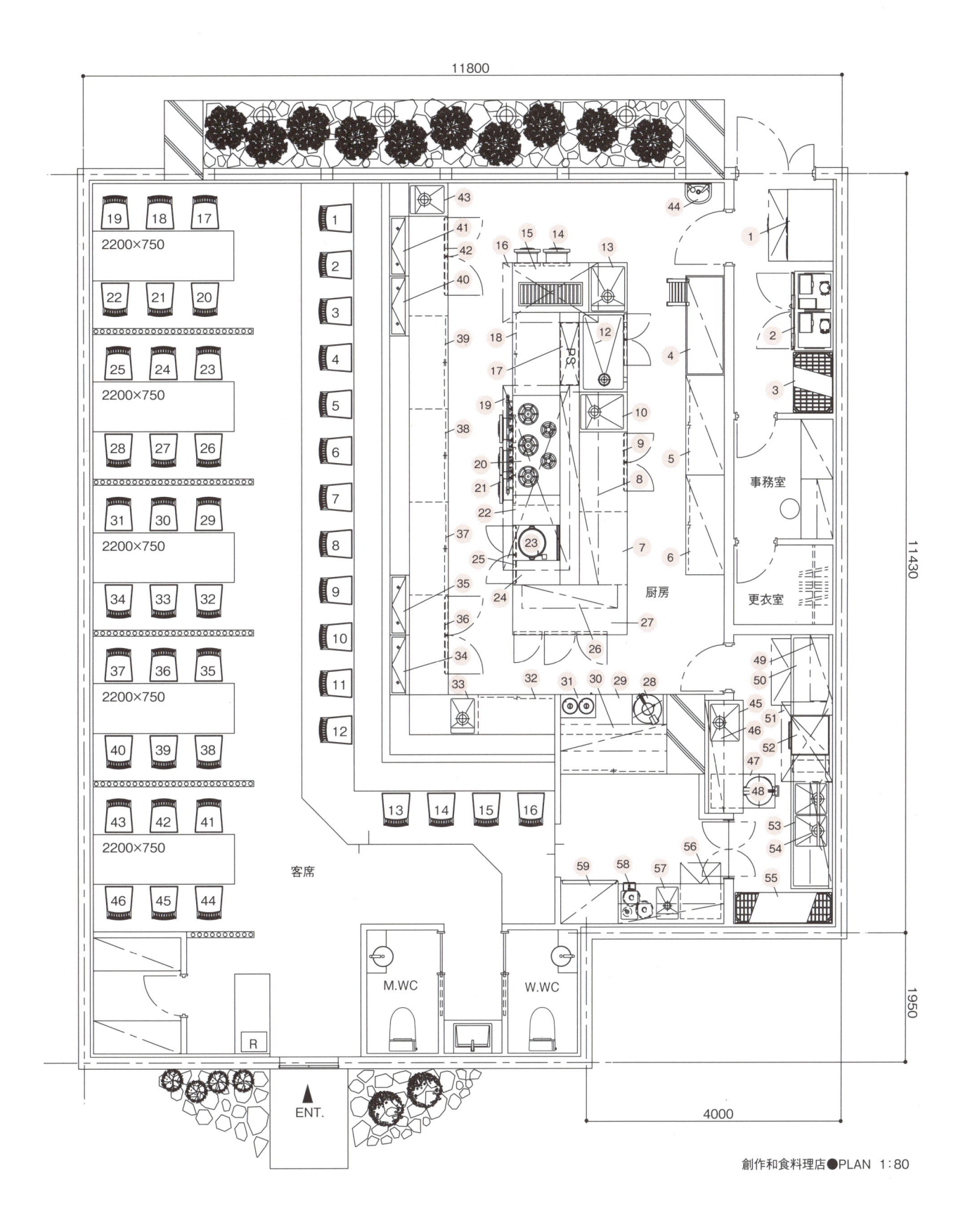

自然派和食バイキングレストラン　148.0m²　72 seats

医食同源は和食の根底にあり

自然派和食バイキングレストランデータ
総投資金額（保証金その他備品除く）：3800万円
月商売上高：900万円
回転率：昼2.5回　夜1.5回
平均客単価：昼1280円　夜1500円
店舗面積：148.0m²
厨房面積（バックヤード含む）：30.0m²
客席面積（トイレ含む）：118.0m²
客席数：72席

Chapter 3　事例集　業種業態別平面計画

業態特徴とイメージ・コンセプト

この店の業態コンセプトは、減農薬野菜、オーガニック野菜、全国のご当地野菜など、体に優しい野菜や食材を和食料理として時間制バイキング食べ放題としたものである。
客層ターゲットは主婦、OL、家族客など女性客を主軸として、メニュー提案や料理の種類を主料理からデザートまで揃えている。またメニューコンセプトとしては、カロリーを控えた調理法「蒸す」「煮る」「茹でる」「炊く」など、極力油を使用する料理は少なくし、体に良いバランスのとれた食事を提供する新しいコンセプトの和食バイキングスタイルの店である。近年の健康志向や食のトレサビリティー、LOHAS（ロハス）など、特に女性が気にする要素をキーワードとして実現化した業態である。

また昼と夜の営業スタイルについては、バイキング形式とする（90分/昼1280円、夜1500円）。夜のメニューの酒類は別注文になるが、つまみになるメニューも一部オーダークックサーブ（注文して調理すること）で提供するメニューも準備している。

基本的には（立地にも左右されるものの）、夜の客層も女性客あるいは男女客が多い想定としているため、酒類を飲む店としては客層が絞られてくるが、昼の客層だけに片寄っていると、夜の経営効率を上げることができないため、全体的な経営としての仕組みや内容を十分に検討しておくこと。

ゾーニング計画と設計ポイント

この物件の設計条件としては、設備エリアの床設定が逆スラブ（−300ミリ）になっているため、キッチンエリアおよびトイレなどの付帯設備は入り口向かって右側に配置しなければならない。つまりキッチンエリアの床が

厨房設備機器リスト

No	品名	台数	寸法(mm) W	D	H	配管接続口径(A) 給水	給湯	排水	ガス 口径	KW	電気容量(kW) 単相100V	単相200V	三相200V
1	ソイルドディッシュテーブル	1	1500	600	850	15×2	15×2	40×3					
2	オーバーシェルフ	1	1350	300	2段								
3	食器洗浄機	1	600	600	1300		15	50					6.0
4	排気フード	1	750	750	下端1900								
5	ワークテーブル	1	2000	600	850								
6	オーバーキャビネット&シェルフ	1	1850	300	(700)2段								
7													
8	アイスメーカー	1	1000	600	850	15		40			0.6		
9													
10													
11	スチームコンベクションオーブン	1	575	685	625	15×2		50					3.6
12	オーブン専用架台	1	580	685	810								
13	排気フード	1	850	750	下端1900								
14	ワークテーブル	1	1000	600	850								
15	オーバーキャビネット&シェルフ	1	1000	300	(700)2段								
16		1	1000	300	1段								
17	冷凍冷蔵庫	1	1500	650	1890			40					0.7
18	冷蔵コールドテーブル	1	1800	900	850			40				0.5	
19	オーバーシェルフ	1	1800	350	2段								
20	ワークテーブル	1	1940	900	850								
21	シンク付ワークテーブル	1	900	750	850	15	15	40					
22	電磁調理器	1	900	750	250								3.0×2
23	冷蔵コールドテーブル	1	1200	600	600								
24	スプレッダープレート	1	300	750	250								
25		1											
26	炭焼器	1	740	610	384				13	15.7			
27	架台	1	740	750	465								
28	スプレッダープレート	1	160	750	850								
29	ガスフライヤー	1	450	600+150	850				15	10.0			
30	スプレッダープレート	1	150	750	850								
31	排気フード	1	2850	900	下端1900						0.2		
32	シェルフ	1	909	460	1867								
33	生ビールディスペンサー	1	357	610	620						0.4		
34	アイスメーカー	1	804	525	800	15		40			0.5		
35	アイスメーカー	1	630	525	800	15		40			0.4		
36	生ビールディスペンサー	1	307	465	533						0.2		
37	酎ハイディスペンサー	1	385	627	553						0.6		
38	手洗器	1	410	320	700	15		40					
	合計									25.7	3.4	3.6	12.7

下がっていることで、客席フロアとキッチンエリアの床レベルは＋－ゼロでレベルを維持できるという理想的な物件条件である。また業態としてバイキングスタイル形式をとっているため、入り口の近くにキッチンと料理を並べるための陳列台があること、入り口通路側がガラス窓であることなどを配慮しても、客席は入り口左側のエリアに種々の客席スタイルを計画することが理想的な計画になるだろう。

バイキングスタイルをとる場合のゾーニング計画で、注意しておかなければならないことは、来店してくる客を席に案内した後、客同士が料理を陳列しているコーナーに殺到することを配慮して、料理の陳列台周辺スペースは混雑しないように、通路幅を広く確保しておくことであろう。特に入り口周辺は広くスペースを確保することだ。

①バイキングスタイル形式をとる業態に共通することは、陳列台に並べられる料理そのものが、食への期待を高める演出がなされていなければならない。ここでは棚の高さは上段900ミリ、下段500ミリで計画している。

②この店の場合には、炭焼きコーナーと揚げ物を揚げるキッチン部分からのみ客席側あるいは陳列コーナーが見えるようにしている。常に温かい料理を提供する、あるいは夜の注文に合わせて調理する機能をデモンストレー

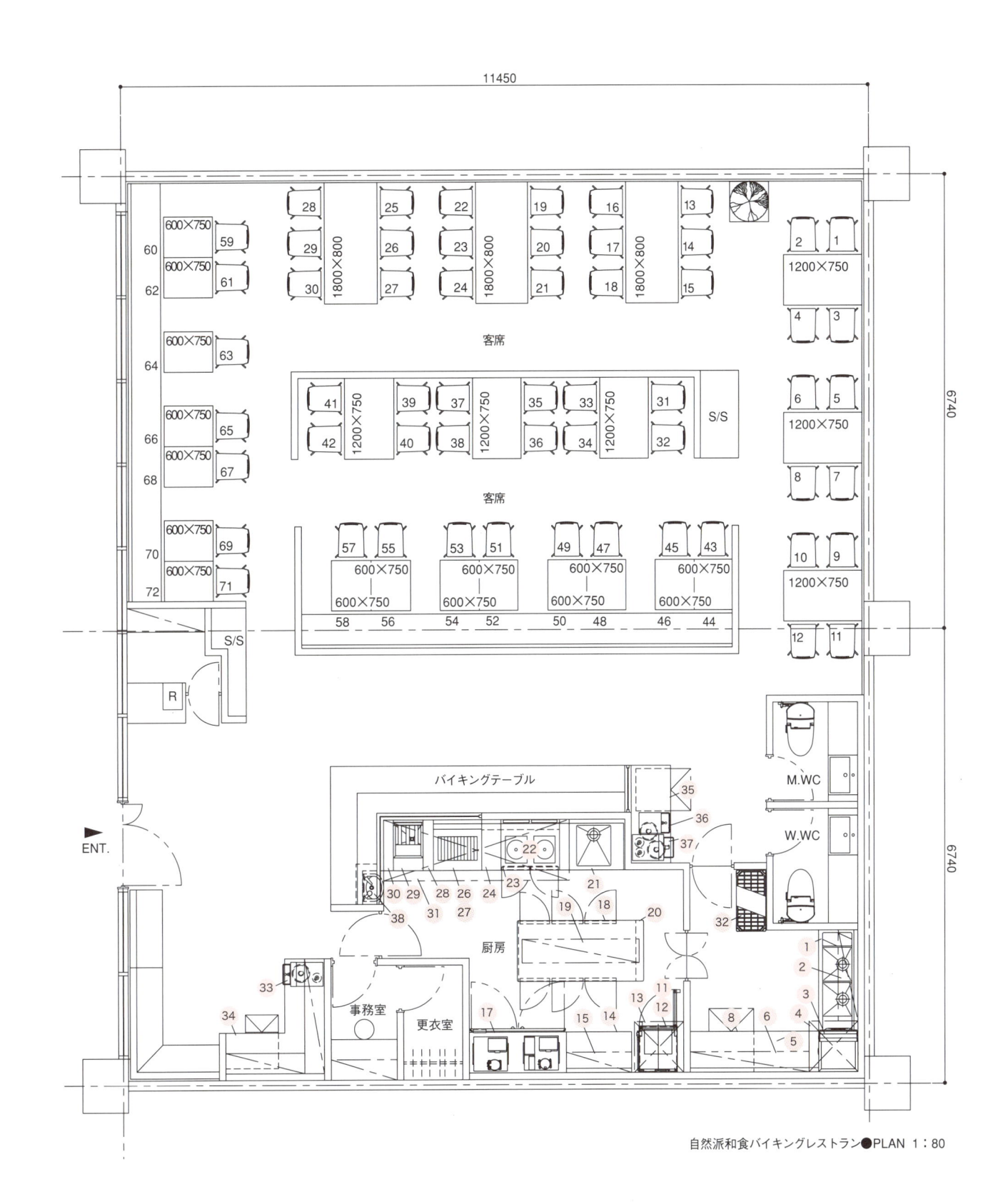

自然派和食バイキングレストラン●PLAN 1：80

ション演出していること、キッチン側から陳列台の料理の内容がチェックできることや入り口からの来店客の状況がわかることが理想的である。
③客席スタイルとしては、グループ客、6人・4人・2人客に対応できるように客席を配置している。また客席のボリュームに合わせて客席内にサービスステーション（下膳、その他サービスするためのポジション）を1〜2カ所、客席の間に配置すること。
④バイキングスタイル形式をとる場合には、下膳はすべて店側の作業になるため、下膳の仕組みを検討しておくこと。この店の場合には、バッシングカートでテーブルの食器類を下膳するスタイルをとっているため、客席の主動線の幅は広く確保し、また洗浄エリアへの動線も、トイレに行く客と繁忙時にはバッティングする危険性があるため広く確保している。
⑤バイキング形式の店では、レジを入り口周辺に配置しなければ来店客をスムーズに案内することができないため、また時間制であるため客ごとの入店時間と終了などチェックするなど、比較的広いレジスペースとすることが求められる。また客席エリアで働く人数を少なくすることで経営効率を高めているため、キッチンと客席との連絡をインカムシステム（店内通信）の利用をし、料理の分量調整や客席状況を報告する仕組みをとっている。
⑥バイキングスタイルのキッチンエリアは、デモンストレーション部分は演出材として訴求してもよいが、繁忙時にはプレパレーション（下準備・下拵え）作業が店の繁忙状況とは逆に比較的活発でないことを配慮すると、クローズキッチンにすることが妥当であろう。

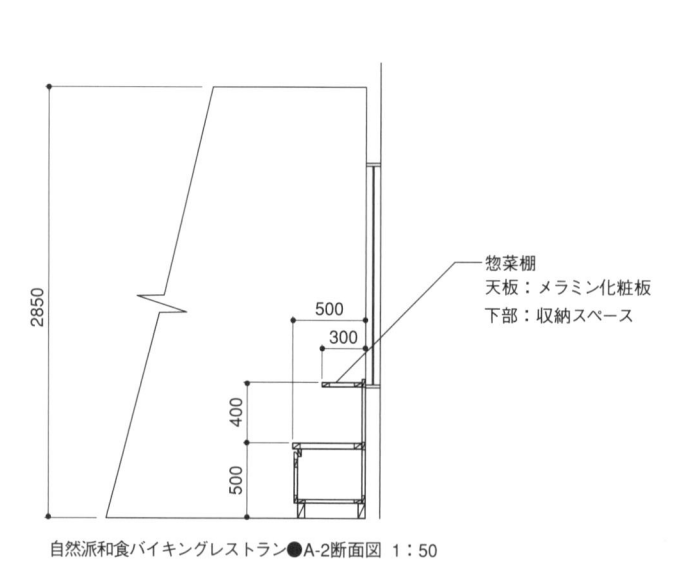

自然派和食バイキングレストラン●A-2断面図 1：50

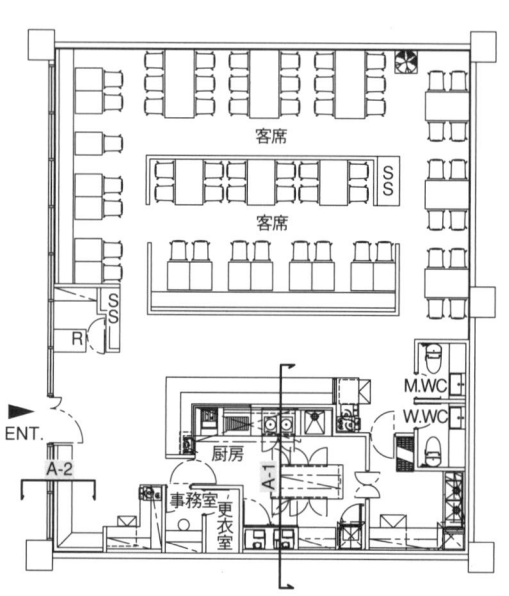

自然派和食バイキングレストラン●キープラン 1：200

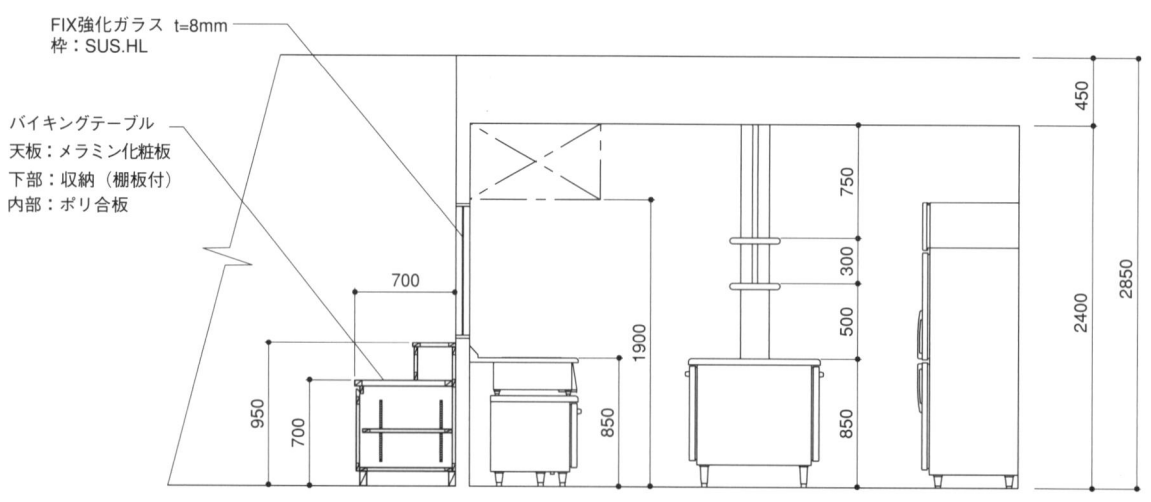

自然派和食バイキングレストラン●A-1断面図 1：50

鮨屋

78.7m² | 29 seats

ネタの鮮度の良さと高付加価値で固定客を狙う

総投資金額（保証金その他備品除く）：2000万円
月商売上高：860万円
回転率：昼3回 夜2回
平均客単価：昼1000円　夜4000円
店舗面積：78.7m²
厨房面積（バックヤード含む）：31.7m²
客席面積（トイレ含む）：47.0m²
客席数：29席

業態特徴とイメージ・コンセプト

この店の業態コンセプトは、寿司業界の中でも回転寿司とは一線を隔した本来の鮨業態として、ネタの鮮度と客とのコミュニケーションを持ち、絶妙なタイミングと、目配り、気配りでサービスを提供する高付加価値の鮨屋を目指すものである。

そもそも、鮨屋という業態は、カウンター越しに鮨職人と会話をしながら客の好みや体の調子に合わせて料理を提供する、また本日のおすすめ鮨を提案するなど、客との会話には常に「粋」が存在するものであった。

もちろん、寿司業界で回転寿司店が好調であるとはいっても、一般の鮨専門店がすべてだめという訳ではない。常に客のニーズや時代の流れに対応したこだわりを持っている鮨店は、しっかりと固定客や新しい需要を喚起し人気を博している。

鮨店の営業としては夜を主体とした店が多いものの、立地によってはランチ営業も検討すべきであろう。個人店で主人自らがカウンターに立つという場合には、なかなか昼と夜の営業を続けることは難しさがあろうが、外食全体の利用動機が減少していることを配慮すると、少しでも売り上げ確保をすべきであろう。

ランチ需要を狙う場合には、サラリーマン、OL、主婦層がターゲットとしての主軸になるだろうし、1人前で鮨、ミニデザート、椀付きで1000円以内、丼もので890円前後が利用率を高める価格帯であろう。

主婦層をターゲットとするならば、1800円、2500円前後の鮨御膳を提供するメニュー構成もランチ需要を高める大きなポイントになるだろう。

夜の価格帯としては、おまかせで一人約5000円、予約客の価格帯としては3500円（飲み物は別）から価格設定することができるよう計画する。

基本的なコンセプトは、この店を利用する顧客の支払う料金に対して、十分に満足してもらえる付加価値サービスができるかということがポイントであり、競合店との差別化は店としてのこだわりと高付加価値の提供ができるかにある。

ゾーニング計画と設計ポイント

駅前周辺から少し外れた位置にある3階建てビルの1階で、周辺は閑静な住宅地という立地である。一本道路を住宅地に入るが、業態の位置づけを配慮しても好立地であるだろう。設備は入り口正面の壁裏側に集中していることなど、ゾーニング計画としてはキッチンエリアを左右どちらでも配置することができるが、この立地の場合には、入り口左側が駅前からの来店動線にあるため、キッチンエリアは入り口に向かって右側に計画することが理想的であろう。

鮨店の業態のあり方としては、入り口の暖簾をくぐった客に対して鮨カウンター側のキッチンで仕込みをしながら客を迎えるという基本姿勢は人員配置や効率性を配慮しても理想的であるはずだ。

鮨店の場合には、鮨カウンター以外のドリンクエリア、仕込みエリアはバックキッチンとして客席側から見えない位置に配置することが多く、仕込み用のストーブ、焼き物機などの調理機器の排気設備は屋上までダクトを立ち上げることが一般的である。ビル躯体の開口、スリーブなどまたダクトの屋上までの経路などについては、箇条書きにしてビル側に提出、承認を得ることを忘れてはならない。

レジの配置としては、入り口周辺あるいはバックキッチン側いずれでもよいが、会計はいずれにしてもテーブル精算が基本であろう。大衆的な業態には、入り口レジ清算とい

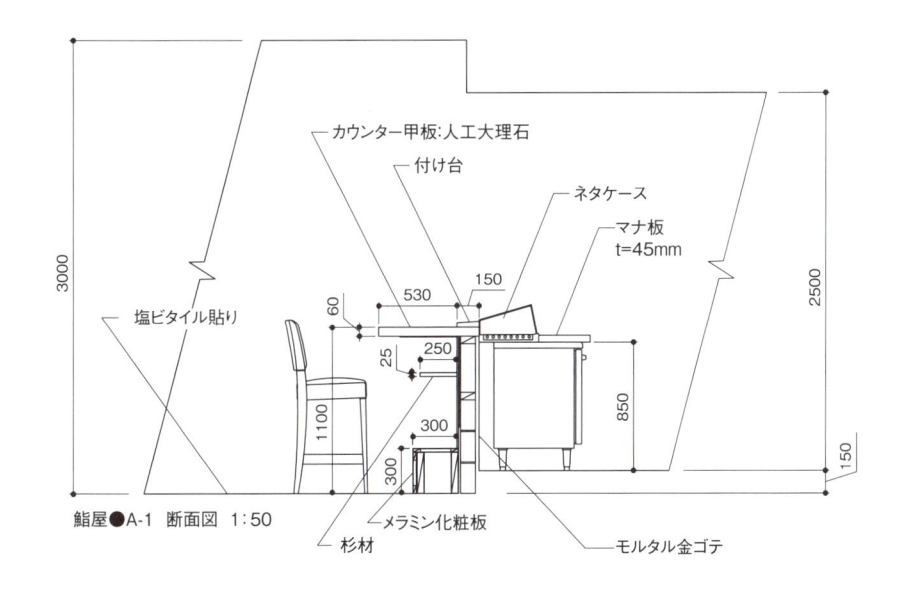

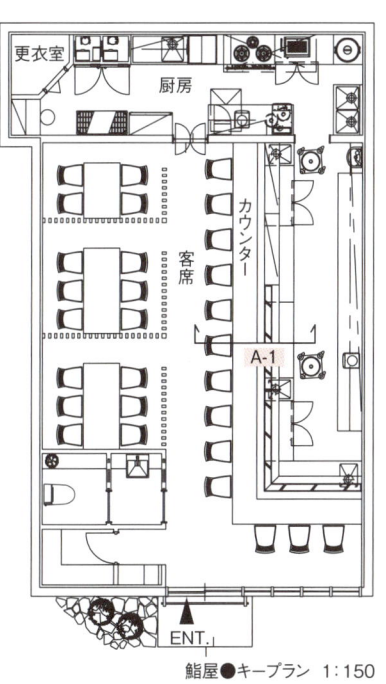

鮨屋●A-1 断面図 1:50

鮨屋●キープラン 1:150

厨房設備機器リスト

No	品名	台数	寸法(mm)			配管接続口径(A)			ガス		電気容量(kW)		
			W	D	H	給水	給湯	排水	口径	Kw	単相100V	単相200V	三相200V
1	冷凍冷蔵庫	1	1200	650	1890			40					0.7
2	オーバーシェルフ	1	1200	300	1段								
3	ソイルドディッシュテーブル	1	1200	650	850	15	15	40					
4	食器洗浄機	1	600	600	1430		15	40	15	11.0			4.0
5	ワークテーブル	1	300	600	850								
6	排気フード	1	1800	750	下端1900						0.1		
7	ガスレンジ	1	900	600	850				25	39.5			
8	焼物器	1	978	400	602				Φ13	11.4			
9	冷凍冷蔵コールドテーブル	1	1200	600	850			40			0.2		
10	炊飯テーブル	1	600	600	850								
11	炊飯器	1	543	506	436				Φ13	11.0			
12	二槽シンク	1	1000	600	850	15x2	15x2	40x2					
13	酎ハイ&ビールディスペンサー	1	400	600	700						0.4		
14	ドリンクテーブル	1	1750	600	850								
15	オーバーシェルフ	1	1200	300	1段						0.3		
16	製氷機	1	630	585	800	15		40			0.4		
17	電磁調理器	1	304	345	53							1.4	
18	タオルウォーマー	1	350	275	290						0.2		
19	冷蔵ショーケース	1	900	450	1880						0.5		
20	シェルフ	1	1061	460	1867								
21	手洗器	1	410	320	760	15		40					
22	移動台	1	500	500	500								
23	シャリウォーマー	1	Φ383		410						0.1		
24	一槽シンク	1	450	600	850	15	15	40					
25	常温ショーケース	1	1400	300	300								
26	冷凍冷蔵コールドテーブル	1	1200	600	850			40			0.2		
27	常温ショーケース	1	1400	300	300								
28	ワークテーブル	1	1500	600	850								
29	ネタケース	1	1800	300	300			40			0.2		
30	ワークテーブル	1	1500	600	850								
31	移動台	1	500	500	500								
32	シャリウォーマー	1	Φ383		410						0.1		
33	一槽シンク	1	450	600	850	15	15	40					
34	ネタケース	1	1800/2000	300	300			40			0.4		
35	冷凍冷蔵コールドテーブル	1	1200	600	850			40			0.2		
36	シンク付ワークテーブル	1	2000	600	850	15	15	40					
37	電磁調理器	1	304	345	53							1.4	
	合 計									72.9	6.1	0.0	4.7

う仕組みもあるが、ランチ営業以外はすべてテーブル精算が業態としてのスタイルであると言える。

①鮨カウンター席へ座った客へのサービスがキッチン側からすべて提供できる奥行き、椅子の高さ寸法など、そのサービスの仕組みに合わせて各施設寸法を計画すること。

②客席は、カウンター席の場合もあるだろうし、4人、6人席に対応できる席を配置する場合には、比較的空間を区画することが利用者のニーズでもある。

③客席を区画してもコールベルをテーブルの上に配置するなどはもっての外である。客席が50席以上ある場合はともかく、すべて目配り、気配り、心配りで対応できる仕組みにしておくこと。

④利用者が鮨店に求めるものは、鮮度の良い美味しい鮨や魚を楽しみたいことや鮨店の"粋"という雰囲気の中で食事をしたいということがポイントであり、そのニーズや欲求を満たすことが鮨店としての使命である。

⑤内装デザインとしては、白木調の木材と石調、黒の雰囲気で構成し、ゴテゴテした装飾やデザインを施さず、あくまでも清潔かつ落ち着いた雰囲気にすること。

A to Z コラム

今も続く"新工夫"

すしの字には「鮓」「鮨」「寿司（寿し）」があり、「鮓」は塩や糟などに漬けた魚や、発酵させた飯に魚を漬け込んだ保存食を意味したことからと言われている。

語源は、「すっぱい」を意味する形容詞「酸し（すし）」の終止形で、古くは、魚介類を塩に漬け込み自然発酵させた食品を言った。

「酢飯（すめし）」の「め」が抜け落ちて「すし」になったとする説もある。

「鮨」の字は、中国で「魚の塩辛」を意味する文字であったが、「鮓」の持つ意味と混同され用いられるようになったもので、「鮓」と同じく古くから用いられている。

現代で多く使われる「寿司」は、江戸末期に作られた当て字で、「寿を司る」という縁起担ぎの意味のほか、賀寿の祝いの言葉を意味する「寿詞（じゅし・よごと）」に由来するとの見方もある。「すし」は関西では「鮓」、関東では「鮨」の字があてられることが多いようだ。

一般に普及したのは江戸時代中期で、江戸前いわゆる"握りずし"が誕生したのは、文化七年（1810年）本所に開店した華屋與兵衛によるといわれて。

近年は、回転寿司や日本国外の寿司料理店において、ミニハンバーグ、チャーシューなどの肉類や、「カリフォルニアロール」などのようにシーチキン（ツナフレーク）、アボカドなどの和食以外をネタにした、従来の寿司から見ると奇想なものが増えている。ただしこれらのネタを従前から続く工夫のひとつと捉える意見がある一方、寿司の枠を超えた異質のものとして寿司とは別のものとする意見もあるが、今も続く"工夫"が新しい可能性を生んでいる。〈編集部〉

更衣室

厨房

客席

WC

R

ENT.

鮨屋●PLAN 1:50

077

蕎麦屋

112.1m² | 38 seats

蕎麦へのこだわりこそ繁盛店づくりの基本である

総投資金額（保証金その他備品除く）：2600万円
月商売上高：570万円
回転率：昼3回　夜1.8回
平均客単価：昼890円　夜2300円
店舗面積：112.1m²
厨房面積（バックヤード含む）：34.4m²
客席面積（トイレ含む）：77.7m²
客席数：38席

業態特徴とイメージ・コンセプト

美味しい蕎麦へのこだわりを楽しんでもらうということを訴求する店である。

特に、蕎麦のコシにこだわりを持ち、本来の蕎麦の味を提供することに重点をおいている。蕎麦屋の看板を掲げる店で提供される蕎麦は、蕎麦の姿はしているものの、食べてみると蕎麦の味がほとんどしない店が非常に多い。店頭に「十割蕎麦」「二八蕎麦」「石挽き蕎麦」「手打ち蕎麦」などとあるが、特に蕎麦へのこだわりを追求している店でない限り、美味しい蕎麦に出合うことはなかなか難しいだろう。

ターゲットとする主客層は（年齢制限を設定するわけではないが）、男女25歳から50歳、ファミリー客（低年齢層がいない）など、特に美味しい蕎麦を食べたいという嗜好や味が分かる人々としている。

価格帯としてはランチタイムには付加価値あるセットメニューを800円から1000円で、蕎麦と小丼の御膳を提供するスタイルをとり、単品の場合にはセイロで700円（大盛り100円増し）、温麺のきつね、たぬき、とろろで800円前後、天麸羅御膳1200円ぐらいで料理を提供したいところだ。

またランチセットの小丼についても、こだわりある料理内容を提案することができなければ固定客を増やすことや、人気店にはならないだろう。

いまや食の世界の常識として、付加価値が高い料理には料金を支払うものの、中途半端な料理店へのリピートはしないのは明らかである。

ゾーニング計画と設計ポイント

この物件は木造2階建ての1階に位置しており、俗にいう奥に長い「うなぎの寝床」である。商業エリアにあるものの好立地とは言えず、こだわりを訴求することによって固定客やクチコミ客は集客できる立地ではある。左右は他のビルに挟まれており、設備は入り口の正面奥に集中している。ゾーニング計画としては、入り口からキッチンエリアまで離

厨房設備機器リスト

No	品名	台数	寸法(mm) W	D	H	配管接続口径(A) 給水	給湯	排水	ガス 口径	Kw	電気容量(kW) 単相100V	単相200V	三相200V
1	手洗器	1	410	320	760	15		40					
2	炊飯カート	1	500	500	200								
3	IH炊飯保温ジャー	1	430	500	390							4.6	
4	オーバーシェルフ	1	1200	350	1段								
5	炊飯テーブル	1	1200	600	850								
6	オーバーシェルフ	1	1730	350	1段								
7	シンク付ワークテーブル	1	1730	750	850	15x3	15x2	40x2					
8	冷凍冷蔵庫	1	1200	800	1890			40					0.7
9	排気フード	1	1200	1100	下端1900						0.1		
10	そば釜	1	900	1130	750	15		15x2 40	25	34.9			
11	ワークテーブル	1	650	600	850								
12	角丸冷却シンク	1	650	1050	800	15		50			0.1		0.6
13	ワークテーブル	1	750	750	850								
14	オーバーシェルフ	1	600	350	1段			40					
15	排気フード	1	2300	900	下端1900						0.2		
16	フライヤー	1	370	750	850				15	10.5			
17	ワークテーブル	1	600	750	850								
18	冷蔵コールドテーブル	1	1200	750	550			40			0.2		
19	ガステーブル	1	1200	750	300				25	52.4			
20	ワークテーブル	1	1500	600	850								
21	オーバーシェルフ&キャビネット	1	1500	300	900 1段								
22	食器洗浄機	1	600	600	1430		15	40	15	11.0			4.0
23	ソイルドディッシュテーブル	1	1350	650	850	15	15	40					
24	オーバーシェルフ	1	1100	300	1段								
25	コールドテーブル冷蔵庫	1	1500	600	850			40			0.2		
26	ディッシュアップテーブル	1	1200	600	600 850								
27	IH炊飯保温ジャー	1	430	500	390							4.6	
28	ディッシュアップテーブル	1	1200	900	1000								
29	オーバーシェルフ	1	2700	500	1段								
30	シンク付ワークテーブル	1	1200	900	1000	15	15	40					
31	製氷機	1	630	525	800	15		40			0.4		
32	ドリンクテーブル	1	1050	600	1000								
33	生ビールサーバー	1	255	553	570						0.3		
34	酒燗器	1	200	390	388								
	合計									108.8	1.5	9.2	5.3

れているものの、キッチンは奥に配置することは致し方ない判断であろう。

物件の形状がうなぎの寝床であるために、カウンター席、4人席、ベンチシート席、大テーブル席など種々の客層に合わせて対応できるように、フロアスペースに適切に配置している。

本来ならば、レジは入り口周辺に配置し帰りの精算にしたいところであるが、細長いフロア形状のため効率性が悪いために、レジはパントリー側に配置しテーブル会計にしている。

客席の配置は、入り口周辺に大テーブルを配置していることや、カウンターの一人席をキッチンエリア、パントリーに近い位置に配しており一人客に対しても十分なサービスができる。また一般的に、カウンター席は壁に沿って配置するが、この店の場合には、スタッフがカウンター側に入れるようにスペースを確保している。

①物件条件として1階に位置していることや地下がないこと、自社物件であることなど、設備計画については床を下げて客席フロアとキッチンエリアのレベル差をなくしている。

②キッチンエリアの厨房機器は、茹で麺機、ストーブ、フライヤーなど排気する調理機器があるため、排気計画はしっかりとしておかなければならない。排気量が少ないと油煙や臭いが客席に流れてしまうため、排気計画は慎重に計画すること。

③客席の椅子やテーブルは、内装イメージに合わせてすべて木調の風合いある家具を使用したいところである。

④この物件の天井高は飲食店の経営を計画して設定しているため、3000ミリと高く、内装デザインも古民家をイメージ化した古材の柱、家具など客席フロアに配置しておくことで、一般的な蕎麦屋との差別化を図っている。

蕎麦屋●PLAN 1:80

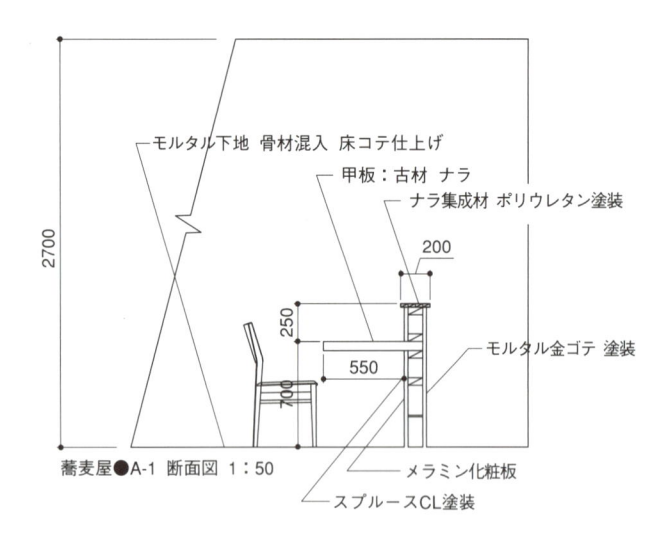

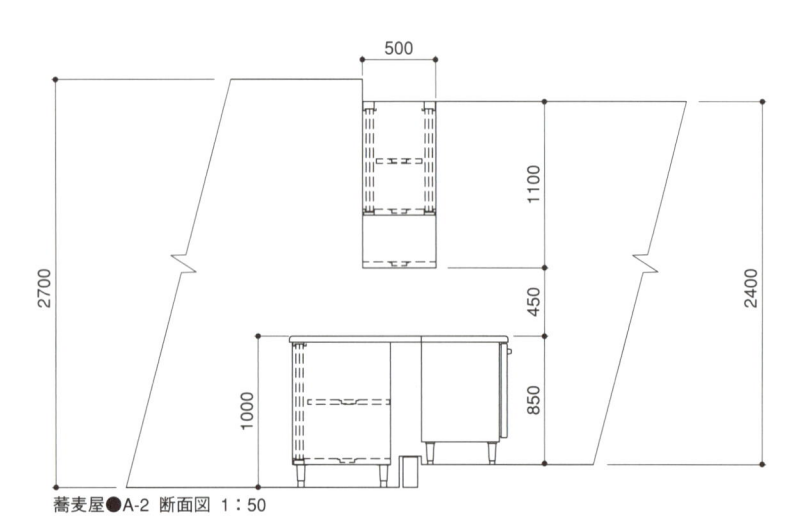

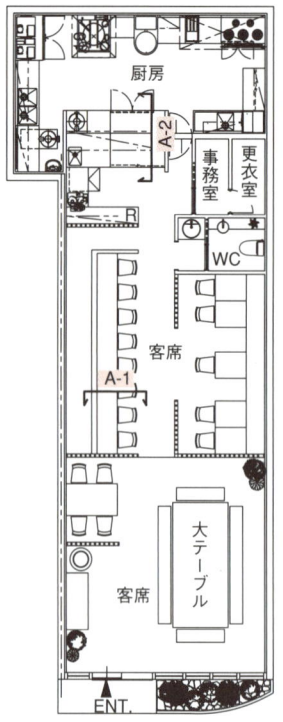

A to Z コラム

日本全国"ご当地そば"

ソバムギを略した語で「とがったもの」「物のかど」を意味する「稜」に由来する。ソバの実が三角形形で突起状になっていることからであろう。実は乾くと黒褐色になることから、『和名抄』ではソバをクロムギとも称している。

そば粉に熱湯を加えてかき混ぜた「そばがき」が、現在のように細く切られるようになったのは江戸時代以降で、当初は「そばぎり」と言われていた。

ソバは比較的やせた土地でも育ち、飢饉などに備えて栽培されていた「救荒食」でもある。したがって各地に"ご当地そば"がある。

北海道、粉末にした昆布をそば粉に練り込んだ「昆布そば」。青森県、つなぎに大豆をすりつぶした呉汁を使う「津軽そば」。やはり大豆をつなぎにした「白神ソバ」。

秋田県「石川蕎麦」「西馬音内そば」（羽後町）。岩手県「わんこそば」。山形県「板そば」。文字どおり紅花を練り込んだ「紅花そば」（村山地方）。天童織田藩が将軍家に献上した「天童そば」。福島県「水そば」（磐梯町・猪苗代町）、「裁ちそば」（南会津地方）。「山都そば・宮古そば」（喜多方市山都地区）。盆ざるに盛られた「出流（いづる）そば」は栃木県。

東京は、『江戸名所図絵』にも描かれた「深大寺そば」。「とろろそば」は昨今外国人観光客に人気の高尾山の名物そば。千葉は「甚兵衛そば」（印旛沼地区。別名「ふなそば」と言われ舟の入れ物で出てくる。

新潟県「へぎそば」は、つなぎに「布海苔」を使用。佐渡「しらうおそば」「大崎そば」。小林一茶が「信濃では月と仏とおらが蕎麦」と詠んだ、そば好きのメッカ長野県には「富倉そば」「戸隠そば/霧下そば」。茹で上げた蕎麦を寒気にさらして凍らせて乾燥させた「凍りそば」（北信地区）。「善光寺そば」（長野市）、「本山そば」（塩尻市）。石川県、つなぎに卵を使用しているのが特徴「利賀そば」（南砺市）、鳥越そば（白山市）。

茶どころ静岡県には「茶蕎麦」。「天竜そば」（佐久間町）。滋賀県「伊吹そば」、「箱館そば/今津そば」（高島市）、「日吉そば」（大津市）。「にしんそば」は京都。「そば」は関東、関西は「うどん」と言われてはいるが…。

蒸篭に入れた暖かいお蕎麦をタレで食べる「敦盛そば」（京都・大阪）別名「熱盛りそば」。奈良県「荒神の里そば」（桜井市）。

兵庫県の「皿そば」は、信州上田から国替えになった仙石氏により伝来したといわれて言われている。「出石そば」（豊岡市出石）、「永沢寺そば」（三田市）岡山県「蒜山そば」（真庭市）。広島県「豊平そば」（北広島市）。島根県、松江藩初代藩主・松平直政が信州松本からそば職人を招き打たせたのが始まりの「出雲そば/割子そば」。「三瓶そば」。「隠岐そば」（隠岐）山口県「瓦そば」。徳島県「祖谷そば」。高知県「立川そば」。

佐賀県「三瀬そば」（佐賀市）、三瀬蕎麦街道が有名。熊本県「阿蘇そば」。宮崎県「椎葉そば」。「新富そば」（新富町）。鹿児島県「薩摩そば」「小簿そば」（鹿屋市）

以上の他にも多くの"ご当地そば"があるはずだ。昔ながらのものや地域活性化を図っての新たなブランドのそばもあろう。と言うことは、工夫、開発によって新たな"売れ筋"も生まれてこよう。

〈編集部〉

| ステーキレストラン | 112.3m² | 50 seats |

肉の安全性と提供方法が店の特徴を訴求する

総投資金額（保証金その他備品除く）：3500万円
月商売上高：900万円
回転率：昼2.5回　夜2.5回
平均客単価：昼980円　夜1900円
店舗面積：112.3m²
厨房面積（バックヤード含む）：38.8m²
客席面積（トイレ含む）：73.4m²
客席数：50席

業態特徴とイメージ・コンセプト

肉のトレサビリティーや厳しい衛生管理をすることを主軸におき、まず店で提供する肉類の安全性を常に認識してもらい、肉料理の美味しさやこだわりを特徴とするステーキレストランである。

生活者の肉へのイメージは、過去のBSE問題やO-157の発生など、悪い印象はまだ完全に拭い去られていない。したがって肉のトレサビリティーがしっかりしていることが目で確認できるように、入り口に安全性を示すサインなど安心感に繋がる訴求をしておくことが大切である。

主ターゲット層としては男女、ファミリー客に至るまで幅広い客層に適合する料理内容や仕組みづくりをしている。100％牛肉は仕様書発注したチルド配送で、焼き加減はゲストの好みに合わせて焼き具合を調整できる鉄板を使用している。

ソースの種類もデミ、和風、オニオンなどいくつかのオリジナルソースを揃えておきたいところである。もちろん肉そのものの美味しさがポイントであるが、ソース類を掛けることによってより肉料理の味を引き立てる狙いである。

ランチセット販売で約980円から1500円までのメニューを選定しドリンク、サラダ付きのお値打ち価格で提供するスタイルである。その他レギュラーメニューより選定することも可能であるが、基本的には、ランチ需要については、周辺のサラリーマン、OL、主婦層など比較的時間制約がある客が多くなるだろうという設定をしている。

夜の営業については、サラダバーは別メニューとして主料理とは別の注文にしているが、夜のセットお値打ちメニューはサラダバーを付けて価格設定すると良いだろう。

肉はチルドで炭火焼きのチャコールグリルを使用し入り口近くに焼き場コーナーを配置しデモンストレーション演出している。その他魚料理など焼くという料理についてはすべて炭火焼きで調理し提供する仕組みにしている。

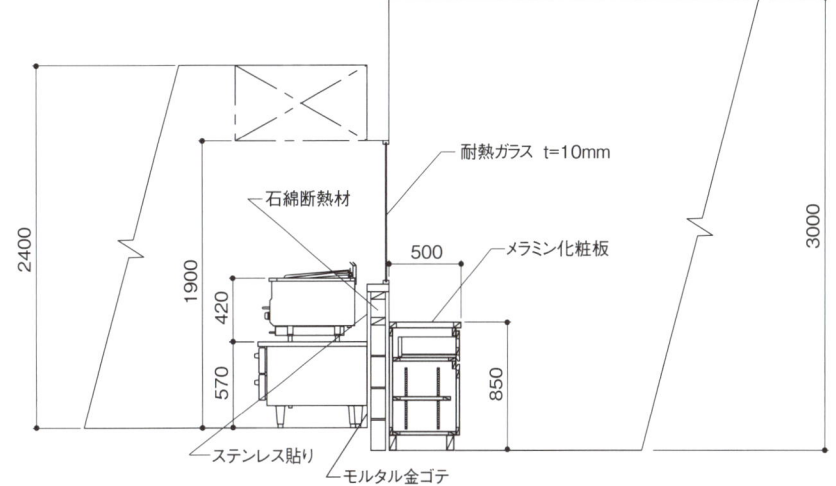

ステーキレストラン●A-1断面図　1:50

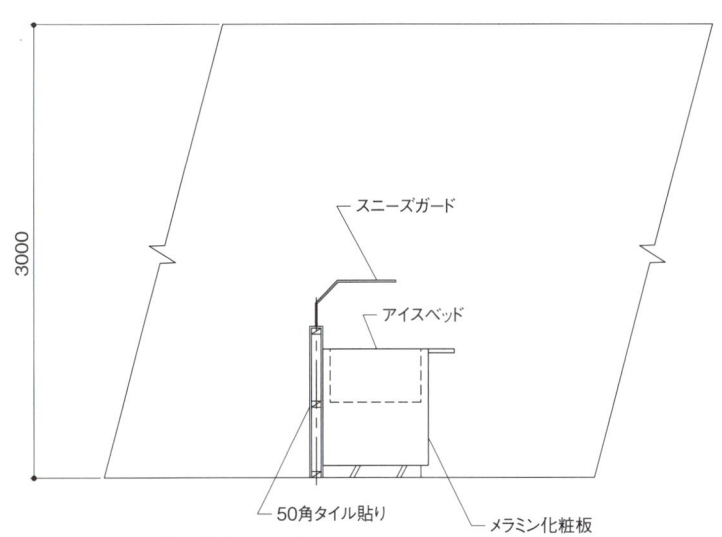

ステーキレストラン●A-2断面図　1:50

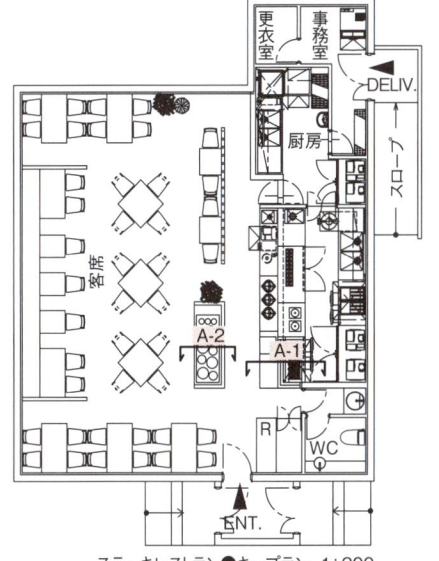

ステーキレストラン●キープラン　1:200

ゾーニング計画と設計ポイント

この物件条件は、都心部に近い郊外型立地であり幹線道路に面しており、各スペースの大きさや配置については自由にゾーニング区画できる。

近年の傾向としては郊外型立地を新規に計画するよりも、空き物件を選定することが多く、いかに低投資で高い効率を上げるという視点で店づくりが計画されることが多くなってきている。

したがってすべての業態を新規に立てることが方法ではなく、郊外型あるいは都心部に近い立地で業態に適合する物件があれば、選定方法や物件も吟味することも大切であろう。基本的に、郊外型スタイルの場合には、複数の物件を同じスタイルのゾーニング計画や企画で展開を進めることが一般的であり、店全体の建坪や駐車スペースをどのぐらい確保するのかなど、種々の土地形状に適合するように計画することも効率性を上げるポイントのひとつである。

郊外型スタイルの飲食店の場合には、キッチンエリアの背後に室外機、ダストスペース、洗濯機、ドライストレージなど別棟に立てることが多く、食材、その他の搬入出入り口はバックエリアに近い位置に配置することが一般的である。

全体のゾーニング計画としては、メインとなる客席が道路側を向くように計画することが通常であり、駐車場と店内への入り口の位置計画も、自転車、歩いて来店する客も想定し計画することが大切である。

厨房設備機器リスト

No	品名	台数	寸法(mm)			配管接続口径(A)			ガス		電気容量(kW)		
			W	D	H	給水	給湯	排水	口径	Kw	単相100V	単相200V	三相200V
1													
2	アイスベット(サラダバー)	1	2100	750	250			40					
3	ワークテーブル	1	1500	500	850								
4	IH炊飯保温ジャー	1	430	500	390							4.6	
5	ワークテーブル	1	1450	500	850								
6	スープウォーマー	1	365	315	375						0.3		
7	スープウォーマー	1	365	315	375						0.3		
8	スープウォーマー	1	365	315	375						0.3		
9	製氷機	1	630	450	800	15		40			0.4		
10	生ビールサーバー	1	255	553	570						0.3		
11	エスプレッソマシン	1	380	450	395							1.4	
12	ドリンクテーブル	1	1800	600	850	15x2		40					
13	シンク付ワークテーブル	1	1000	750	850	15	15	40					
14	冷蔵コールドテーブル	1	1500	600/750	850			40			0.2		
15	電磁調理器	1	900	600/750	850								6.0
16	ワークテーブル	1	230	600	300								
17	冷蔵ドロワーコールド	1	1200	600	550			40			0.4		
18	チャコールブロイラー	1	970	600	420				15	2.5			
19	排気フード	1	1150	750	下端1900						0.1		
20	冷凍冷蔵庫	1	1500	800	1890			40					0.7
21	ワークテーブル	1	280	750	300								
22	冷蔵ドロワーコールド	1	1200	750	550			40			0.4		
23	卓上フライヤー	1	370	750	300				15	7.0			
24	卓上フライヤー	1	370	750	300				15	7.0			
25	ワークテーブル	1	180	750	300								
26	排気フード	1	1000	950	下端1900						0.1		
27	オーバーシェルフ	1	1950	350	1段								
28	シンク付ワークテーブル	1	2100	750	850	15x3	15x2	40x2					
29	炊飯カート	1	450	450	150								
30	IH炊飯保温ジャー	1	430	500	390							4.6	
31	冷凍冷蔵庫	1	1200	800	1890			40					0.7
32	オーバーシェルフ	1	1700	350	1段								
33	ソイルドディッシュテーブル	1	2100	750	850	15x2	15x2	40x2					
34	排気フード	1	1100	800	下端1900								
35	食器洗浄機	1	600	600	1430		15	40	15	11.0			4.0
36	クリーンディッシュテーブル	1	800	750	850								
37	オーバーシェルフ	1	650	350	1段								
38	手洗器	1	410	320	760	15		40					
39	シェルフ	1	909	460	1867								
40	シェルフ	1	1212	307	1892								
41	製氷機	1	700	790	1790	15		40x2					1.1
	合 計									27.5	2.8	10.6	12.5

①郊外型の場合には、店として一般道路のレベルより高くないと目立たないので、建物の床の位置は一般道路から約450ミリ以上の位置になるように、階段などで床レベルを上げておくこと。
②店内のフロアレベルは、キッチンエリアと客席フロアが同じレベルになるように計画すること。
③業態としてのデモンストレーションの位置としては、入り口周辺かつ客席からも十分に視線が通る位置に配置すること。
④サラダバーなど客席にコーナーを配置する場合には、客席同士の間隔やコーナー前のスペースを十分確保する。
⑤排気設備計画については、基本的には通常のテナント物件とさほど変わらないが、建物屋上にダクトを上げるか、建物周辺に住宅が隣接していなければ、キッチンエリアの背後に開口部を設けてシロッコファンで排気するなどいずれかの条件に合わせて選定する。
⑥プロパンガスを使用する場合には、プロパン専用の倉庫（鍵付き）をキッチンエリアの背後に配置すること。近年ではプロパンガスのタンクも個別プロパンではなく、固定型のガスタンクにガスを補充するスタイルもあるため、その地域の状況を調べておくこと。
⑦キッチンエリアはセミオープンキッチンスタイルの配置計画をとり、洗浄エリアは客席から見えないようにしておくこと（理想的にはキッチンエリア調理セクションとも区画しておくことが衛生的である）。

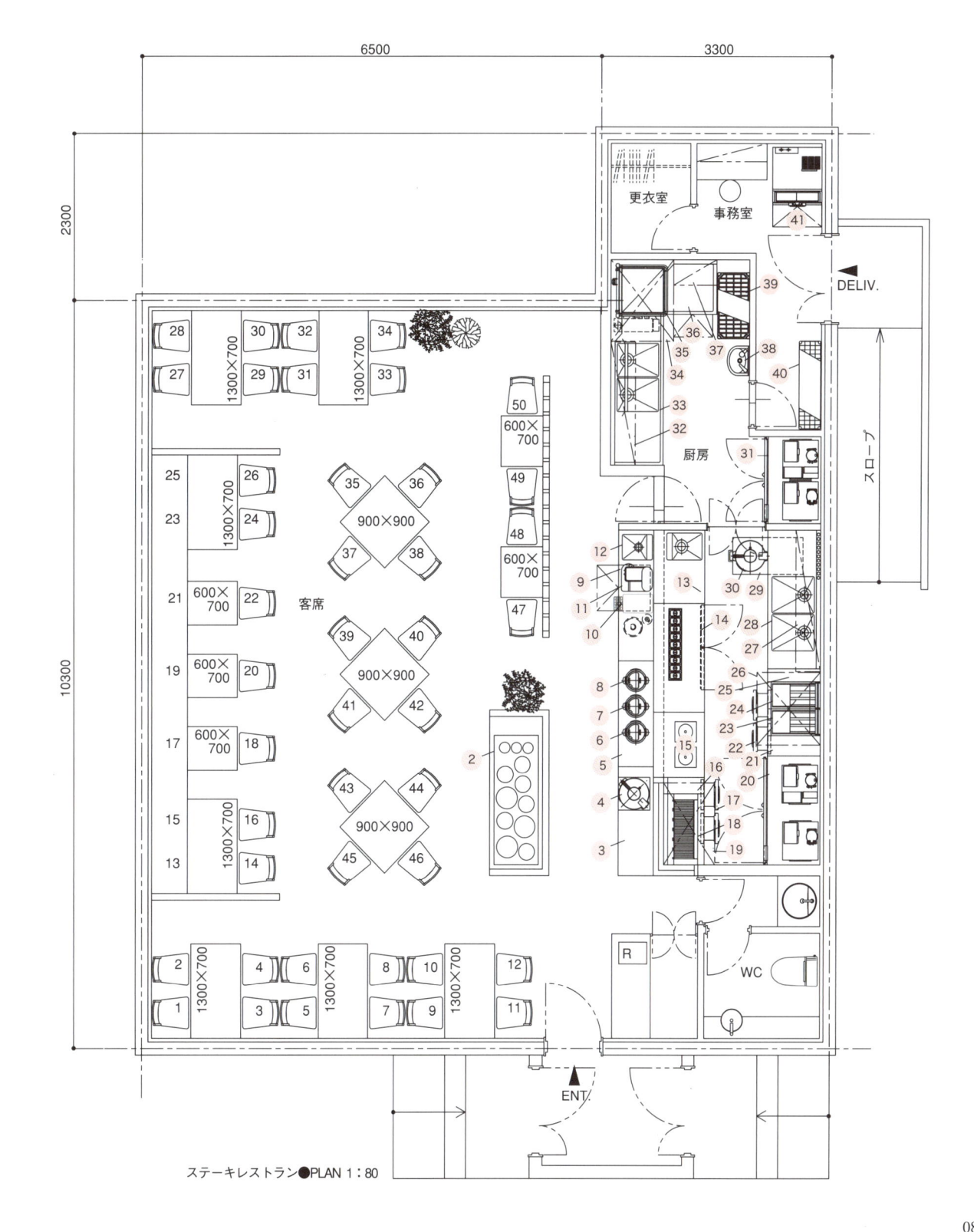

ステーキレストラン●PLAN 1：80

| カジュアルフレンチレストラン | 140.4m² | 52 seats |

フレンチ料理を健康志向で提供する

総投資金額（保証金その他備品除く）：3600万円
月商売上高：1100万円
回転率：昼2.5回　夜2回
平均客単価：昼1500円　夜2800円
店舗面積：140.4m²
厨房面積（バックヤード含む）：43.6m²
客席面積（トイレ含む）：96.8m²
客席数：52席

業態特徴とイメージ・コンセプト

フランス料理を肩肘張らずに気軽に利用できる店であり、女性客の健康志向に配慮した美味しいカジュアルフレンチの店を目指すものである。

社会的景気後退の煽りを受け飲食業界全般的に客数減少や不振に喘いでいる中においてカジュアルフレンチ店においても例外ではないだろう。

これまでの一般的なコンセプトとは一線を隔した独自のオリジナリティーがなければ、なかなか集客できないということが現実である。

この事例では、すべての素材や野菜などトレサビリティー、産直、有機素材など女性客が注目しているキーワードを店としてのコンセプトとして実現化することであり、より料理の素材にこだわりを持った店である。

客層は女性客の20歳から50歳ぐらいまで、サラリーマン、ファミリー客など幅広い年齢層が気軽に利用できるように、低価格高付加価値のフランス料理を提供することが地域一番店になるポイントになるだろう。

ランチ需要に対応するメニューとしては、約5種類のセットメニュー、コースを提案し、1000円から2800円、3500円まで客の利用動機に合わせてメニューを選択できるようにしている。

特に料理内容については、セット、コース料理に限らずメイン以外は少量多品種の白い皿をキャンバスに彩豊かに料理を盛り付ける、女性客を意識したコンセプトを訴求している。

またデザートについても自然野菜を利用したケーキだけでもテイクアウトできるように

厨房設備機器リスト

No	品名	台数	寸法(mm) W	D	H	配管接続口径(A) 給水	給湯	排水	ガス 口径	KW	電気容量(kW) 単相100V	単相200V	三相200V
1	冷凍冷蔵庫	1	1800	650	1890			40					0.7
2	オーバーシェルフ	1	1800	300	1段								
3	二槽シンク	1	1800	600	850	15x2	15x2	15x2					
4	オーバーシェルフ	1	850	300									
5	炊飯テーブル	1	850	600	850								
6	IH炊飯保温ジャー	1	430	500	390							4.6	
7	炊飯カート	1	500	500	200								
8	冷蔵コールドテーブル	1	1500	750	850			40			0.3		
9	オーバーシェルフ	1	2300	300	1段								
10	ワークテーブル	1	600	750	850								
11	排気フード	1	900	800	下端1900						0.1		
12	冷蔵ドロワーコールド	1	1200	600	550			40			0.4		
13	グリドル	1	600	600	300								6.1
14	ワークテーブル	1	1200	750	300								
15	ワークテーブル	1	1050	750	850								
16	ゆで麺器	1	550	750	850		15	40					12.0
17	一槽シンク	1	500	750	850	15	15	40					
18	ガスレンジ	1	1200	750	850				25	41.4			
19	排気フード	1	2600	1000	下端1900						0.2		
20	ワークテーブル		600	750	850								
21	冷蔵コールドテーブル	1	1200	750	850			40			0.2		
22	オーバーキャビネット&シェルフ	1	1200	600	750 1段								
23	冷蔵コールドテーブル	1	1200	750	850			40			0.2		
24	シンク付ワークテーブル	1	1700	750	850	15	15	40					
25	ワークテーブル	1	1200	750	850								
26	冷蔵ショーケース	1	750	450	800						0.2		
27	製氷機	1	630	525	820	15		40			0.4		
28	ドリンクテーブル	1	2900	600	850	15x2		40					
29	ミルククーラー	1	220	325	315						0.2		
30	エスプレッソマシン	1	510	660	840	15		60					4.7
31	冷蔵ショーケース	1	1500	750	1200			50			0.2		0.8
32	オーバーシェルフ	1	1650	300	1段								
33	ソイルドディッシュテーブル	1	2050	750	850	15x2	15x2	40x2					
34	排気フード	1	1100	800	下端1900								
35	食器洗浄機	1	600	600	1430		15	40	15	11.0			4.0
36	オーバーシェルフ	1	950	300	1段								
37	クリーンディッシュテーブル	1	1150	750	850								
38	シェルフ	1	1212	535	1867								
39	製氷機	1	700	790	1790	15		40x2					1.1
40	手洗器	1	410	320	760	15		40					
	合計									52.4	2.4	4.6	29.4

客席

WC　更衣室　事務室　厨房

ENT.

カジュアルフレンチレストラン●PLAN 1：80

し、店内需要だけではなく、気軽に店に来店できる環境を作りだしている。

夜はコース料理とカルト料理が主体となるが、客単価としては2800円から3800円、5000円のコース料理、その他約800円から2200円の単品メニューを揃えており、夜の酒菜料理にも合うようにメニュー構成をしている。

カジュアルフレンチというコンセプトであるものの、テーブルには基本的には、クロスとプチ花瓶をひとつひとつのテーブルにセットしたフランス料理のステータス性も維持している。

キッチンエリアは、洗浄エリア、バックヤードは隠し、キッチンが食への期待を高める一つの演出としてセミオープンキッチンにしている。

オープンキッチンといえどもすべてのキッチンを開放するのではなく、客席エリアにはドリンクラインを配置、直接客席から丸見えにならない配慮をしていることやレジ、デザートショーケース側はガラスのパーティションでキッチンエリアの雰囲気が感じられる程度に開放を抑えている。

夜の時間帯は、比較的予約客や一般客でも気軽にコース料理を注文できる環境にあるため、キッチンから客席エリアへの料理のサービス頻度が高くなる。

特にバンケット席を配置している場合には、事前にコース料理内容が予約段階でわかるため、一般的な料理提供の繁忙に左右されることなく、スムーズに料理を提供できるキッチン計画にしておくことが大切である。

ゾーニング計画と設計ポイント

この物件条件は幹線道路に面し、周辺は高級スーパー、住宅地が点在する3階建てのビルの1階に位置しており、物件周辺が住宅地であることに配慮して計画に臨む必要があるだろう。

この物件の設備は、入り口に向かって正面後方に集中しているため、ゾーニング計画としては、キッチンエリアを入り口に対面あるいは右側のエリアにキッチンエリアを配置するかのいずれかの選択になるだろう。

ゾーニング計画の基本は、ダイニングとキッチンのバランスや相互機能を配慮し計画することは当然のことであるとともに、特に重要なことは、コンセプトに沿った計画を実現できるか否かが大きなポイントになる。

この計画の場合には、入り口右側にキッチンエリア、左側に客席エリアを配置し、繁忙時でも料理が遅延なく提供できるように、ディッシュアップの中心を客席エリアに提供しやすい位置にしている。またケーキのテイクアウトコーナーを配慮すると、入り口の周辺にケーキショーケースを配置することが理想的になろう。

キッチンエリアはカジュアルフレンチというコンセプトを訴求するためにセミオープンキッチンスタイルのキッチン内の作業が見え隠れするように演出している。

①客席のスタイルを計画する場合には、来店する客層や構成する人数を想定し、2人、4人、ベンチシート席、個室など種々の席を計画することが基本になるが、テラス席を計画する場合には、予約あるいは来店する客層に合わせて誘導すること。

②キッチンエリアを開放する場合には（業態によっても異なるが）、キッチン内にもインテリアデザインに合わせた装飾をすること。ただし業態のコンセプトに合わせてあまりキッチン内の作業のざわめきが店内に漏れないように区画することが大切である。特にレジ側は完全に区画することがポイントである。

③客席計画についても一般的には、客単価が上昇するほど客席環境は良くなるが、あくまでもカジュアルの場合には、客の賑わいが店内のBGMになるように、客席間隔も広くすることはなく、狭くともサービスに支障がなければ良いだろう。

④カジュアルレストランで個室バンケットを計画する場合、繁忙時間帯の予約を受けるときにはコース料理の注文を主体に受けること。

⑤飲食店の場合にはトイレの位置は客席の奥側に配置することが多く、業態によっては入り口周辺に計画するなどさまざまであるものの、ゾーニング計画で考えなくてはならないことはキッチンエリア、ダイニング、レジ、トイレ付帯設備の順で全体の計画を進めること。業態によっては入り口周辺にトイレを計画すると繁忙時に入り口周辺が混雑する場合もあるため注意する。

⑥バンケット席を配置する場合には、専用のサービスステーションをキッチンとバンケットの間に配置すること。

⑦一般の客席とキッチンのパントリー機能については、ディッシュアップの向い側に配置し、料理提供時に周辺準備ができるように配慮しておく。

カジュアルフレンチレストラン●A-1 断面図 1：50

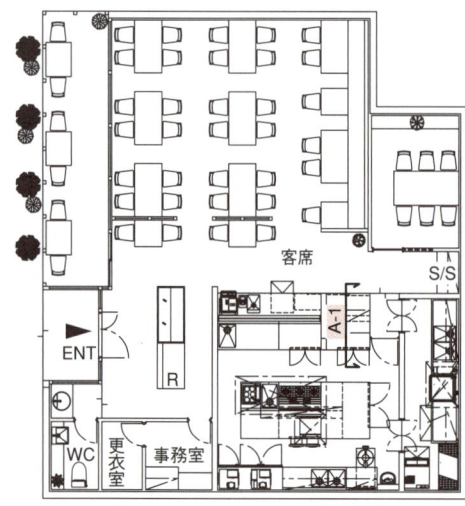

カジュアルフレンチレストラン●キープラン 1：200

生麺スパゲティー専門店

68.9m² | 54 seats

コシがしっかりとした生麺の食感が魅力

総投資金額（保証金その他備品除く：2000万円
月商売上高：700万円
回転率：昼3.5回 夜2回
平均客単価：昼890円 夜1200円
店舗面積：68.9m²
厨房面積（バックヤード含む）：20.6m²
客席面積（トイレ含む）：48.3m²
客席数：54席

業態特徴とイメージ・コンセプト

この店の業態コンセプトは、デュラム・セモリナ粉と水を配合した手作りの生麺を麺製造機で製造したものを提供することにある。
一人前ずつパスタを丁寧に機械から押し出されるスパゲティーを小分けして、容器に粉を振りかけて冷蔵庫で保管した麺を注文ごとに、茹で麺機で茹で上げる本格的生麺スパゲティー専門店である。
いまや生麺を使用するイタリア料理店やスパゲティー店などが増加傾向にあるものの、粉の配合によって麺の特徴や美味しさは異なるものであり、コシがあるもっちりとした食感に仕上げることに、固定客や新規顧客を誘導する魅力がある。
ターゲットとする客層は男女問わずスパゲティーが好きな人であれば、年齢は問わず、幅広い客層に対応できる業態のひとつであろう。
麺だけのテイクアウトも1人前から販売する仕組みであり、冷蔵庫で約3日間は保存可能である（夏の暑い期間はテイクアウトはしない）。

スパゲティーの価格帯は680円から890円以内で料理を楽しんでもらえるように価格調整をしていることや、生麺であるため茹で時間は約3分で茹で上げることができるため、スピーディーな提供が可能である。
スパゲティーメニューの種類はランチの繁忙時には、ランチメニューとして8品にバリエーションから選定するものの、通常時は15品ほどのスパゲティーの種類を揃えているため、種々な味を楽しめあきがこないことも、専門店の魅力の一つであろう。

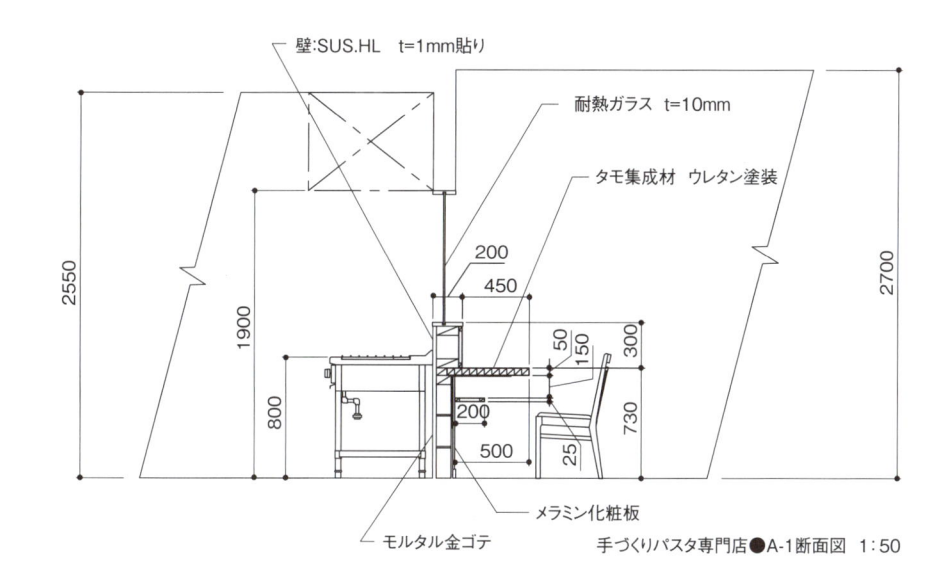

手づくりパスタ専門店●A-1断面図 1:50

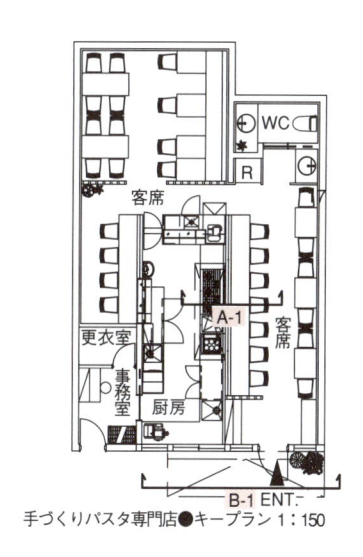

手づくりパスタ専門店●キープラン 1:150

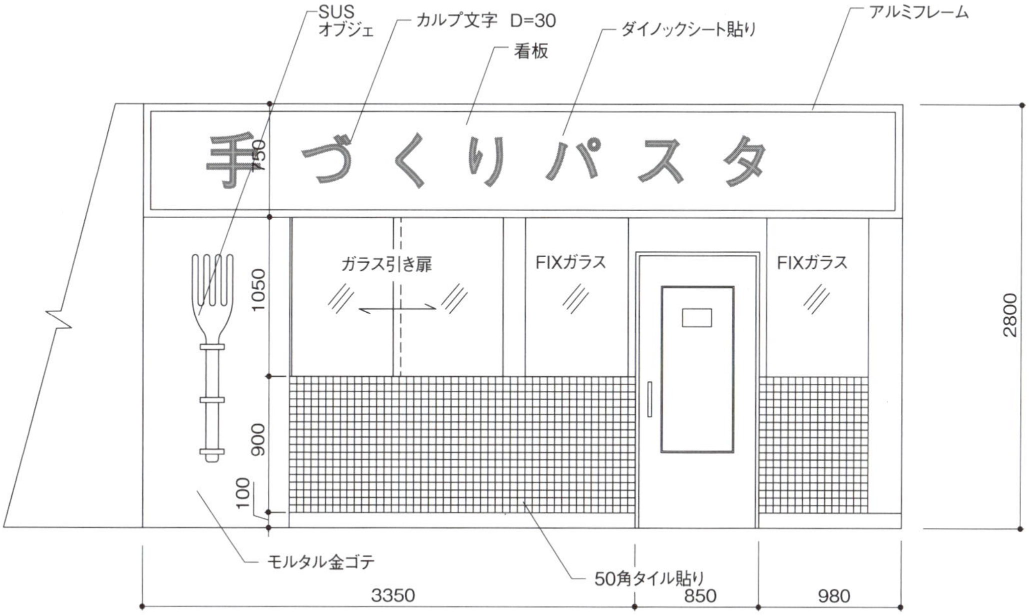

手づくりパスタ専門店●B-1展開図 1:50

ゾーニング計画と設計ポイント

2階建てRC造の1階路面に位置しており、設備は入り口奥のトイレ周辺に集中している。既存設備エリアを利用してキッチンや水まわりを奥側に計画したほうが、設備費用や設備経路の上からも良いことではあるが、キッチンを奥に引っ込めるとオープンキッチンの開放や露出度が少なくなってしまうことや、キッチンを回るようにカウンター席を配置するという計画ができなくなる。また、店頭でのパスタの販売やスパゲティーを製造する工程を演出として訴求するためには、キッチンスペースは入り口周辺に配置しなければ、各施設構成が成立しにくい。

この物件は1階に位置していることと、地下がないことから床を下げて設備計画をできるため、キッチンエリアとトイレの水まわり部分の防水をすれば、入り口からの床レベルはすべて水平にできるため、カウンターへの料理のサービスやその他の客席へのサービスもスムーズにできる。

また物件の天井の高さは一般的な2800ミリであるため、キッチンエリアは天井にボードを貼るが、その他の客席の天井はスラブをむき出しにして装飾は塗装で処理することにしている。

キッチンからのダクトは天井途中にむき出しになるものの、スラブの黒塗装と合わせてダクトも同色として圧迫感のない空間にしている。

①保健所からキッチンをボード貼り天井とするように必ず指導されるが、通常その他のエリアの天井がスラブであっても問題はない。ただし天井スラブに密着しない戸棚、またダクトなどが中に浮いている場合にはホコリ溜まりになるため改善指導を受ける場合がある。

②生スパゲティーの製造工程を入り口周辺で演出訴求する場合には、製造機器から押し出されるパスタを一定の長さにカットし保管庫に収納する工程が、店に入ることを待っている客にもよく見えるように、ガラスのレール受けの腰壁の高さは1000ミリ程度に納まるようにその寸法を検討しておくこと。

③オープンキッチンはすべて開放しているため、キッチンで働くスタッフの作業工程や手元まで見えることになり、常に衛生管理には配慮しておく必要がある。またストーブ、茹で麺機のカウンターとの間には耐熱ガラスで区画し客席に熱や油煙が流れないようにしておく。

④レジは、スタッフの作業上から入り口周辺に配置することが一般的であるが、店のスペースが狭く入り口周辺がデモンストレーションコーナーになっている場合には、客席での精算もサービスのひとつである。レジの位置は客席担当のスタッフが常に立つ場所に配置することが効率的である。

⑤インテリアイメージは、"スパゲティー"であるということでイタリアイメージにこだわる必要はなく、むしろ主客層に合わせた清潔かつ明るいナチュラルな木調イメージのデザインであれば問題はないだろう。

厨房設備機器リスト

No	品名	台数	寸法(mm)			配管接続口径(A)			ガス		電気容量(kW)		
			W	D	H	給水	給湯	排水	口径	KW	単相100V	単相200V	三相200V
1	シェルフ	1	756	460	1867								
2	パスタマシン	1	650	420	525	15		40			0.8		
3	ワークテーブル	1	2300 2400	600 700	850	15	15	40					
4	冷蔵コールドテーブル	1	1200	600	850			40			0.2		
5	排気フード	1	2550	850	下端 1900						0.2		
6	ゆで麺機	1	550	700	850		15	40					12.0
7	一槽シンク	1	500	700	850	15	15	40					
8	ガステーブル	1	1200	700	850				25	41.4			
9	ワークテーブル	1	650	700	850								
10	エスプレッソマシン	1	380	450	395						1.4		
11	製氷機	1	630	585	820	15		40			0.4		
12	ドリンクテーブル	1	1700	800	850	15x2		40					
13	冷蔵ショーケース	1	1200	400	365						0.3		
14	冷蔵ショーケース	1	750	450	800						0.2		
15	手洗器	1	410	320	760	15		40					
16	冷蔵ショーケース	1	1200	400	365						0.3		
17	冷蔵コールドテーブル	1	1500	600	850			40			0.2		
18	オーバーシェルフ&キャビネット	1	900	300	900 1段								
19	ソイルトディッシュテーブル	1	750	600	850	15	15	40					
20	食器洗浄機	1	600	600	850		15	HT40x2					5.1
	合　計									41.4	4.0	0.0	17.1

客席

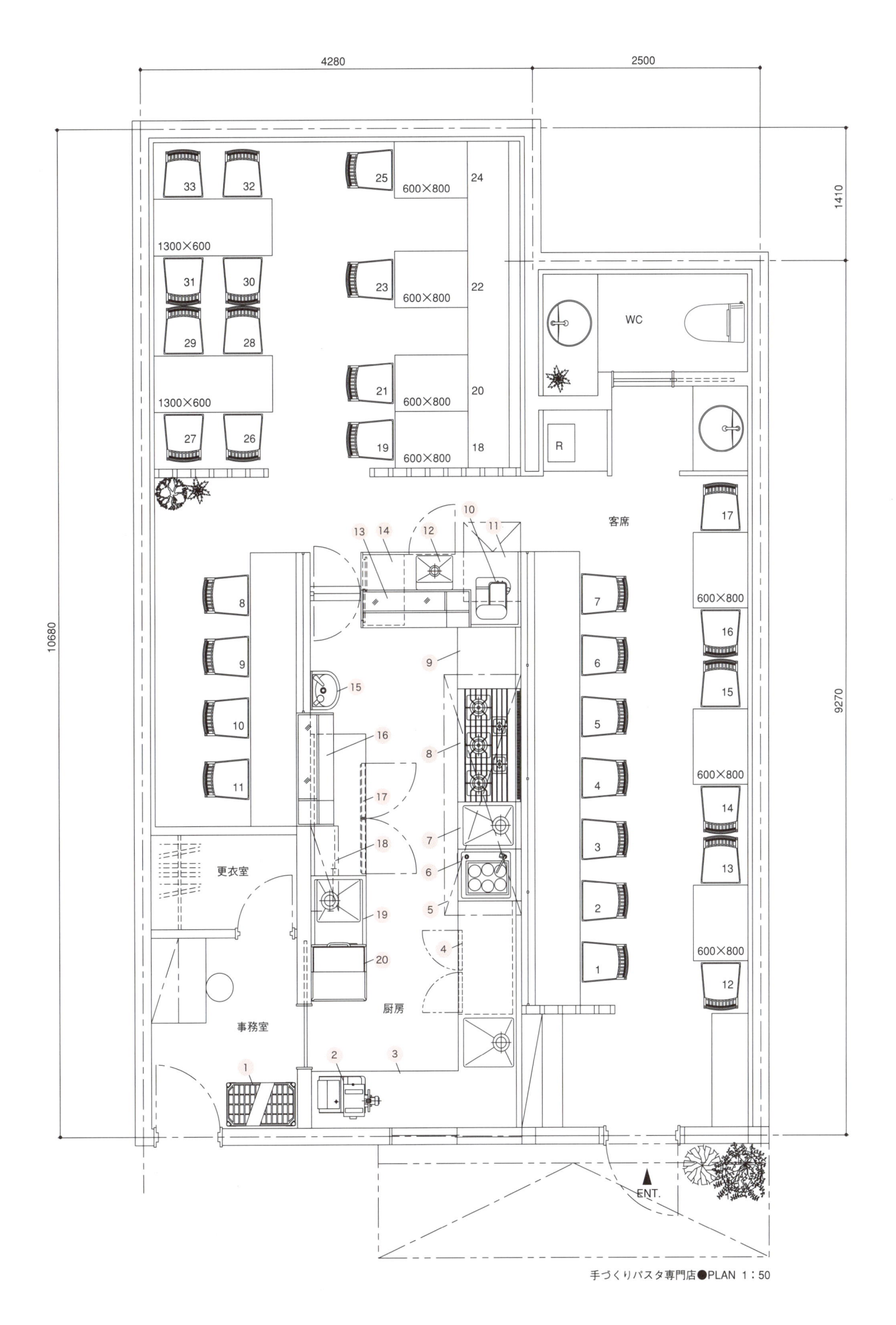

WC

更衣室

事務室

厨房

ENT.

手づくりパスタ専門店●PLAN 1:50

イタリア（トラットリア）料理店

171.8m² | 66 seats

肩肘張らずに美味しいイタリア料理を提案

総投資金額（保証金その他備品除く）：3850万円
月商売上高：900万円
回転率：昼3回　夜2回
平均客単価：昼1000円　夜2800円
店舗面積：171.8m²
厨房面積（バックヤード含む）：59.5m²
客席面積（トイレ含む）：112.3m²
客席数：66席

業態特徴とイメージ・コンセプト

この店の業態コンセプトは、気軽に本格的なイタリア料理をオープンキッチン空間で調理の臨場感を楽しめる店であり、ゲストのニーズに合わせてコース料理やカルト（単品）料理を自由に注文できる店である。

イタリア料理は、すでに日本の食文化として定着していると言っても過言ではなく、スパゲティー、ピッツァ、パスタ、肉料理、魚料理、リゾットその他マリネ料理に至るまで美味しく食べることができる店も多い。

ターゲットとする客層はやはり女性客を主軸におき、男女ペア、ファミリーなど幅広く集客できる業態であることだ。立地によって土日祝日はファミリー客で店内は満席になることもしばしばであり、年齢を問わず支持されている業態である。

都心部にはイタリアレストランが数多くひしめき合っており、いかに付加価値の高い料理とサービスが提供するかがビジネスとして成

厨房設備機器リスト

No	品名	台数	寸法(mm) W	D	H	配管接続口径(A) 給水	給湯	排水	ガス 口径	Kw	電気容量(kW) 50Hz 単相100V	単相200V	三相200V
1	冷凍冷蔵庫	1	1500	650	1890			40					0.7
2	シンク付ワークテーブル	1	2270	600	850	15x2	15x2	40x2					
3	パイプシェルフ	1	2270	300	1段								
4	冷蔵コールドテーブル	1	1200	600	850			40				0.2	
5	オーバーシェルフ	1	1050	300	1段								
6	パスタボイラー	1	550	600	850		15	40					9.0
7	排気フード	1	850	750	下端1900						0.1		
8	シンク付ワークテーブル	1	1000	600	850	15	15	40					
9	パイプシェルフ	1	850	300	1段								
10	ワークテーブル	1	1500	750	850								
11	排気フード	1	3050	1800	下端1900						0.4		
12	冷蔵ドロワーコールド	1	1200	750	550			40				0.4	
13	ワークテーブル	1	600	750	300								
14	グリドル	1	600	750	300				20	12.2			
15	ワークテーブル	1	800	750	850								
16	配管スペース	1	2000	150	1000								
17	チャコール	1	1200	750	300				25	17.4			
18	冷蔵ドロワーコールド	1	1200	750	550			40				0.4	
19	ワークテーブル	1	200	600	850								
20	パイプシェルフ	1	2000	600	1段								
21	ローレンジ	1	600	600	450	15			25	17.4	1.1		
22	ガスレンジ	1	1200	600	850				25	41.9			
23	冷蔵コールドテーブル	1	1500	750	850			40				0.3	
24	オーバーシェルフ	1	1500	600	1段								
25	一槽シンク	1	650	600	850	15	15	40					
26	冷蔵コールドテーブル	1	1500	600	850			40				0.2	
27	冷蔵コールドテーブル	1	1500	600	850			40				0.2	
28	一槽シンク	1	900 1200	600	850	15	15	40					
29	ワークテーブル	1	2000	600	850								
30	冷蔵コールドテーブル	1	1200	750	850			40				0.2	
31	オーバーシェルフ	1	1800	300	2段								
32	一槽シンク	1	550	600	850	15	15	40					
33	排気フード	1	1250	1600	下端1900								
34	ピザ釜	1	910	1310	1790				15	21.5	0.3		
35	シェルフ	1	1366	460	1867								
36	クリーンディッシュテーブル	1	1100	650	850								
37	オーバーシェルフ	1	900	300	1段								
38	食器洗浄機	1	600	600	1430		15	40	15	11.0			4.0
39	排気フード	1	1200	800	下端1900								
40	オーバーシェルフ	1	1000	300	1段								
41	ソイルドディッシュテーブル	1	1200 2100	750 650	850	15x2	15x2	40x2					
42	オーバーシェルフ	1	1200	300	1段								
43	シェルフ	1	756	460	1867								
44	手洗器	2	410	320	760	15x2		40x2					
45	食器戸棚	1	1200	450	1800								
46	ディッシュアップテーブル	1	1500	800	850								
	合計									121.4	3.8	0.0	13.7

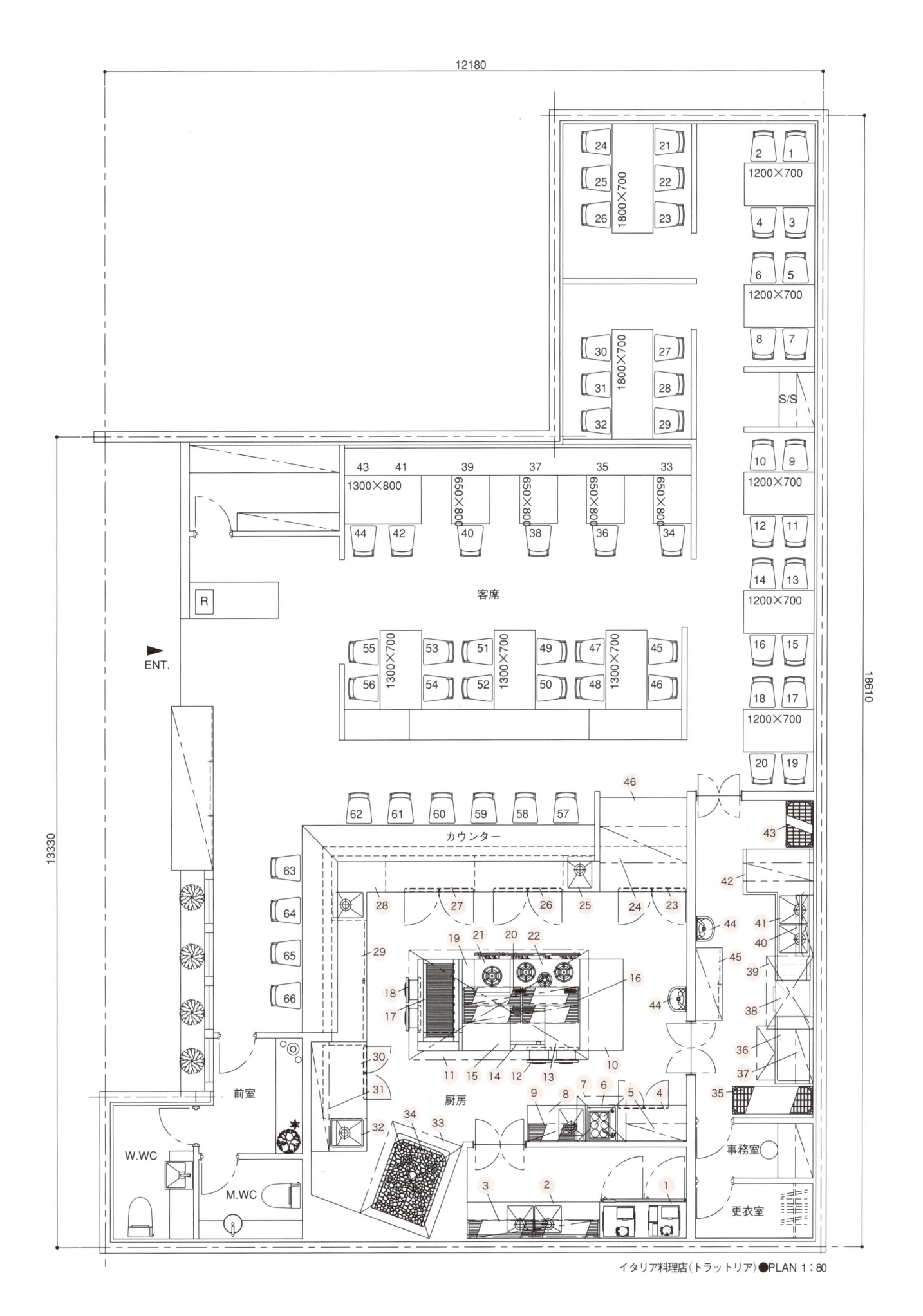

客席
カウンター
厨房
前室
W.WC
M.WC
事務室
更衣室
ENT.

イタリア料理店（トラットリア）●PLAN 1:80

立するポイントであろう。

昼はランチセット1000円でスパゲティー、肉料理、魚料理とサラダ、ドリンク付きで気軽に楽しめる料理を訴求し、女性客、サラリーマン、ヤングアダルトなど集客することがポイントになるだろう（ドリンク類はセルフサービススタイルとしてもよい）。

夜の価格帯については、2500円から3800円以内でカルト料理、コース料理まで気軽に楽しめる内容にするなど、ともかく安く付加価値が高い店でなければ、業態として成立しないことを理解しておくことだ。

それでなくともイタリア料理店は競合店が多く、過当競争の中で繁盛店も多いものの、店としての特別なこだわりや特徴がなければ成立しないことは周知のとおりであろう。

ゾーニング計画と設計ポイント

この物件は、商業ビルの2階に位置しており、設備スペースは入り口右側に集中している。店のコンセプトから、オープンキッチンを実現するためにも、キッチンエリアは右側壁に合わせて確保することが理想的だろうし、デモンストレーション効果を考えたゾーニングを検討しておかなくてはならない。

この店の場合には、ナポリピッツァと美味しい肉料理を訴求するものであり、入り口周辺にチャコールグリル（焼き場）コーナーと、本格的ピッツァ石窯を配置している。

ピッツァ窯の天井には、排熱処理をしておかなくてはならない。天井は耐火ボードで天井区画するなど、熱が直接上に昇ることを防ぐディテールが必要である。

この物件のような商業ビルの場合には、階層との天井を比較的高く確保しているため、直接、排熱が上階のスラブに伝わることはないものの、ピッツァ窯のように、窯そのものの内部温度が350℃以上に達する場合には、外部温度はそれ以上になることも注意しておかなければならない。

またこのビルは、右側床レベルが逆スラブで−300ミリであるために、キッチンエリアと客席エリアの床レベルは同レベルにすることができた。

そのために臨場感のあるオープンキッチンカウンター席も、キッチンスタッフと同じ視線にあるため、料理もキッチン側からサービス効率的にできるようにしている。

①客席スタイルは、ゲストの幅広いニーズに対応できるように、カウンター席、2人、4人、個室を配置すること。

②客席フロアの通路幅、カウンター席の通路幅を広く確保することが理想的であることから主動線は800ミリ以上、副動線は650ミリから700ミリ確保しておくこと。本場イタリアのレストランでは席同士の幅も狭く、高級レストラン以外は比較的席が狭いのが常であるが、日本の場合には相席や隣人との接近を嫌うためゆったりとしたスペース確保が必要であろう。

③ストレージや洗浄エリアはキッチンスペースや客席フロアとは区画すること。洗浄エリアの食器類を洗浄する音などフロアに漏れないことが原則である。

④業態によっても異なるが60席を超える場合や、女性客をターゲットの主軸にする場合には、トイレは2室計画すること。女性客のパウダースペースは比較的広く確保しておくことが理想的である。

⑤インテリアデザインは、女性客を意識した明るい木調とイタリアンタイルをうまく調和させるように空間を構成すること。特にイタリアのイメージを誘張することもなく、空間として清潔かつ活気ある雰囲気を訴求することが大切である。

⑥バンケット（個室）を配置する場合には、コース料理となる場合が多く、細かいサービスが必要になるため、周辺にはサービスステーションを配置しておく。

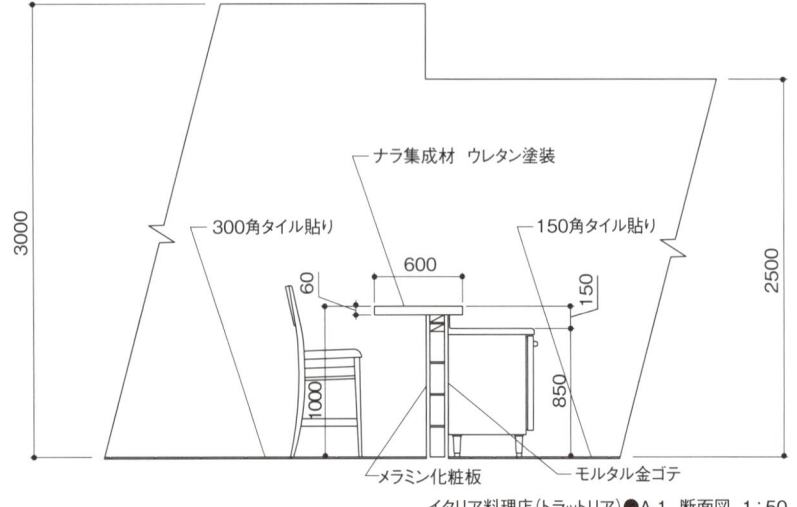

イタリア料理店（トラットリア）●A-1 断面図 1:50

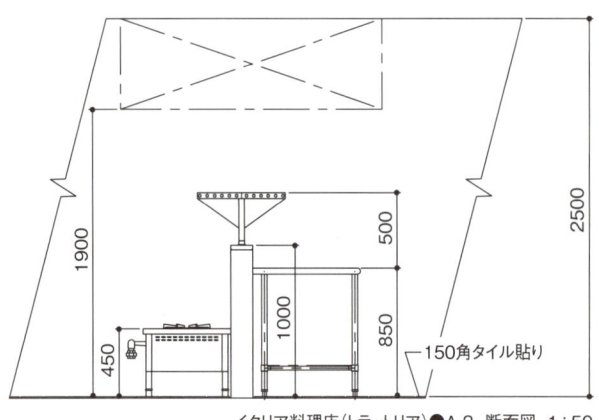

イタリア料理店（トラットリア）●A-2 断面図 1:50

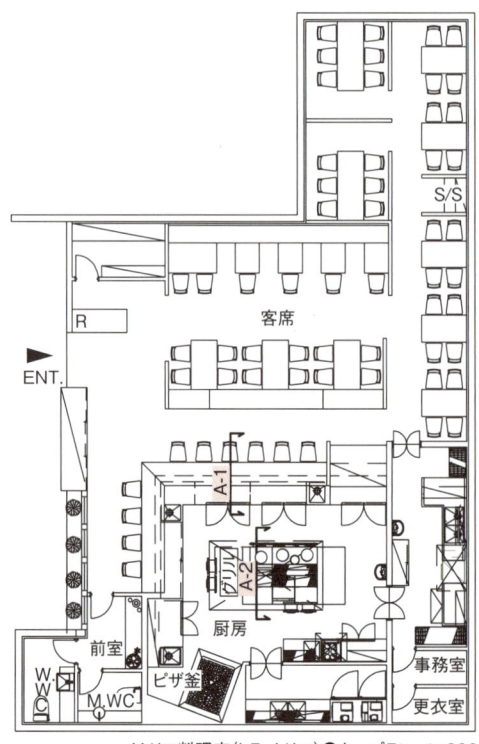

イタリア料理店（トラットリア）●キープラン 1:200

| インド料理レストラン | 83.9m² | 34 seats |

ナンとカレーの味で成否は決まる

総投資金額（保証金除く）：2100万円
月商売上高：630万円
回転率：昼2.5回　夜2.5回
平均客単価：昼890円　夜1800円
店舗面積：83.9m²
厨房面積（バックヤード含む）：28.7m²
客席面積（トイレ含む）：55.2m²
客席数：34席

業態特徴とイメージ・コンセプト

この店は、ナンとカレーの美味しい店としての訴求はもちろんのこと、その他インドの食文化を楽しんでもらうことをコンセプトとしている。

近年では都心部にインド料理店が増加傾向にあり、繁盛店のランチ時には店から溢れるほどの賑わいをみせている。ほとんどの場合、店のスタッフはインド人が多く、料理そのものも日本人の味覚に合わせた調整をしている。またランチバイキングやナン食べ放題など、1000円以内で食べられることなどお値打ち感ある店づくりが人気を博している理由であろう。

インドカレーの代表としては、チキン、マトン、レンズ豆を煮込んだ豆カレー、キーマカレー（鶏ミンチ）など比較的多種の香辛料を使用したカレーが基本になっていることがほとんどであろう。

本場インドカレーの味は辛いものが多いが、日本で開業しているインド料理店では辛味を抑えて仕込んでいることが多い。またインドでは40センチもあるナンが提供され、日本人はその大きさに驚く。ナンそのものはパンの一種で、もっちりとした味で薄いため少しずつ適量をちぎって好みのカレーを絡ませて食べることで種々のカレーの味を楽しめるところが注目される理由であろう。

この店の場合は、店がさほど広くないために、ランチタイムサービスは、ナンとライスお代わり自由のランチプレートとし、3種のカレーを15種類以上あるカレー味から選択できること、ナン、ライス、ソフトドリンクが付いて890円で提供することを計画している。カレーを食べた後のソフトドリンクには、ラッシーというヨーグルトドリンクが口の中の辛さを和らげる定番ドリンクであり、ラッシーを選ぶ人が多い。

夜の営業については、インド料理店で食事をするときの需要が高い料理の代表としては、タンドリーチキン、羊料理、鶏肉料理、豆料理など昼のランチバイキングとは逆に香辛料が強い本格的なインド料理に近い味で提供することを企画している。

日本人にとってカレーとは日常食であるとともに、専門料理店でも好んで食べるという嗜好がある。日本風カレーの繁盛店は多いものの、近年のインドカレーブームも十分に日本人の食文化に定着するものだろうし、なかなか日本人では調理できないカレーの味と種類の多さは、新しいカレー文化として認知されるはずだ。

ターゲットとする客層としては女性客、ファミリー、男性客など、年齢層は幅広い層を集客できる業態だが、立地によっては平日と日曜祝日では客層が変化することを想定しておく。

価格帯としては、昼は客単価1000円、夜は1800円から2300円前後に設定する。いかに固定客を定着させるかが成否に繋がるだろう。

ゾーニング計画と設計ポイント

この物件は、3階建てのビル1階に位置し、入り口に向かって右側奥に設備が集中している。ゾーニング計画としては、入り口正面にキッチンを配置すること、右側壁側に配置すること、図面のように左側に配する3通りのキッチンエリアの配置計画ができるが、入り口正面にキッチンエリアを配置することはコンセプトに適合していないため、右側あるいは左側にキッチンエリアを計画することが理想的であろう。

キッチンエリアを左右いずれかに計画するかの判断は、店前の人通りが左右どちら側から来る人の流れが多いのか、あるいはナン、タンドリー窯のデモンストレーションコーナーの視認性の良し悪しで計画することがポイントである。

入り口周辺にキッチンを配置する場合には、設備計画をする上で排気設備の系統が長くなるため、その十分な排気量を確保するだけの開口を計画できるかなど、設備調査段階でシミュレーションしておくことが大切である。洗浄エリア以外はほぼ開放したセミオープンキッチン計画としていることから、さらにカ

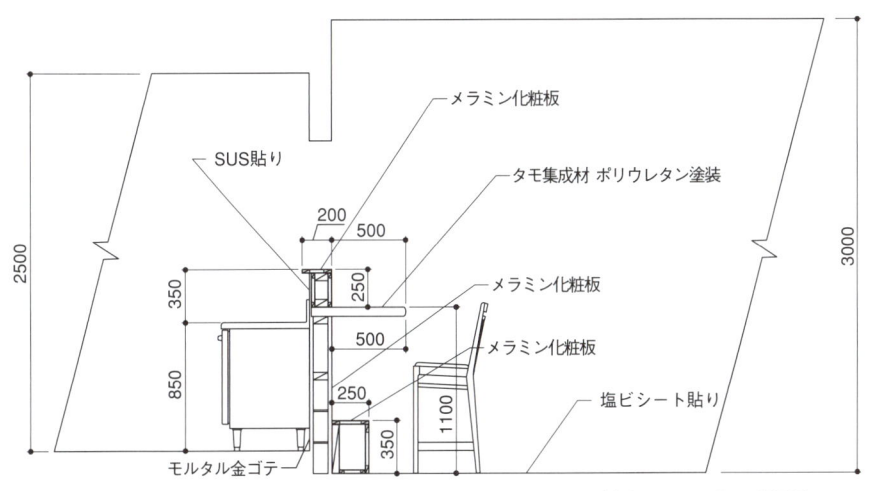

インド料理レストラン●A-1 断面図 1:50

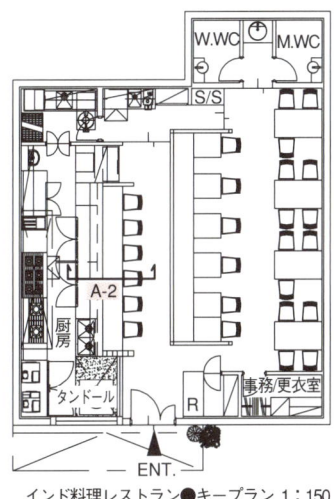

インド料理レストラン●キープラン 1:150

事例集　業種業態別平面計画

ウンター席もキッチンに隣接するように席を配置しており、キッチンエリアの熱源側の壁もインテリアの一連としてデザインしておくことが大切であろう。

①物件によっては入り口のサッシュがある場合と新規に造作しなければならない場合がある。この物件の場合には、入り口扉の高さ設定が店内の床に軽量コンクリートを150ミリ打った計画になっていたため、少しでも投資を下げるためには既存サッシュを再利用することとした。

②この物件の天井の高さは3000ミリあり、一般の物件の天井の高さよりも高いと言える。キッチンエリアは床を約300ミリまで上げなければならないが、限られたスペースを有効にデザインするためには、客席フロアの段差を計画するなど空間に変化を持たせることも一つのデザイン手法である。

③キッチンエリアには常にグリーストラップを設ける必要があり、排水設備計画をする上ではビル側の排水系統を考慮した計画にしなければならない。一般的には洗浄エリアに計画することが理想的であるが、排水経路を設定できない場合にはプレパレーションなどの水まわりに計画すること。グリーストラップは毎日あるいは1週間に一度は内部清掃しなければならないため、クッキングエリアなどの衛生管理を必要とする場所は避けること。

④事務所の配置は、シフトに入るスタッフの動きや流れを配慮すると、キッチンエリア周辺に計画することが理想的であるが、スペースに制約がある場合には、事務所のみを完全に分離しゾーニング計画をまとめること。

⑤タンドリー窯は土製で、壷状の窯を中央に配置し周辺をセメント、砂利、砂などで窯を固定する施工方法であり、窯の上部にタイル装飾などを施しコーナーを演出することが多い。インド料理店ではほとんどの場合には、木炭を熱源とした窯が主流であり、基本的には至極原始的な調理機器で炭のみの火力でナンやタンドリーチキンを焼き上げるため職人技が必要な窯である。

厨房設備機器リスト

No	品名	台数	寸法(mm) W	D	H	配管接続口径(A) 給水	給湯	排水	ガス 口径	Kw	電気容量(kW) 単相100V	単相200V	三相200V
1	手洗器	1	410	320	760	15		40					
2	オーバーシェルフ	1	1200	750	850			40			0.2		
3	冷蔵コールドテーブル	1	1850	350	2段								
4	排気フード	1	3650	900	下端1900						0.2		
5	フライヤー	1	370	750	850				15	10.5			
6	ワークテーブル	1	700	750	850								
7	オーブンレンジ	1	1200	750	850				25	33.7			
8	ローレンジ	1	1200	750	450				25	34.9			
9	ワークテーブル	1	450	750	850								
10	冷凍冷蔵庫	1	1500	800	1890			40					0.7
11	タンドール	1	1500	1100	800								
12	排気フード	1	1500	1100	下端1900						0.1		
13	二槽シンク	1	1000	600	850	15x2	15x2	40x2					
14	冷蔵コールドテーブル	1	1200	600	850			40			0.2		
15	冷蔵コールドテーブル	1	1200	600	850			40			0.2		
16	ワークテーブル	1	600	600	850								
17	オーバーシェルフ&キャビネット	1	1000	350	(900)								
18	IH炊飯保温ジャー	1	430	500	390							4.6	
19	ディッシュアップテーブル	1	1000	1200	850								
20	シェルフ	1	756	613	1867								
21	食器洗浄機	1	600	600	1380		15	HT40x2					5.1
22	オーバーシェルフ	1	1500	300	1段								
23	炊飯カート	1	500	500	200								
24	ソイルドディッシュテーブル	1	1500	600	850	15	15	40					
25	IH炊飯保温ジャー	1	430	500	390							4.6	
26	製氷機	1	630	585	800	15		40			0.4		
27	ドリンクテーブル	1	1450	600	850	15	15	40					
28	生ビールサーバー	1	255	553	570						0.3		
29	冷蔵ショーケース	1	900	450	1880						0.5		
30	冷蔵ショーケース	1	900	450	800						0.2		
	合計									79.1	2.3	9.2	5.8

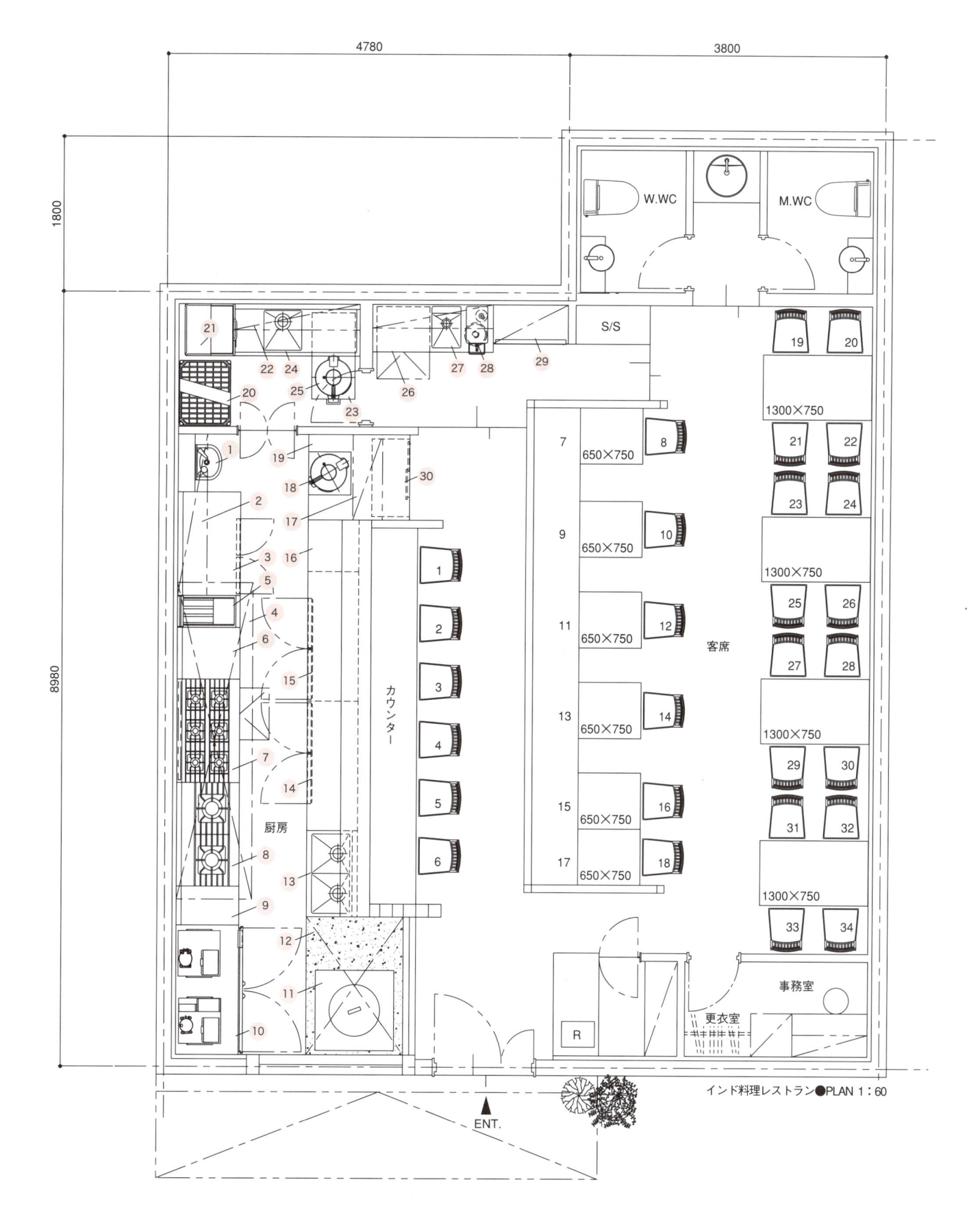

インド料理レストラン●PLAN 1:60

| 中華料理店 | 101.4m² | 38 seats |

本格的な四川料理を主軸に独自にアレンジした料理を訴求する

総投資金額（保証金その他備品除く）：2300万円
月商売上高：750万円
回転率：昼2回　夜2回
平均客単価/昼1000円　夜3000円
店舗面積：101.4m²
厨房面積（バックヤード含む）：27.5m²
客席面積（トイレ含む）：73.9m²
客席数：38席

業態特徴とイメージ・コンセプト

本格的な四川料理をお値打ち価格で提供する店である。

そもそも四川料理は、家庭で調理する料理ではなく、あくまでも外食で楽しむ料理である（ほとんどの日本人の場合、中国料理という一括りで四川、広東、上海など料理区分はないと言えよう）。

その理由は、四川料理は数多い調味料を配合して調理するため、家庭ではプロの職人が使用する調味料が入手できないことにあると言える。一般的に四川料理といえば辛い、香ばしいというイメージであろう。

この事例では、四川料理の特徴である辛味、香ばしい、辛さの旨味など、"辛い"というイメージに左右されることなく、本格的な四川料理と日本食材を使用した、独自にアレンジした料理を主軸に訴求する店である。

昼の価格帯としては、ランチ需要を喚起するため1000円以内で四川料理定食を食べることができ、セットや麺については850円前後で提供できるメニューを提案する。

主ターゲット層としてはサラリーマン、OL、主婦層など本場の四川料理を経験したことのある人を対象に、夜も固定客を増やしていくことを狙っている。

本格的な四川料理を提供する店としてのコンセプトとしては、客席スタイルもカウンター席、4人、グループ円卓など種々の客層に対応できるように計画はしておくことが理想的であろう。

サービスの仕組みとしては、すべての料理はディッシュアップを通して客席へ提供する方法であり、単品、コース料理などすべてこのエリアでコントロールすることが大切である。

この店のようにバンケットを奥側に配置している場合には、料理の提供はコース料理が基本になるため、キッチンのディッシュアップはバンケットに隣接していることがスムーズに料理を提供できる。

特に中華料理の場合には、大きな火力で調理するため、料理を調理する時間は一般の飲食店よりも早く提供できるが、料理の下準備ができているか否かで料理の提供スピードが左右されるため、営業中に仕込みや下処理ができない場合には、1日の提供料理を想定した下処理をしておくことが大切である。

またバンケット専用のサービスステーションを客席に隣接し配置することも繁忙時の混雑を軽減するための仕組みであることを忘れてはならない。

個室円卓スペースは店の大きさによっても制限されてしまうが、隣接する客席とはパー

厨房設備機器リスト

No	品名	台数	寸法(mm) W	D	H	配管接続口径(A) 給水	給湯	排水	ガス 口径	Kw	電気容量(kW) 単相100V	単相200V	三相200V
1	冷凍冷蔵庫	1	1200	800	1890			40					0.7
2	一槽シンク	1	600	750	850	15	15	40					
3	中華レンジ	1	2000	750	750	15x3	15x2		25	79.1			
4	排気フード	1	2300	900	下端1900						0.2		
5	全自動炊飯器	1	540	550	1545	15		50	Φ13	11.4	0.2		
6	冷蔵コールドテーブル	1	1200	750	850			40			0.2		
7	オーバーシェルフ	1	1200	350	1段								
8	蒸し器	1	675	655	770	15		50	15	17.4			
9	排気フード	1	900	900	下端1900						0.1		
10	シンク付ワークテーブル	1	1500	750	850	15x2	15x2	40x2					
11	オーバーキャビネット&シェルフ	1	1500	350	800 1段								
12	冷蔵コールドテーブル	1	1500	750	850			40			0.3		
13	手洗器	1	410	320	760	15		40					
14	オーバーキャビネット&シェルフ	1	1000	350	800 1段								
15	ディッシュアップテーブル	1	1000	1000	850								
16	オーバーシェルフ	1	1200	300	1段								
17	クリーンディッシュテーブル	1	1350	750	850								
18	食器洗浄機	1	600	600	1430		15	40	15	11.0			4.0
19	排気フード	1	1100	800	下端1900								
20	ソイルドディッシュテーブル	1	1050	750	850	15	15	40					
21	オーバーシェルフ	1	650	300	1段								
22	ソイルドディッシュテーブル	1	1200	500	850								
23	ドリンクテーブル	1	1800 1400	600	850	15	15	40					
24	製氷機	1	630	525	800	15		40			0.4		
25	タオルウォーマー	1	350	275	290						0.2		
26	オーバーシェルフ	1	1800	300	1段								
27	酎ハイ&ビールディスペンサー	1	400	600	700						0.4		
28	冷蔵ショーケース	1	900	450	1880						0.5		
29	冷蔵ショーケース	1	1200	450	850						0.3		
	合計									118.9	2.8	0.0	4.7

中華料理店 ●PLAN 1：80

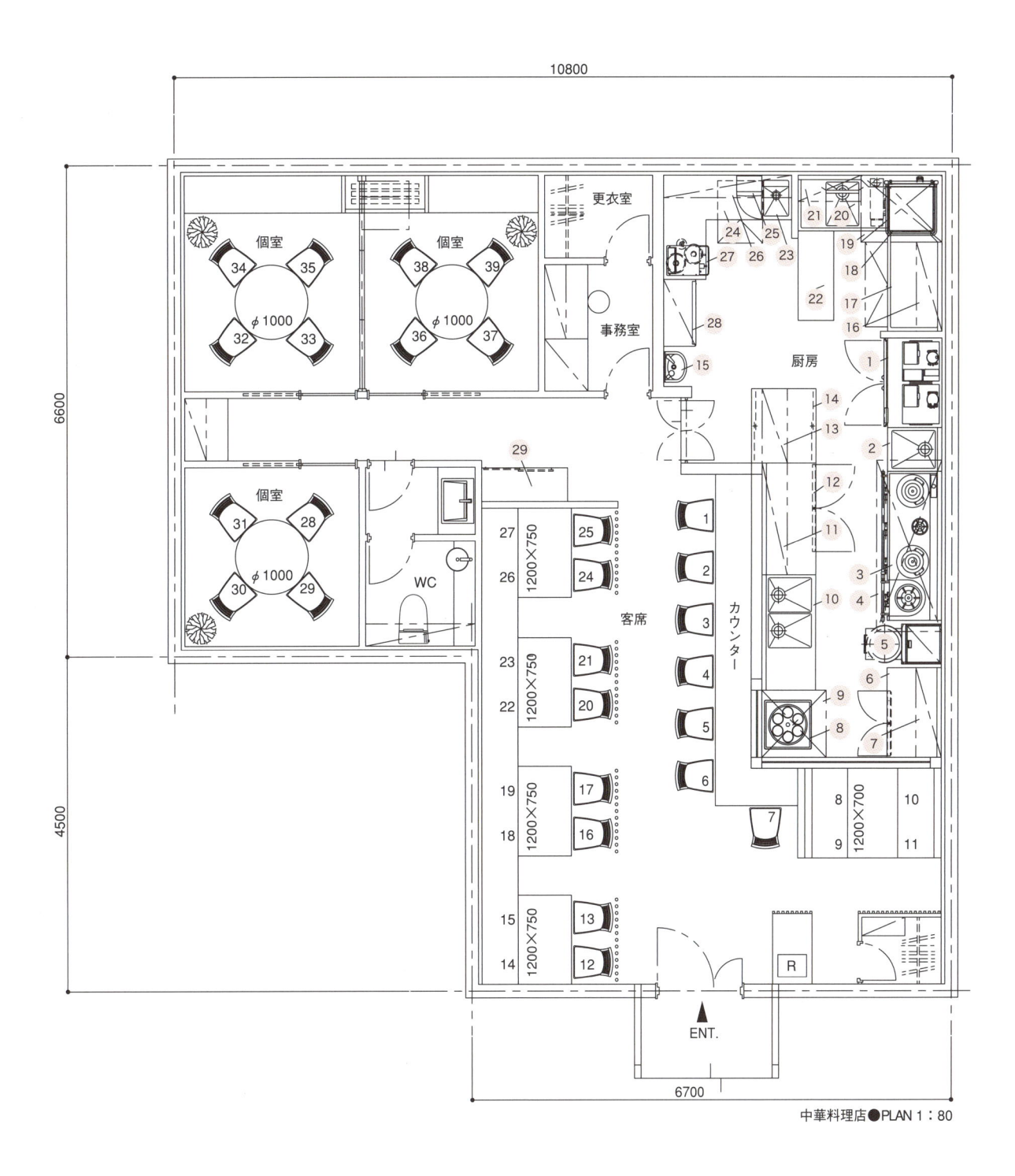

ティションで区画と開放が自由にできるようにしておくことが、より客のニーズに対応できる客席スタイルになる。

基本的に予約客（人数制限があるものの）については、奥の円卓を利用してもらいコース料理を基本のメニューとして単品メニューを追加注文できる仕組みにすることが、繁忙時の混雑を避けるポイントであろう。

カウンター席、2人席、4人席を利用する予約に対しては、比較的入り口から離れた奥の席に予約客を入れることが良いだろう。

このような専門料理店の場合には、すべての席が予約で満席になってしまうことも多々あるため、客席にどのように案内するかなど具体的に計画しておくこと。

夜の客単価は2500円から3000円、5000円前後で四川料理を楽しめるメニュー構成にして、ただ単に中華料理を食べに行こうというニーズよりも、"この店の"四川料理を食べに行こうという目的客を集客することだ。

ゾーニング計画と設計ポイント

この物件条件は商業ビル6階建ての1階にテナント出店する計画である。少し変形したビルであるが、ビルの設備は入り口右側に集中しているため、ゾーニング計画としては、入り口正面、左側のデッドスペースを利用する、右側に配置するかのいずれかの計画になるだろう。

基本的には、キッチンを開放しないで計画する場合には、全体的なオペレーションが円滑に機能すれば、種々な計画ができるスペースであるものの、右側に設備が収集していることに配慮すれば、入り口右側にキッチンスペースを配置計画することが理想的な配置と言えよう。

排気ダクトのビル屋上まで立ち上げること、空調機の室外機置き場、換気スリーブの数など物件調査段階で調査しておくことを忘れてはならない。

また新築商業ビルの場合には、立地によっては消防署の指導が厳しく、キッチンで使用するガスカロリーの大きさによっては、自動消火装置の設置が義務づけられること、また防火区画をキッチンと客席フロアの間に設置するなど、ビルによっては難しい規制がある。たとえばテナント物件で、スプリンクラー、煙感知器が天井に設置されている場合には、新しい防火区画によってスプリンクラーの移設あるいは増設しなければ、消防署の許可を得ることができない場合もある。十分な調査、確認が必要である。

特に中華料理の調理法のように、一気に大きな火力で調理する場合には、キッチン内の調理機器の発熱量、排気量など常に問題になる部分であり、業態の特性に合わせた設備調査をしなければならない。

①キッチンエリアはセミオープンに開放する計画にしているが、サービスはすべてフロア側からの提供になるような仕組みにしている。

②キッチンエリアに隣接するカウンター席とキッチンエリアはガラスパーティションで区画し、調理する火が立ち上がる演出は見え隠れするものの、店格として原則的には、キッチンエリアの油煙や煙が一切フロアに流れ出さないようにする。

③個室バンケットを配置計画する場合には、個室へのサービスは専任担当者がつくために、バンケット用のサービスステーションを準備しておくこと（水、中国茶、小皿、ナプキン、調味料、箸類を収納しておく）。

④会計精算については、バンケットのみテーブル会計としてその他の席については、入り口レジ精算とする。

⑤キッチンエリアの配置計画は、極力洗浄エリアとクッキングエリアが密接しないように計画すること（基本的には衛生区画することが理想的である）。

⑥キッチンをセミオープンにする場合のカウンター席側から見える部分には、内装装飾を施すことや調理機器など常に衛生管理ができるように配慮することがポイントである（汚れたならばすぐに清潔にすること）。

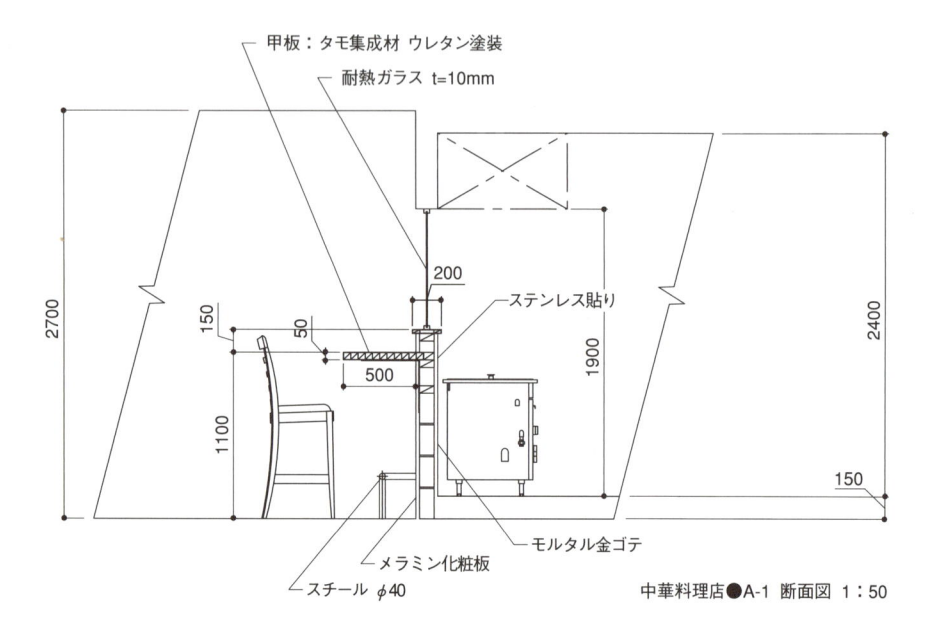

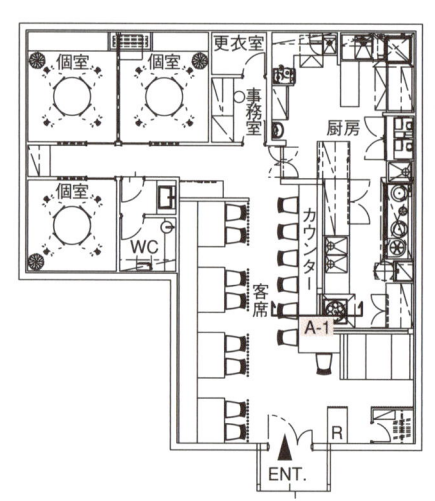

中華料理店●A-1 断面図 1：50

中華料理店●キープラン 1：200

| 炭火焼肉店 | 163.0m² | 68 seats |

個室タイプが人気を集める

総投資金額（保証金その他備品除く）：6800万円
月商売上高：1200万円
回転率：昼2回　夜2回
平均客単価：昼980円　夜2800円
店舗面積：163.0m²
厨房面積（バックヤード含む）：42.6m²
客席面積（トイレ含む）：120.4m²
客席数：68席

業態特徴とイメージ・コンセプト

BSEの事件以来、焼き肉そのものが敬遠されていた時期があったが、近年では焼き肉店の人気も取り戻し利用客も増加傾向にある。この店の業態コンセプトは、これまでのテーブルの下から煙を吸い込む無煙ロースターではなく、炭火を起こし七輪で肉や野菜を焼いてもらうスタイルをとっている。また、ターゲットは男女、ファミリー客を中心におき、内装イメージはこれまでの焼肉店の席よりもパーティションで仕切るなど個室感覚を訴求することでファミリー客、アベックなどの固定客化を促進する計画としている。
主軸となる肉料理については、低価格素材に固執することなく、付加価値の高い肉も品揃えするなど幅広い客層を狙うことを計画している。他店との差別化の目玉は、ブランド肉をアピールすることや付加価値価格で提案できるように、流通ルートを独自に開発するなど、これからの「こだわり」時代のニーズを捉えた計画としている。

ゾーニング計画と設計ポイント

この物件は、ビルの2階に立地し、単独に1階から2階へアプローチできる階段がある。都心部に比較的に近い位置に立地しており、駐車場もビルの専用駐車場があるため、すべての客席を賄う専用駐車場はないものの、車でも来店できる立地にある。
ビルの設備は入り口に向かって右側壁側に集中していることや、左側と入り口側のビルの壁はガラスになっているため、自ずとキッチンエリア、その他付帯設備は右壁側に配置することが理想的なゾーニングとなろう。
また肉を各テーブルで七輪を使用して焼くため、排気システムは、それぞれデザインフー

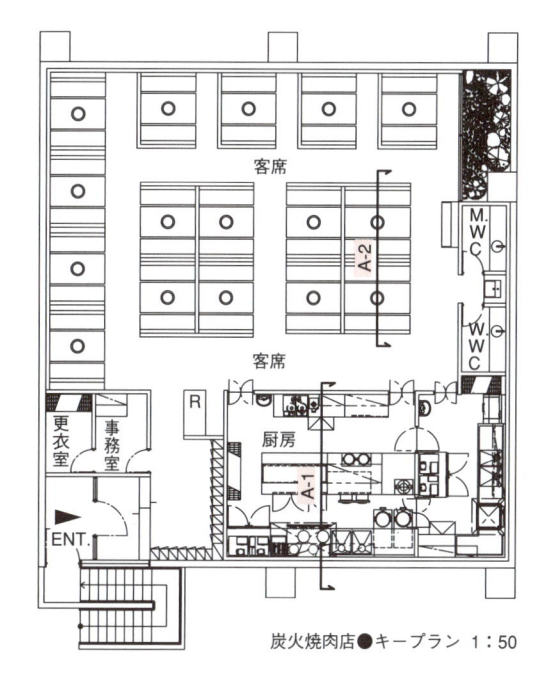

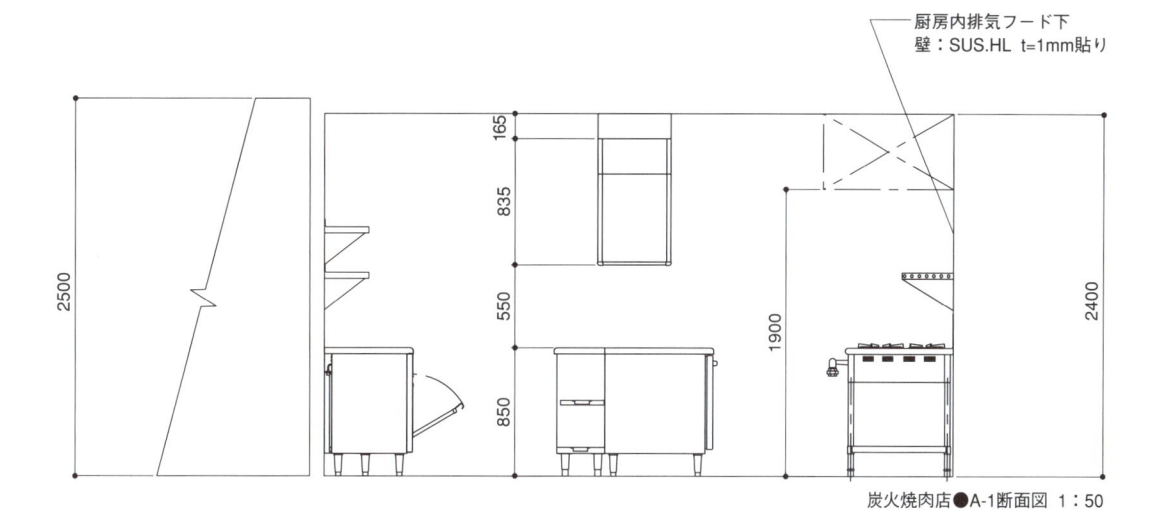

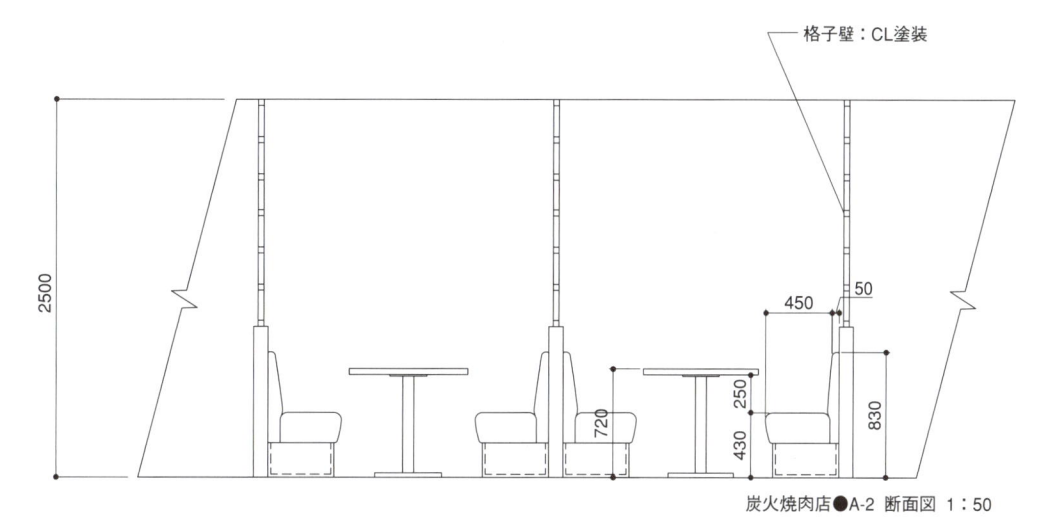

炭火焼肉店●キープラン 1：50

炭火焼肉店●A-1断面図 1：50

炭火焼肉店●A-2 断面図 1：50

ドを天井から下げる計画にし、各テーブルのすべての排気ダクトを最終的に一つにまとめて外部ダクトに繋いで、ビルの屋上まで立ち上げる計画である。

焼き肉店の場合には、郊外立地や物件の外部に排気する場所周辺が無窓であるなど特別な条件がない限り、排気設備は屋上まで立ち上げることと理解しておく。

①客席計画は、すべて個室化できるようにパーティションや見え隠れする壁で区画し、テーブルにはコールベルを配置してスタッフを呼べる仕組みとすること。

②客席フロアの床レベルを統一するために、入り口で靴を脱いで着席してもらう仕組みとし、食器類の下膳についてはカートを使用できるように計画している。メニュー数が多い場合には、カートサービスができることによりサービスの効率化が図れる。

③キッチンエリアは客席と区画し、洗浄エリアはキッチン、客席とさらに区画している。七輪を使用する場合には、焼網にこげ目が付きやすいために頻繁に網交換をすることが多く、洗浄エリアの入り口にはロストル（焼網）クリーナー機器を配置すること。

④この店の場合にはドリンクパントリーまでキッチンエリア内に区画しているが、焼き肉店によってはドリンク、デザート類などすべてセルフサービスにして、人件費効率を上げるシステムも増加している。

⑤インテリアデザインは、各客席エリアを区画する柱は天井、梁に至るまですべて古材を使用し、和紙や竹格子などを用い落ち着いたものとしている。ポイントとしてはアンティック・ブラケット照明を通路の各所の柱の上部に配置し、和のイメージを訴求している。

厨房設備機器リスト

No	品名	台数	寸法(mm)			配管接続口径(A)			ガス		電気容量(kW)		
			W	D	H	給水	給湯	排水	口径	kW	単相100V	単相200V	三相200V
1	シェルフ	1	1061	460	1867								
2	ロストルクリーナー	1	764	604	1084		15	40			0.4		
3	ソイルドディッシュテーブル	1	2160	350	850	15×2	15×2	40×2					
4	オーバーキャビネット	1	1980	350	700								
5	排気フード	1	950	900	下端1900								
6	食器洗浄機	1	650	750	1390		15	40					6.0
7	クリーンディッシュテーブル	1	775 / 1350	750 / 600	850								
8	アイスメーカー	1	1000	600	850	15		40			0.6		
9	オーバーシェルフ	1	1600	300	2段								
10	冷凍冷蔵庫	1	1200	800	1890			40			0.6		
11	手洗器	1	410	320	760	15		40					
12	スライサー	1	675	692	613						0.4		
13	炊飯器	2	450	421	407				13	5.6×2			
14	ワークテーブル	1	2300	750	850	15×2	15×2	40×2					
15	オーバーシェルフ	1	1200	350	2段								
16	ガステーブル	1	1200	750	850				25	46.5			
17	パイプシェルフ	1	1200	350									
18	ガスフライヤー	1	450	600+150	850								
19	排気フード	1	1800	900	下端1900						0.2		
20	冷凍冷蔵庫	1	1200	800	1890								0.7
21	シェルフ	1	1515	356	1892								
22	ワークテーブル	1	1800	1100	850								
23	冷蔵コールドテーブル	1	1800	750	850			40			0.2		
24	冷蔵ショーケース(天吊型)	1	1800	500	835						0.5		
25	冷蔵コールドドロワー	1	1200	600	850			40			0.3		
26	センターシェルフ(天吊型)	1	1500	500	(835)								
27	ワークテーブル	1	1500	1100	850 / 475								
28	ワークテーブル	1	900	1100	850 / 535								
29	電子ジャー	1	435	358	315						0.1		
30	スープウォーマー	2	365	315	375						0.3×2		
31	オーバーシェルフ	1	1200	300	2段								
32	冷蔵ショーケース	1	1200	600	850						0.2		
33	アイスメーカー	1	1000	600	850	15		40			0.6		
34	オーバーシェルフ	1	700	300	2段								
35	酒燗器	1	250	375	595						1.0		
36	酎ハイディスペンサー	1	324	541	592						0.6		
37	ビールディスペンサー	1	332	547	610						0.3		
38	オーバーシェルフ	1	950	300	2段								
39	ワークテーブル	1	950	600	850								
40	手洗器	1	410	320	760	15		40					
41	シェルフ	1	1212	460	1867								
	合計									57.7	6.6	0	6.7

炭火焼肉店●PLAN 1:80

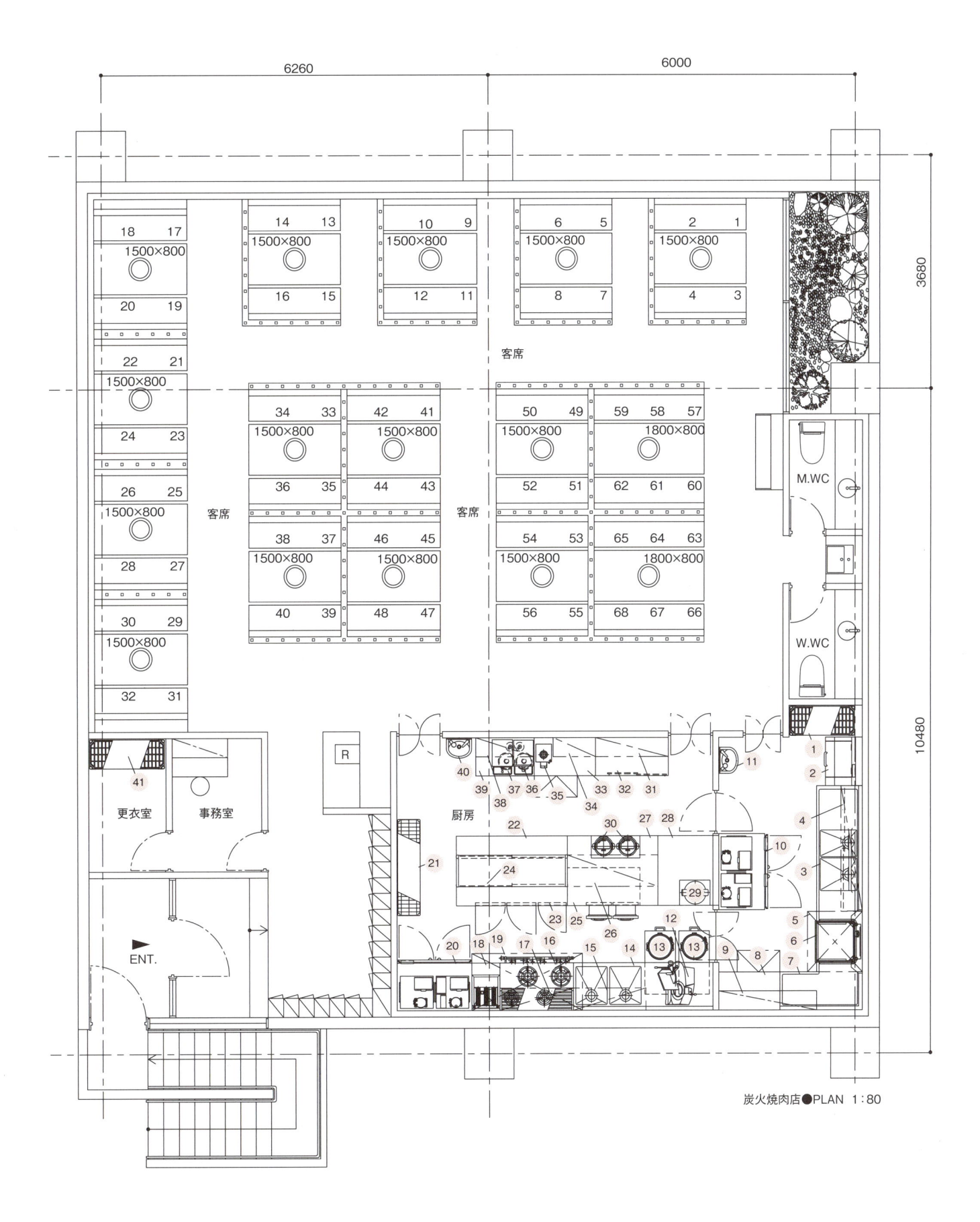

餃子専門店　　95.7m²　36 seats

手作り餃子のこだわりこそ繁盛のカギ

総投資金額（保証金その他備品除く）：1500万円
月商売上高：600万円
回転率：昼 2.5回　夜2.5回
平均客単価：昼750円　夜1800円
店舗面積：95.7m²
厨房面積（バックヤード含む）：34.8m²
客席面積（トイレ含む）：60.9m²
客席数：36席

業態特徴とイメージ・コンセプト

この業態店の訴求ポイントは、独自性を打ち出した美味しい手作り餃子をアピールすることにある。

これまでも餃子専門店は一時的な流行りとして増加した時代もあったものの、餃子という単品商品で訴求する店であるため、餃子そのものが他店より美味しく独自の特質がなければなかなか繁盛しにくいと言える。

この店の場合には、餃子の具材から皮に至るまですべて独自のオリジナリティーを出して、手作りにこだわりを持った餃子を武器にしている。少し厚めの皮で、具材には独特の牛肉の旨みをゼラチン化したものを合わせた、こんがりとまわりは香ばしく、なかはジューシーな「こだわり」餃子である。

ラーメンは昔ながらの煮干の魚だしを基本に、あっさりしているがコクのあるスープの味とちぢれ麺を使用し、幅広い客層に支持されている。

その他の料理については、上海家庭料理を小皿で提供することによって、一皿の価格を低価格で提供できるようにすることや、いろいろな料理を楽しんでもらうことが、店としての訴求ポイントである。

価格帯も手作りであるものの餃子5個で350円、その他小皿料理も480円から680円の価格帯で提供できるようにし、かつ餃子のテイクアウトも当然計画している。

ゾーニング計画と設計ポイント

この物件は、都心部のビルの1階に位置した立地であり、入り口に向かって右奥側に設備が集中している。この店のゾーニング計画は、キッチンエリアを物件スペースの中央に大きくカウンター席を配置するものであり、排気設備、衛生設備などの系統は壁側に繋ぐ計画になるだろう。

キッチンを設備集中している壁側に寄せるゾーニングもできるものの、店の業態のコンセプトやサービスする仕組みで最終計画を決定することが大切である。

もちろん、既存設備が集中している側にキッチンを配置すれば、投資コストを抑えること

厨房設備機器リスト

No	品名	台数	寸法(mm) W	D	H	配管接続口径(A) 給水	給湯	排水	ガス 口径	Kw	電気容量(kW) 単相100V	単相200V	三相200V
1	手洗器	1	410	320	760	15		40					
2	二槽シンク	1	900	600	850	15x2	15x2	40x2			0.5		
3	冷蔵コールドテーブル	1	1500	600	850			40			0.3		
4	ワークテーブル	1	2200	600	850								
5	ワークテーブル	1	1350	900	850								
6	オーバーシェルフ	1	1200	300	2段								
7	蒸し器	1	660	750(720)	850	15		HT40	15	18.6			
8	ワークテーブル	1	250	750	850								
9	ローレンジ	1	1200	750	450				25	34.9			
10	ワークテーブル	1	1350	300	850								
11	排気フード	1	2400	900	下端1900						0.2		
12	パイプシェルフ	1	2100	300	1段								
13	ガスレンジ	1	1200	600	850				32	67.5			
14	餃子焼器	1	300	600	310	15						0.5	
15	餃子焼器	1	600	600	310	15						6.0	
16	架台	1	900	600	540								
17	排気フード	1	2400	750	下端1900						0.2		
18	ワークテーブル	1	1750	600	850								
19	冷蔵コールドテーブル	1	1500	600	850			40			0.3		
20	冷凍コールドテーブル	1	1500	600	850			40			0.4		
21	一槽シンク	1	450	600	850	15	15	40					
22	プレハブ冷蔵庫	1	2800	900	庫内高2100			40			0.2		1.3
23	冷蔵ショーケース	1	1200	650	1880								0.5
24	製氷機	1	630	585	800	15		40			0.4		
25	焼酎サーバー	1	260	580	660	15					0.3		
26	ドリンクテーブル	1	1900	750	850	15x2	15	40					
27	生ビールサーバー	1	255	553	570						0.3		
28	シェルフ	1	1212	359	1892								
29	シェルフ	1	1212	359	1892								
	合　計									121.0	3.1	6.5	1.8

餃子専門店●A-1断面図 1：80

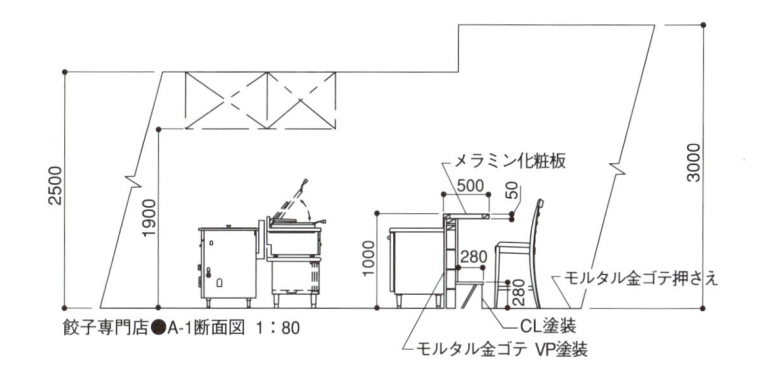

ができるものの、どうしても投資コストを抑えたいというクライアント要望がなければ、業態コンセプトを具現化するゾーニング計画を提案することが大切である。

物件のフロアが1階、あるいは地下階であっても水まわりはしっかりと防水しなければならない場合は多々あり、物件調査の段階で確認事項としてチェックしておくことが大切である。天井が低く、かつ梁が巡っており梁下寸法も小さい場合、排気設備などのダクトを走らせると、結果、圧迫感のある空間になってしまう。したがって既存設備の箇所や条件を十分に把握した上でゾーニング計画に臨むことが大切である。

①オープンキッチンを区画の中央に配置することによって、手作り餃子専門店としての演出を打ち出し、キッチンの奥に床から天井までデザインされたプレハブ冷凍冷蔵庫を設置して入り口を入った時に視点がそこに集まるよう演出している。

②天井高は2800ミリ前後が一般的であるが、店のスペースが狭い場合には、キッチンエリア以外には天井を貼らずに、梁やスラブを塗装程度にとどめるなどの工夫で、圧迫感の少ない空間を生み出すことができる。

③キッチンスペースを中央に配置しカウンター席を多くする場合の利点としては、料理のサービスをキッチン側から直接サービスすることができること、繁忙時とアイドル時に効率的な人員配置運営ができることなどがある。

④設備上キッチンスペースの床を上げなくてはならない場合は、少なくとも約250ミリから300ミリの床との段差ができるので、客席フロアやカウンターの高さ寸法などその高低を十分に把握、検討しておく必要がある。

⑤飲食店の場合には、キッチンの床を上げなければ設備計画ができない場合が多く、客席フロアの床の段差やカウンタートップの高さ寸法の調整を検討しなければならない。入り口周辺で床の段差調整を行い客席フロアには段差がないことが理想的である。

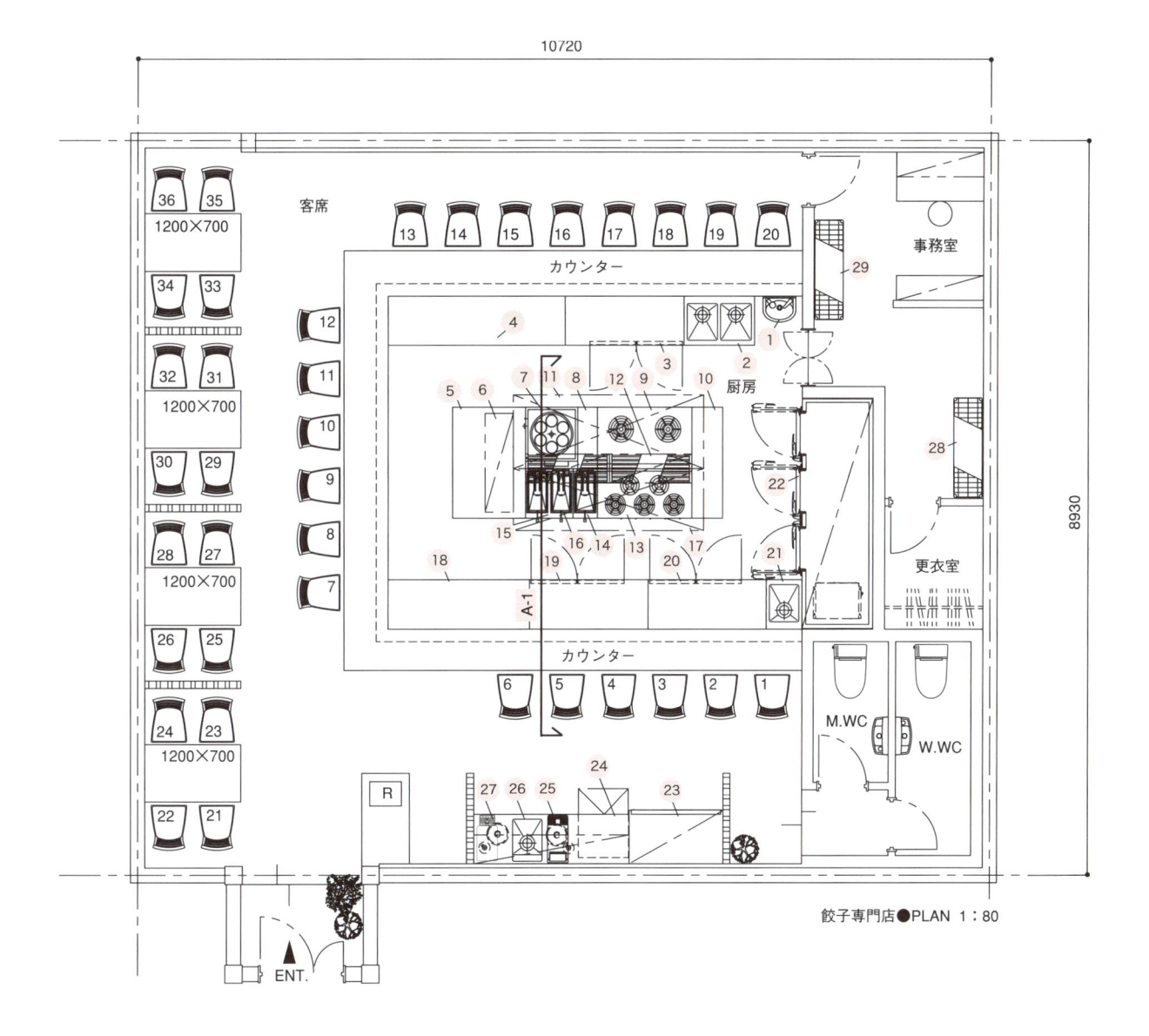

餃子専門店●PLAN 1：80

上海らーめん店

本場の鶏スープのこだわりと上海家庭料理の訴求を狙う

66.2m² | 21 seats

総投資金額（保証金その他備品除く）：1500万円
月商売上高：500万円
回転率：昼4回 夜2.8回
平均客単価／昼780円 夜2000円
店舗面積：66.2m²
厨房面積（バックヤード含む）：23.4m²
客席面積（トイレ含む）：42.8m²
客席数：21席

業態特徴とイメージ・コンセプト

この店は、本場上海の丸鶏を中心に抽出したスープのらーめんと上海家庭料理を提供することをコンセプトとしている。

いまや、らーめん業態店は、豚骨をベースに種々のアレンジしたオタク族に合わせた味が人気の主流になっているものの、今後の高齢化社会や健康志向や低カロリー志向を考慮すると、中国の医食同源というキーワードが今後の食業界に大きな意味を持つものになるだろう。

近年の傾向としては、相変わらず豚骨をベースとした店も多いが、魚介類をミッククスしたものや、マグロから抽出した出汁で個性とこだわりを出したらーめん、味噌、醤油など、豚骨を使用せずにあっさりした出汁であるが「こく」があるというらーめんなど様々な味の提案が話題を集めている。

この事例ではターゲットとする主客層は、らーめんの「オタク」ではなく、あくまでも本来の素朴ならーめんの美味しさを楽しんでもらうため、一般の女性、男性客や高齢者に至るまで、らーめんだけではなく気軽に上海の家庭料理を味わってみたいという幅広い層に来店してもらうことを想定している。

昼はらーめん店専門店の訴求をするための、5種類以上のメニューを揃えるほか、ランチセットとしてらーめんと家庭料理の組み合わせ、プチデザート付きで780円など、らーめん単品では680円から780円の価格帯で提供を計画している。

夕方17時以降は積極的に、小皿料理から1人前料理まで20種類以上の家庭料理を揃えている。上海に限らず中国の食習慣としてある種々の料理をテーブルの上に並べてみんなで取り分けて食べるという形態を維持し、1品約580円から800円前後の小皿料理をたくさん注文して料理を楽しんでもらう仕組みを訴求している。

上海料理とは、四川料理、広東料理などの料理に比較すると、ごく中国の庶民的かつ家庭的な味もあっさりした料理が多く、この事例では、日本人に馴染みある海鮮、豚肉類を主軸にメニュー提案構成をしている。

また生きのよい鶏肉を蒸した蒸し鶏をにんにくと特製味噌に付けて食べる一品料理や、鶏の足の部分を香辛料で煮込んだ一品料理など新鮮な鶏肉料理をこだわりとして提案していく計画である。

らーめんの種類についても白濁した丸鶏の出汁にやわらかく煮たチャーシュー麺、らーめんの上に炒めた高菜を載せたシンプルな高菜らーめん、蒸し鶏を載せた蒸し鶏肉麺、タンタン麺など約10品のらーめんのバリエーションをメニュー提案している。

一般的にらーめん店の場合には、グループ利用よりも一人で来店する客が多く、多種多様な来店客層に対応できる客席配置や環境づくりをしておくことが大切であろう。

この事例では、入り口近くに一人客用にカウンター席を配置しグループ客には大テーブルで食事を楽しんでもらう計画をしている。中国料理店の場合には、料理を囲んでわいわいとみんなで食べるという習慣から円卓が主流であるものの、あくまでも飯店（正式な中華料理店）ではなく、上海家庭料理店であり円卓を配置するとスペースを広く必要とするため、多種多様な客構成に対応できる客席タイ

厨房設備機器リスト

No	品名	台数	寸法(mm) W	D	H	配管接続口径(A) 給水	給湯	排水	ガス 口径	Kw	電気容量(kW) 単相100V	単相200V	三相200V
1	冷凍冷蔵庫	1	1500	800	1890			40					0.7
2	IH炊飯保温ジャー	1	430	500	390							4.6	
3	炊飯カート	1	500	500	200								
4	オーバーシェルフ	1	1800	350	1段								
5	シンク付ワークテーブル	1	1800	750	850	15x2	15x2	40x2					
6	排気フード	1	3900	900	下端1900						0.2		
7	餃子焼き器	1	700	750	750			40	25	23.3			
8	ワークテーブル	1	450	750	750								
9	ローレンジ	1	1200	750	450				25	34.9			
10	一槽シンク	1	600	750	750	15	15	40					
11	ラーメン釜	1	650	750	750	15		40	20	27.3			
12	ワークテーブル	1	750	750	750								
13	手洗器	1	410	320	760	15		40					
14	シンク付ワークテーブル	1	1400	750	850	15	15	40					
15	冷蔵コールドテーブル	1	1800	750	850			40			0.3		
16	冷凍冷蔵コールドテーブル	1	1500	750	850			40			0.5		
17	ソイルドディッシュテーブル	1	1300	650	850	15	15	40					
18	オーバーシェルフ	1	1300	300	1段								
19	食器洗浄機	1	600	600	1430		15	40	15	11.0			4.0
20	ドリンクテーブル	1	1400	600	850								
21	オーバーシェルフ	1	1200	250	1段						0.3		
22	製氷機	1	630	585	800	15		40			0.4		
23	一槽シンク	1	500	600	850	15	15	40					
24	冷蔵ショーケース	1	900	450	1880						0.5		
合計										96.5	2.2	4.6	4.7

上海らーめん●PLAN 1:50

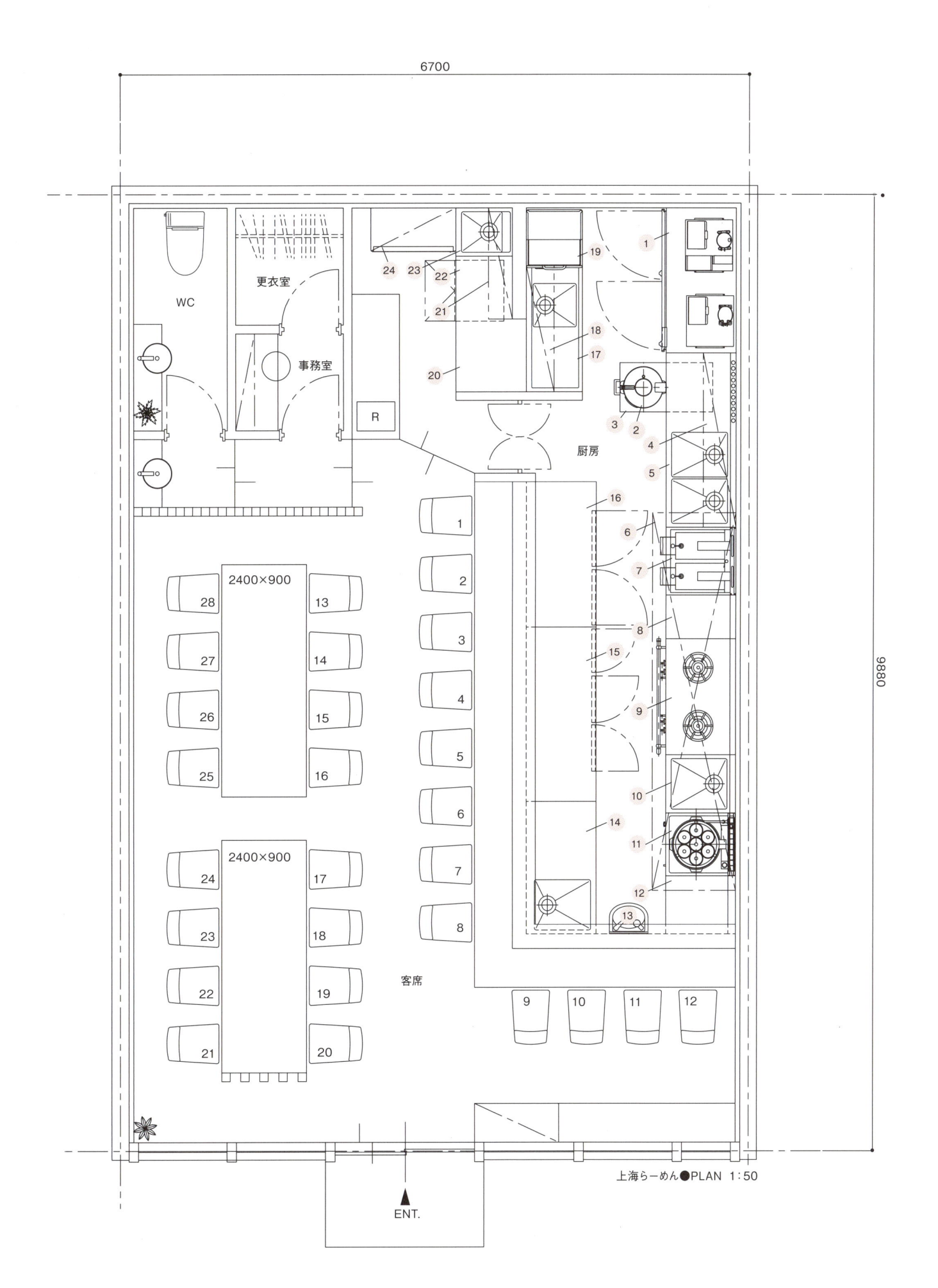

プを計画することが大切であろう。

業態特性からすると、一人客でも気軽にらーめんや家庭料理を夕食として食べることもできるようにし、一人暮らしの会社帰りのサラリーマンやOLにも利用できるように比較的家庭的かつカジュアルな店であることが大切である。

経営的な効率性を配慮すると、キッチンエリアからすべての客席が見渡せることが理想的であり、繁忙時とアイドル時に人件費を削減できるゾーニング計画にしておくことが重要である。

それぞれの店のコンセプトによっても異なるものの、ビジネスとしての成立を考えると、客単価、客席回転、売上想定など投資対効果を配慮して客席スタイルや客席数などを計画することであろう。

インテリアは、黒を基調として燻し竹を組み合わせ、上海の異空間を醸しだし、また中国の茶専門店や寺院のイメージを特徴としている。

ゾーニング計画と設計ポイント

本事例は6階建てマンションの1階に位置しており、入り口に向かって右側壁に設備が集中していること、また上階、近隣がマンションの住居であるため、排気や臭気に配慮した設備計画をしなければならないという環境にある。

ゾーニング計画としても、ダクトを立ち上げるスペースが右側隣地側にしかないため、キッチンスペースは右側としている。ビルの屋上までダクトを立ち上げるためには、ダクトの立ち上げ方法や経路の許可を得て施工に臨むことが必要である。

また排気ダクトを計画する場合には、テナント内に排気するための開口がない場合には、キッチンエリア周辺壁側に開口を設ける許可を取るなど、躯体に関わる工事はすべて書類を作成してビル側の許可をとっておかなくてはならない。

こうした点は調査で把握できるはずで、着工した後にビル側に許可を得るという事態が発生しないようにしておくことが大切である。

許可を必要とする内容については、文章とスケッチ図面（素人が理解できる）を添えて提出することがポイントである。

また本例ではテナント用途としては飲食店の申請をしているものの、これまで飲食店が入居していないため、物件調査時に電気設備や換気設備についての調査が必要であった。

当然のことであるが、上階や周辺が住居である場合には、着工前の事前挨拶や大きな音や臭いが発生する場合には、事前に周辺に許可承諾を得ておくことが大切である。

①近隣に住宅が多い場合に注意しておかなければならないことは、排気フードのシロッコファンの音や排気する臭いである。音や臭いは人それぞれに感覚が異なるため、騒音クレーム、臭気クレームなど多々発生することが予想される。音や臭いについては、クレームの住人と店側が直接やりとりすると「ゴテゴテ」になってしまうことが多く、保健所の環境課を通して指導や改善内容を検討すること。

②客席スタイルとしては、物件の平面に合わせて種々な配置ができるが、スタッフの繁忙時とアイドル時の効率性を配慮すると、キッチンはオープンにし、その他4人テーブル、大テーブルなど来店する想定客層に合わせた計画とすること。

③飲食店のスペースが小さくなればなるほど、キッチンはオープン化しなければビジネスとして成立しないことが多く、キッチン内がゲストの食への興味を高める、あるいは演出ができない場合には、キッチン内にデザインを施さないまでも、客側の視線を配慮したデザイン検討をすること。

④いくらスペースが小さくとも食器類を下げる下膳エリアはゲスト側から見えない工夫や区画をすることが最低限の基本である。小さい店の場合には内装イメージや環境がおざなりになりがちであり、「小さい」「狭い」から仕方がないというのは言い訳にしかならない。

⑤カウンター席を計画する場合には、料理の提供はキッチン側から直接サービスする、あるいはすべてサービスエリアから提供するかなど具体的なオペレーションを想定しておくこと。昼、夜集中的に繁忙する場合には、すべての料理をサービスエリアから料理提供内容や詳細を配慮し提供することが大切である。

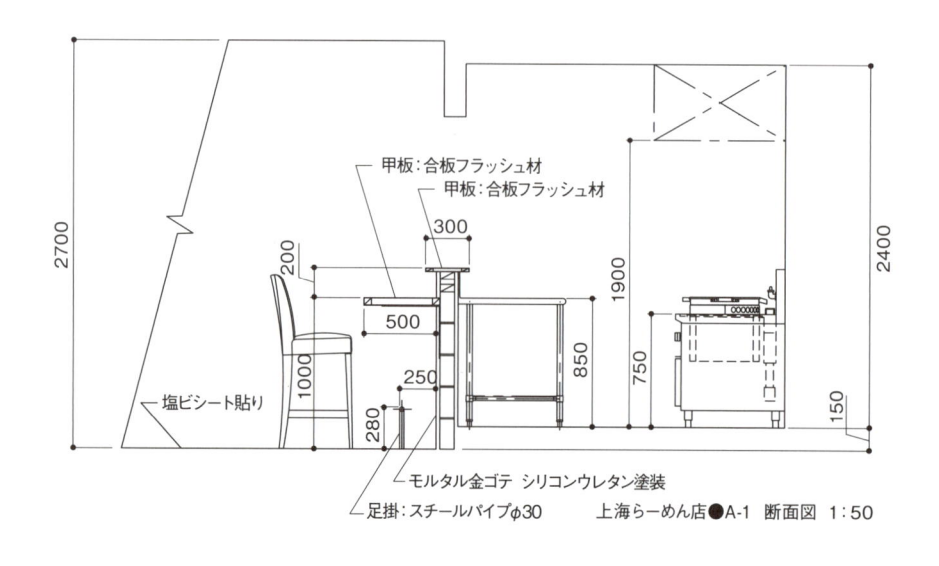

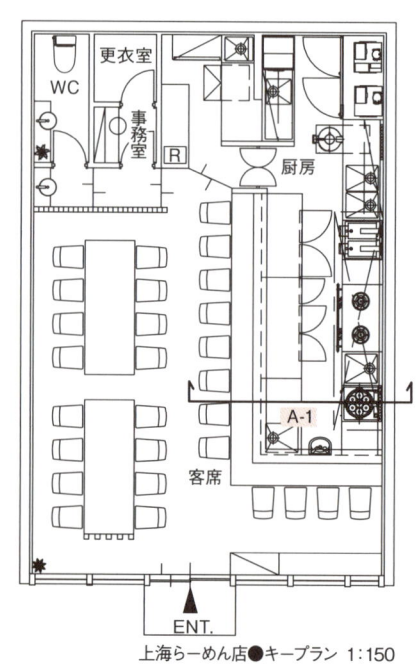

上海らーめん店●A-1　断面図　1:50

上海らーめん店●キープラン　1:150

グルメバーガー　　　　　　　　　　　　　　　　*130.0m²*　　*53 seats*

ナチュラルテイスト・グルメバーガー・レストラン

総投資金額（保証金その他備品除く）：3400万円
月商売上高：750万円
回転率：昼4（デリバリー含む）夜2回
平均客単価：昼800円　夜1200円
店舗面積：130.0m²
厨房面積（バックヤード含む）：40.0m²
客席面積（トイレ含む）：90.0m²
客席数：53席

業態特徴とイメージ・コンセプト

この店の業態コンセプトは、肉の配合を肉業者に仕様書発注し、こだわりのあるハンバーガーチルドパティを注文ごとに整形し、炭火グリラーで焼き上げる本格的な「ナチュラルテイスト・グルメバーガー・レストラン」で、健康志向、自然食材というキーワードに集約したコンセプトを訴求している。

近年の傾向としては、全国各街の地元のハンバーガー店が見直されつつあり、その地方ならではの味噌や特産野菜などをフンダンに使用したご当地バーガーに注目が集まってきている。

チェーン店のハンバーガーの味に飽きた客層は、少し価格が高くとも高い付加価値があれば、自分の好みの店を見つけ出すものであり、大人のハンバーガー専門店としての位置づけを狙うことが成功のポイントになるだろう。

つまり客層は、ファストフードの画一的な味に飽きたグルメ、大人世代の男女をターゲットとして土日曜・祝日にはファミリー客も集客できるようにし、一部の客層に絞られないように、本当に美味しいハンバーガーを食べたいというニーズを喚起する本格的なハンバーガー店を目指すものである。

立地によってはハンバーガーの宅配をビジネスフォーマットに計画しておくことが、立地を補完あるいは経営効率を高めるためのひとつの武器にもなるだろう。

ランチプレートはお値打ち感を持たせるようにセット販売でドリンク付きで800円以内、またひとまわり小さいハンバーガーをメニュー化するなど、単品で480円台の商品も、いくつか戦略商品として持っていることが、女性客一人でも気軽に立ち寄れる店になるだろう。

ポイントは、「グルメバーガー・レストラン」というイメージをしっかりと訴求することである。ただ単にオリジナルバーガーを提供するという店は増加傾向にあるため、他店にはないフレッシュな魚、野菜、ソース類に「こだわり」を持った独自のメニューの特徴をアピールすることにある。

インテリアイメージもアメリカンレトロや木をふんだんに使用したウッディーな山小屋風、ハイタッチにステンレスと黒と白を基調とした雰囲気など独自の店のオリジナリティーを商品のみならず、すべての素材環境に至るまでこだわることが大切である。

ゾーニング計画と設計ポイント

この物件は1階の倉庫だったスペースを飲食店用に改修したものであり、ゾーニング計画としてはデザイナーやクライアントの要望、イメージを十分に受け入れることができる物件内容である。ただし投資制限や使用できる設備は極力使用したいという要望がある場合には、あくまでも物件条件に合わせた計画とすることが、ムダな投資を出さないための店づくりの一歩になるだろう。

ゾーニングに臨む際には、ゾーニング計画の進め方の手法で述べているように、全体の客

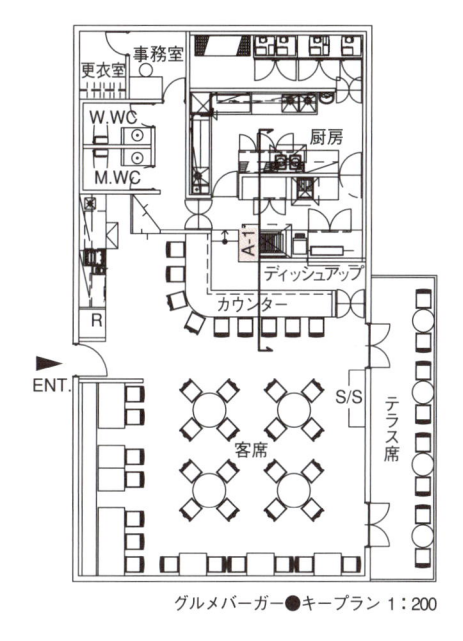

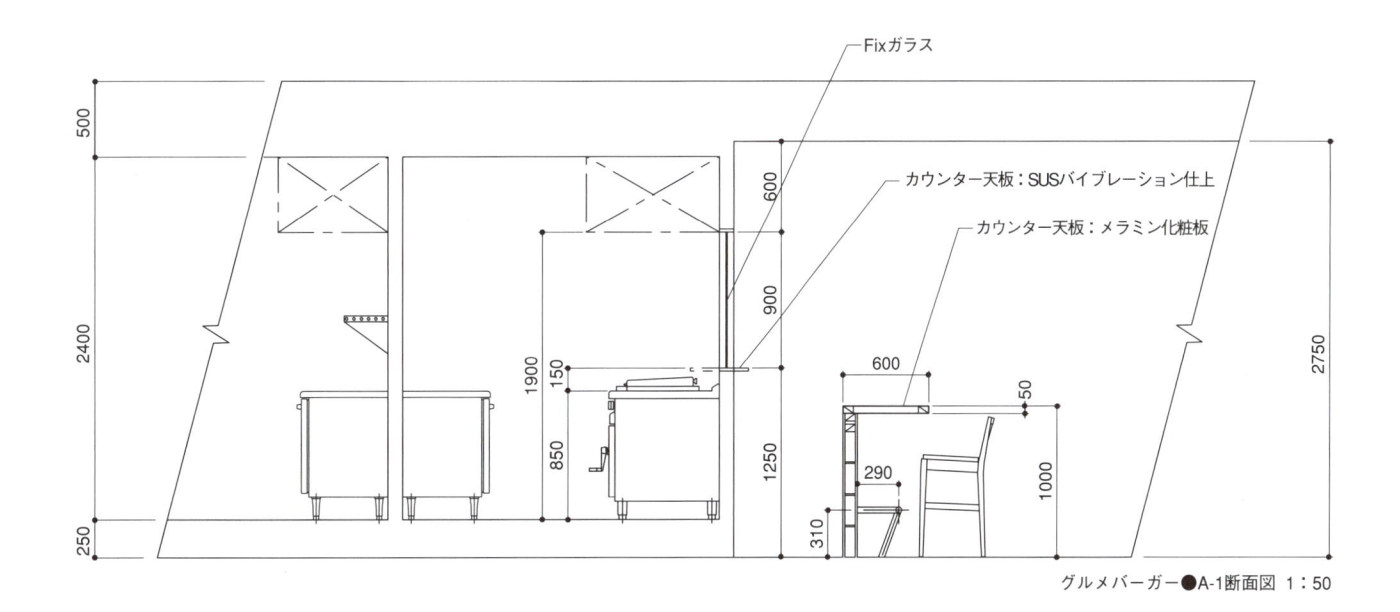

グルメバーガー●キープラン 1：200

グルメバーガー●A-1断面図 1：50

107

席、キッチン、付帯設備など並行設計手法によってゾーニング計画をいくつか案として検討、計画することが大切である。

この物件は倉庫であったことから天井が高く、また奥側のデッドスペースにはテラスが配置できるなどの利点がある。入り口向かって右側に客席を配置し、左側にカウンター席付きのセミオープンキッチン、付帯設備を配置する計画にしている。

①グルメバーカーのデモンストレーション演出材として炭火焼きグリラーをキッチンの中心に配置し、カウンターに座った客はそこで調理される工程がすべて見えるというライブ感をアピールすることであろう。もちろん入り口からすぐに、そのライブ感や雰囲気が訴求できることが大切なポイントである。

②セミオープンキッチンの場合には、訴求したい部分のみを開放し、臨場感やライブ感を演出できるようにし、その他のバックスペースはオープンキッチンと区画すること。

③レジやサービスステーションの配置は、客席全体が見渡せる位置に配置することが理想的である。ドリンクのサービスやレジの精算など、人員配置も繁忙時とアイドル時に効率的に運営できることがポイントになる。

④インテリアイメージとしては「ナチュラルテイスト」をキーワードにして表現することが、コンセプトとハードの融合に繋がるだろう。物件の利点を有効利用することが投資効果を高めるための手法でもあり、床材は足場板、壁はレンガに塗装あるいはボード貼りに塗装などの仕上げが考えられる。比較的ナチュラルなイメージとグリーンを各エリアに配置することで癒しの空間を演出するとよいだろう。

⑤天井が高い場合には、空調計画によって店内で部分的に涼しい場所と暑い場所ができやすいため、とくにテラスエリアと入り口周辺の空調計画には注意をする。

⑥物件の形状や大きさによるが、客席をエリア分けできる場合には、床に高低差を付けることで空間を変化させることも検討、工夫するとよいだろう。

厨房設備機器リスト

No	品名	台数	寸法(mm)			配管接続口径(A)			ガス		電気容量(kW)		
			W	D	H	給水	給湯	排水	口径	KW	単相100V	単相200V	三相200V
1	シェルフ	1	1516	535	1867								
2	冷凍冷蔵庫	1	1200	650	1890			40			0.6		
3	冷凍冷蔵庫	1	1800	650	1890			40					0.4
4	手洗器	1	410	320	760	15		40					
5	二槽シンク付ワークテーブル	1	1800	600	850	15×2	15×2	40×2					
6	オーバーキャビネット&シェルフ	1	1800	300	700 1段								
7		1											
8	クリーンディッシュテーブル	1	1100	600	850								
9	オーバーキャビネット&シェルフ	1	950	300	700 1段								
10	排気フード	1	750	750	下端 1900								
11	食器洗浄機	1	600	600	1400		15	40					6.0
12	ソイルドディッシュテーブル	1	2120	600	850	15	15	40×2					
13	オーバーシェルフ	1	1970	300	2段								
14													
15	パイプシェルフ	1	1800	300	1段								
16	冷蔵コールドテーブル	1	1800	600	850			40			0.2		
17	電磁調理器	2	300	383	75							2.1×2	
18	排気フード	1	1000	750	下端 1900						0.1		
19	オーバーシェルフ	1	940	300	1段								
20	ワークテーブル	1	940	600	850								
21	ワークテーブル	1	690	600	850								
22	ガスフライヤー	1	450	600	850				15	10.0			
23	排気フード	1	750	750	下端 1900						0.1		
24	ワークテーブル	1	300	600	850								
25	冷蔵コールドテーブル	1	1200	600	850			40			0.2		
26	チャコールグリラー	1	1200	750	850				20	37.2			
27	排気フード	1	1350	900	下端 1900						0.1		
28	ワークテーブル	1	600	750	850								
29	コンベアトースター	1	370	450	403								2.1
30	冷蔵コールドテーブル	1	1500	750	850			40			0.2		
31	シンク付ドリンクテーブル	1	3000	750	850	15		40					
32	アイスメーカー	1	1000	600	850	15		40			0.6		
33	エスプレッソマシン	1	430	615	800	15		50					3.1
34	ミルク保冷庫	1	220	325	315						0.2		
35	冷蔵ショーケース	1	900	450	850			40			0.2		
	合　計									47.2	6.7	5.2	6.4

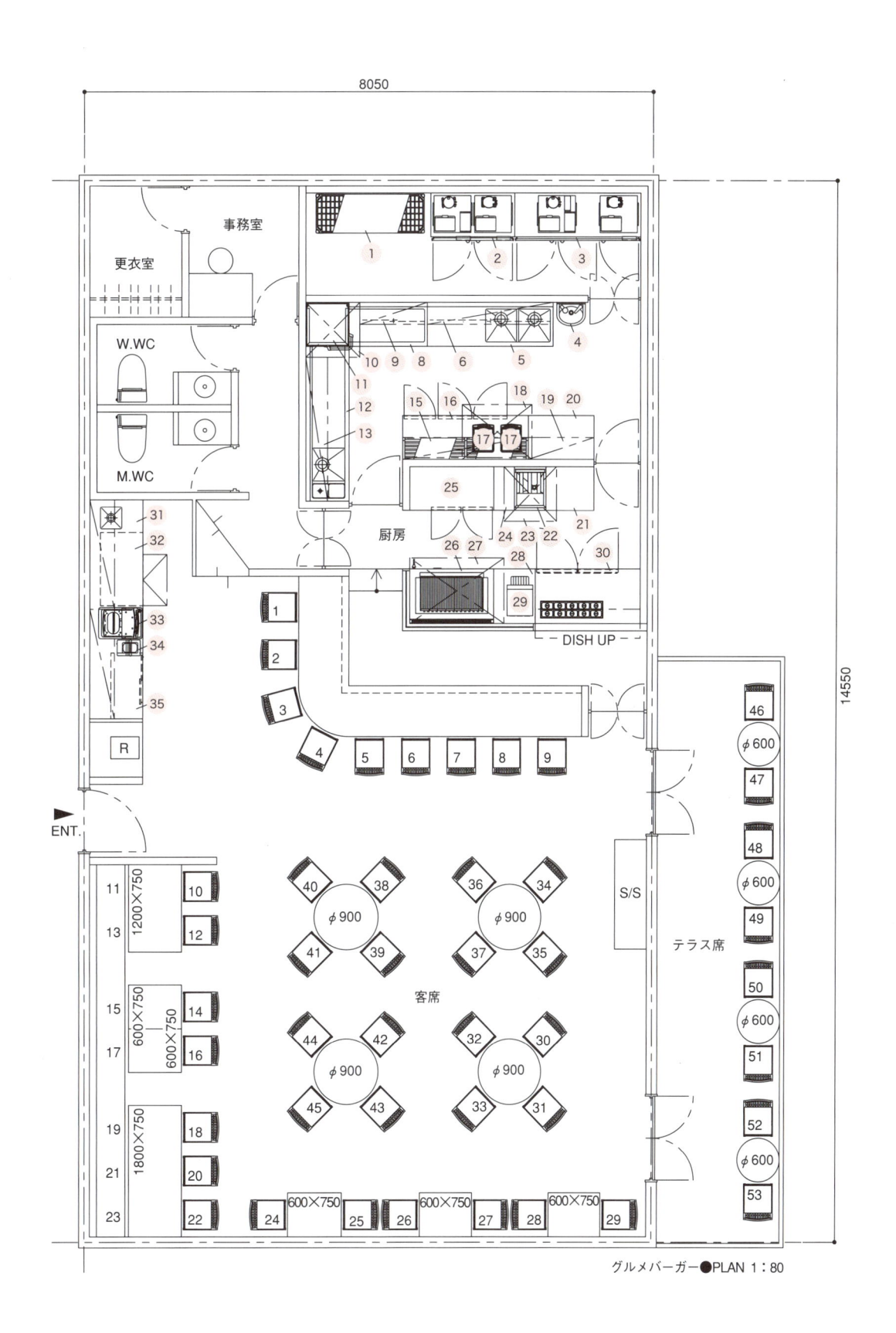

事務室
更衣室
W.WC
M.WC
厨房
客席
テラス席
DISH UP
S/S
ENT.

グルメバーガー●PLAN 1：80

| 焼酎バー | 49.1m² | 13 seats |

個性とこだわりが成立性を高める

総投資金額（保証金その他備品除く）：1200万円
月商売上高：480万円
営業時間：17時～翌朝5時
回転率：夜6回
平均客単価：夜2000円
店舗面積：49.1m²
厨房面積（バックヤード含む）：24.1m²
客席面積（トイレ含む）：25.0m²
客席数：13席

業態特徴とイメージ・コンセプト

この店の業態のコンセプトは、全国の有名ブランド焼酎からご当地こだわり焼酎を50種類以上集めた店であり、つまみメニューについてもおばんざい料理や美味しい干し魚など炙り焼きにこだわりを持った店である。

焼酎バーは一時的に流行りとして全国に広がったものの、店としてのこだわりや特徴がないなど、景気後退とともに衰退を余儀なくされている。この店は流行に左右されることなく、焼酎をこよなく嗜好する固定客にターゲットを絞るだけではなく、女性客が一人でも気軽に入れる雰囲気づくりなど、幅広い客層を狙うコンセプトにしている。

価格帯についてもあまり価格を高くするのではなく、比較的低価格で提供できる焼酎やブランド銘柄をバランスよく品揃えしている。焼酎の価格帯は1杯500円から600円前後に設定し、つまみは300円から680円以内に集中するようにメニュー内容を設定することがポイントであろう。

もちろんドリンク類は焼酎を主軸にするものの、女性客の集客に合わせた梅酒類も10種類ほど品揃えしておきたいところだ。

立地によっても異なるものの、店そのものが小さいため客席を多く確保できない場合は、営業時間を長くすることによって営業効率をカバーすることを検討しておかなければならない。営業時間は夕方5時から翌朝5時までバータイムの時間帯を維持することを検討しておくことが大切であろう。

ゾーニング計画と設計ポイント

この物件は、木造2階建ての1階部分を店として利用しているものであり、店そのものが狭いスペースであるため入り口に対してキッチンを左右何れかに配置することであろう。この店の場合には、ファサードとしての入り

焼酎バー●A-1 断面図 1：50

厨房設備機器リスト

No	品名	台数	寸法(mm) W	D	H	配管接続口径(A) 給水	給湯	排水	ガス 口径	KW	電気容量(kW) 単相100V	単相200V	三相200V
1	手洗器	1	410	320	760	15		40					
2	冷凍冷蔵庫	1	900	800	1890			40			0.4		
3	焼物器	1	660	282	395				φ9.5	5.3			
4	ワークテーブル	1	650 300	750	850 300								
5													
6	パイプシェルフ	1	1200	300	1段								
7	冷蔵コールドドロワー	1	1200	750	550			40			0.4		
8	電磁調理器	1	900	750	300								3.0x2
9	排気フード	1	2000	900	下端1900						0.2		
10	ドリンクテーブル	1	2000	750	850	15	15	40					
11	製氷機	1	630	525	800	15		40			0.4		
12	生ビールサーバー	1	255	553	570						0.2		
13	酒燗器	1	200	390	388						1.3		
14	冷蔵コールドテーブル	1	2100	750	850			40			0.2		
15	ワークテーブル	1	2650	600	850								
16	炊飯カート	1	500	500	200								
17	IH炊飯保温ジャー	1	430	500	390							4.6	
18	二槽シンク	1	1050	600	850	15x2	15x2	40x2					
19	コールドテーブル冷蔵庫	1	1500	600	850			40			0.2		
20	レジ台(引出付)	1	900	600	850								
21	シェルフ	1	1518	359	1892								
	合計									5.3	3.3	4.6	6.0

口が設定されているため、入り口に向かって左側にカウンターキッチンエリアを配置し、付帯設備もキッチンエリアに近い位置にトイレなどを計画している。

一般的に1階が飲食店としての用途になっている場合、新築でない限り既存設備や防水区画を再利用することも可能なため（造作譲渡という物件であれば）、以前の店の衛生設備、換気設備などそのままの設備を活用することが低コストで店づくりをするためのポイントになるだろう。

もちろん物件の引き渡しがスケルトンの場合には、キッチンやトイレなど衛生設備に関わる範囲部分はすべて防水しなければならないが、地下がない場合には、客席やフロアに漏水しても防水区画を飛び越えなければ問題はないため、キッチンエリアとフロアを区画する防水は簡易防水でも問題はないはずだ。

換気設備については、煙を多く発生する調理機器を使用する場合は、少し排気設備を大きくしておかなくてはならない。調理による煙が営業中の店内に充満することは避けなくてはならない。

①キッチンとカウンター席が隣接している場合には、キッチン側から直接カウンターのゲストに料理やドリンク類を提供することが中心になるため、キッチンからの距離とカウンターの高さなど、キッチンの床レベルの高さを忘れずに寸法調整すること。

②スペースが狭い場合には、キッチンの熱源は壁側に配置するとよい。排気量が限定されている場合にも比較的対応可能になることが多い。

③焼酎バーとしての演出材は、入り口から入ったキッチン側の棚に焼酎ボトル陳列し、焼酎の銘柄やラベルの色や名前がそのままイメージ訴求に繋がるようにし、雛壇状の棚にして焼酎ボトルを陳列すると、より一層訴求力が上がるだろう。和的焼酎バーというイメージを尊重する場合には全体の雰囲気を重視すること。

④限られたスペースをフルに活用したい場合には、バックヤードを小さくして席数を増すことができるが、営業時間が長い場合にはスタッフの休憩や仮眠などを配慮すると、席数を増加させることだけがすべてではないことを理解しておくこと。

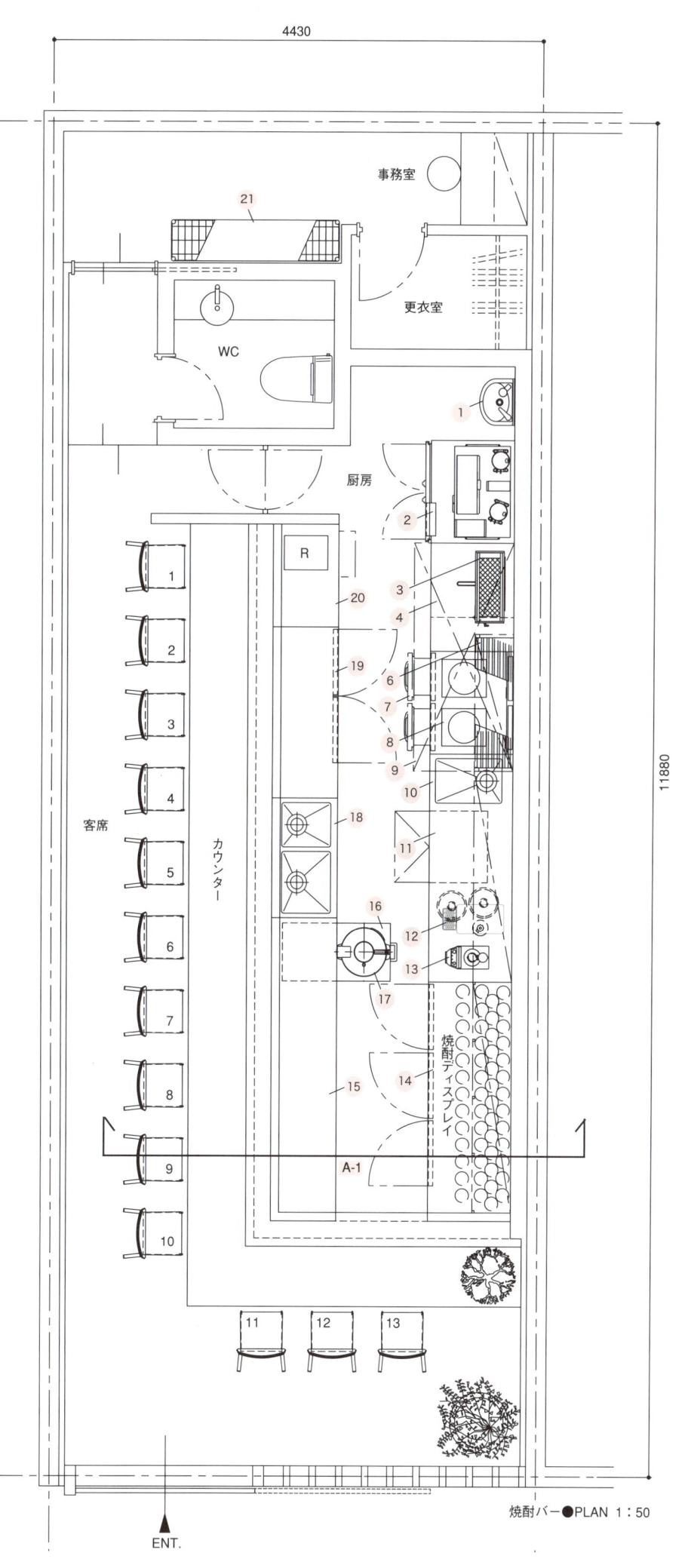

焼酎バー●PLAN 1：50

洋風スタンドバー　54.5m²　0 seats

低価格で気軽に利用できることがカギ

総投資金額（保証金その他備品除く）：1300万円
月商売上高：540万円
回転率：夜3回
平均客単価：夜1500円
店舗面積：54.5m²
厨房面積（バックヤード含む）：22.1m²
客席面積（トイレ含む）：32.4m²

Chapter 3

事例集　業種業態別平面計画

業態特徴とイメージ・コンセプト

この店の業態コンセプトを端的に言うと「立ち飲み洋風居酒屋」である。

昨今、都心部に増加している低価格居酒屋である。この業態の魅力はいかに低価格で酒や美味しいつまみを楽しめるかにある。

この店の場合は、和の立ち飲み居酒屋と差別化するために洋風スタイルにしていることであり、提供メニューはノンジャンルで美味しい料理であれば、日替わりで何でも提案するといったフレキシビリティーある思想でまとめたものである。

この業態のビジネスポイントは、いかに繁忙時に効率的に客回転を上げることができるか、さらに酒類やつまみの価格を低価格かつ美味しい料理を提案できるかにあると言える。繁忙時以外はスタッフが客席に出ることなく、サービスを完結できることや店のアイドル時には少人数で営業できるという効率経営を重視している。

ターゲットとする客層は、男性サラリーマン、OLの25歳以上を主軸にし、仕事が終わった後に気軽に喉を潤して家路につく、あるいは厳しい社会現状の中で低料金でバーの雰囲気を味わう、また待ち合わせの場として利用するなど、多様な需要や機会に合わせた業態として定着を狙うものである。

ここで提案する運営の仕組は、セルフサービスを基本として、入り口周辺に100円ずつ区切られている1枚1000円のチケット販売機を設置して、客の利用に合わせてチケットを購入してもらうもの。あとは酒類、つまみを提供する各コーナーで価格に合わせてチケットと交換するという仕組みである。

また残ったチケットは、再度来店した際に利用してもらう仕組みとしている。

価格帯は、酒類も日本酒、焼酎、ワイン、カクテルに至るまで低価格で提供すること、つまみ料理についても100円から480円までの範囲で種々なタパ（小皿）料理を楽しめるものとしている。

立地としては、やはり業態の特性を考慮するとビルの1階が理想的であるが、都心部であれば2階、3階でも店としての認知度が上がれば成立する業態である。立地は業態としての生命線なのである。

また営業時間も金、土曜日は朝までの営業にする、あるいは都心部の繁華街に位置しているのであれば、常に朝5時までの営業にするなど、来店需要に合わせて営業時間を変化させることも大切なポイントであろう。

ゾーニング計画と設計ポイント

この物件条件は、3階建てビルの1階に位置している。

設備は入り口正面に集まっているため、キッチンの配置は左右いずれ側でも配置できる条件にあるが、いずれを選択するかは、既存入り口扉や客席配置、つまり左右どちら側からの来店が多いのかなどを想定してキッチンエリアを検討する。

スタンドバーのキッチンでは、客に注文された料理をそのつど調理するわけではなく、調理保冷あるいは保温した料理を提供する仕組みであり、繁忙時に調理機器を稼働させることはなく、あくまでも繁忙時間と準備した料理の量目に合わせ調理調整をすることになる

厨房設備機器リスト

No	品名	台数	寸法(mm) W	D	H	配管接続口径(A) 給水	給湯	排水	ガス 口径	Kw	電気容量(kW) 単相100V	単相200V	三相200V
1	ビールドラフト	2											
2	冷蔵コールドテーブル	1	1500	600	850			40			0.2		
3	ワークテーブル	1	1700	600	850								
4	ホットショーケース	1	1700	300	450						1.5		
5	一槽シンク	1	500	600	850	15	15	40					
6	冷蔵コールドテーブル	1	1200	600	850			40			0.2		
7	冷蔵ショーケース	1	1700	300	450			40			0.3		
8	二槽シンク	1	1000	600	850	15x2	15x2	40x2					
9	オーバーシェルフ	1	2050	300	2段								
10	冷蔵コールドテーブル	1	1500	600	850			40			0.2		
11	パイプシェルフ	1	1930	300	1段								
12	フライヤー	1	450	600	850				15	10.5			
13	ワークテーブル	1	380	600	850								
14	ガスレンジ	1	900	600	850				25	39.5			
15	排気フード	1	1930	750	下端1900						0.2		
16	一槽シンク	1	450	600	850	15	15	40					
17	製氷機	1	1000	600	800	15		40			0.4		
18	オーバーシェルフ	1	1300	300	2段								
19	ジョッキクーラー	1	625	650	1890			40			0.4		
20	冷凍冷蔵庫	1	1500	650	1890			40					0.7
21	手洗器	1	410	320	760	15		40					
22	シンク付ワークテーブル	1	1450	600	850	15x2	15x2	40x2					
23	オーバーシェルフ&キャビネット	1	1800	350	(900)1段								
24	シェルフ	1	758	359	1892								
合計										50.0	3.4	0.0	0.7

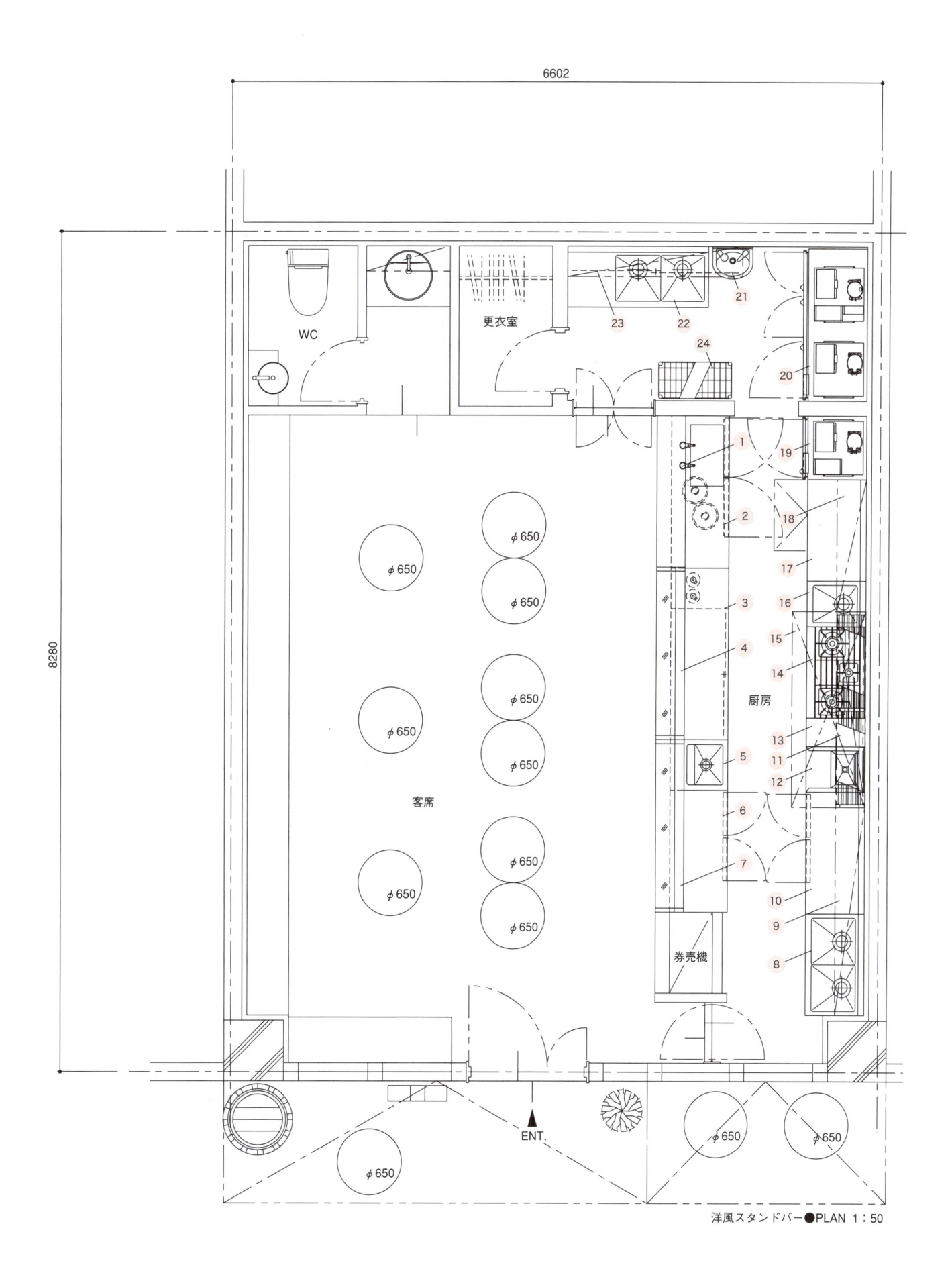

WC 更衣室 厨房 客席 券売機 ENT.

洋風スタンドバー ●PLAN 1:50

だろう。

またスタッフが客席にサービスで出ることはほとんどなく、注文した料理がたまたま不足していた時やテーブル上の食器類の下膳をする以外は、キッチンスタッフとしてサービスに徹することになるため、繁忙時でスタッフ3人、スロータイムの時間帯であれば、2人で運営できる仕組みにしてある。

まさに、人件費を使わず客席回転を上げることができるか否かが、ビジネスとしての成立を左右する業態だけに、夕刻の繁忙時に客を誘引することがポイントになる。

スタンディングが基本であるので席を配置しないことが原則であるものの、たとえば営業時間を朝まで営業するという形態にするならば、夜10時以降は簡易的な椅子を配置することも固定客を増すひとつの方法と言えよう。

①小規模物件になればなるほど、客席スペースの確保を優先するために、更衣室、事務所などのバックヤードは計画から削除されることが多いが、どんなに小さいスペースであっても必要施設であることには変わらないので、スペース確保のヤリクリをすることを忘れてはならない。

②都心部のビルの場合には、地下がなく1階であったとしてもキッチンエリアは防水をしなければならない。また床の段差は入り口で＋150ミリ確保、キッチンエリアでさらに＋150ミリ床を上げる。トイレも防水範囲として区画計画しなければならない。

③スタンドバーのテーブル高さは約1000ミリから1100ミリであり、椅子に足掛けを付ける。またテーブルに寄りかかることも多いため、安定性には十分配慮しておくこと。

④テーブルの大きさやカウンターの奥行きを計画する際には、客の滞在時間を1時間から1時間30分を基準に考えると、来店客の構成は2人、3人が多く、基本的には3人がひとつのテーブル利用できるように計画すること。

⑤入り口前の歩道が広く、テントを広げることができればテーブルを配置して外で飲食させることも一法であるが、立地によっては保健あるいは歩道使用に規制があるため十分検討すること（基本的には違法である）。

⑥看板は和の立ち飲み居酒屋でないため、ネーミングやロゴにいたっても派手さとデザイン性のバランスに配慮した看板イメージを訴求すること（袖看板、置看板、メニュー価格表などは強い訴求材料のひとつだ）。

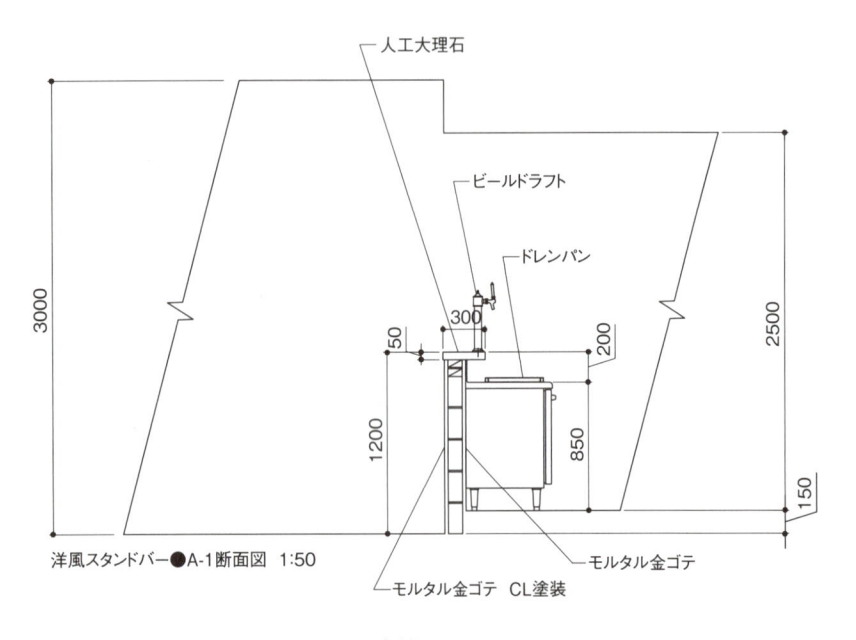

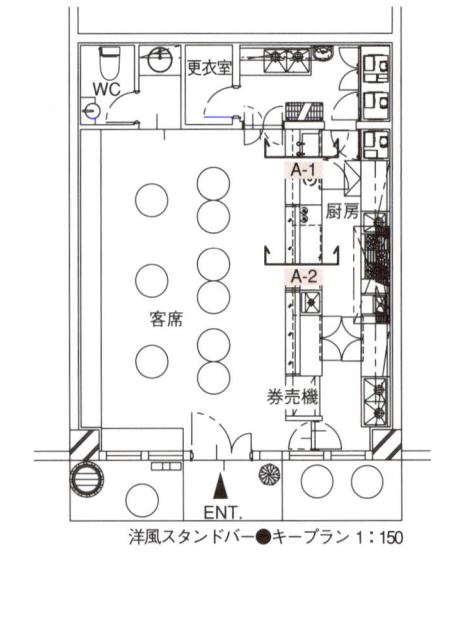

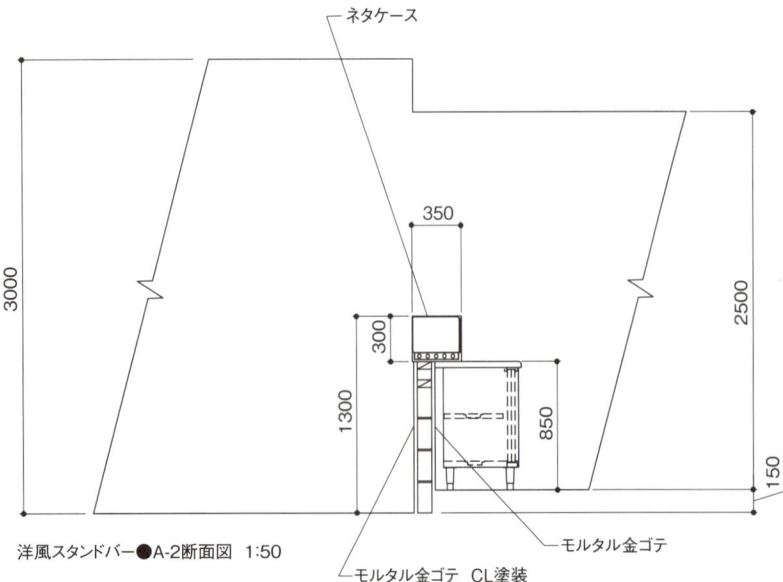

洋風スタンドバー●A-1断面図　1:50

洋風スタンドバー●A-2断面図　1:50

洋風スタンドバー●キープラン　1:150

| ライブジャズバー | 88.3m² | 50 seats |

昼はカフェ、夜はライブジャズのスタイルで

総投資金額（保証金その他備品除く）：2500万円
月商売上高：960万円
回転率：昼2.5回　夜2回
平均客単価：昼890円　夜2500円
店舗面積：88.3m²
厨房面積（バックヤード含む）：23.4m²
客席面積（トイレ含む）：64.9m²
客席数：50席

業態特徴とイメージ・コンセプト

この店は、これまでのライブジャズの夜のイメージに固執することなく、昼の11時から夕刻17時までの時間帯はカフェとして営業し、本格的ライブジャズとしての営業は19時からとしている。

ライブジャズという業態はあくまでジャズ好きのマニアックなジャンルにあるだろうが、これまで都心部を中心にライブジャズの店が流行した時代もあった。

今では、ライブジャズの店の数は少なくなったものの、ジャズファンにはあいかわらずの人気であり、夜ともなれば満席になるほどの活況を呈している店も少なくない。

つまりライブジャズというイメージから想像できる店は、ライブジャズを聴きながらショットリキュール類を楽しむという光景が一般的だが、都心部に立地している場合には、昼の営業も検討しておくことが、経営的には効果的であろう。

近年の傾向としては、ライブジャズエリアとバーエリアを区画した店も多く、客のライフスタイルに合わせて席を選択できる計画になっている業態も増加している。

ターゲットとする客層は、昼は若い男女、大人の男女に至るまでを想定。カフェを利用する層に対して夜の本格的ライブジャズハウスの営業を訴求することであり、BGMはスムースジャズを静かに店内に流すといった大人のカフェとしてのイメージを確立することがポイントとなる。

カフェタイムには、もちろん「カフェメシ」を提供できるようにキッチンの仕組みを検討しておくこと。ドリンク類も比較的セルフカフェ同様の価格帯で提供することが大切であろう。ランチの時間帯にはランチプレートとドリンク類の組み合わせで890円以内の価格帯で提供できる内容にしておくことで、お値打ち感ある店になるだろう。

カフェメシのメニューについては、ノンジャンルでパスタ、カレー、エスニックハンバー

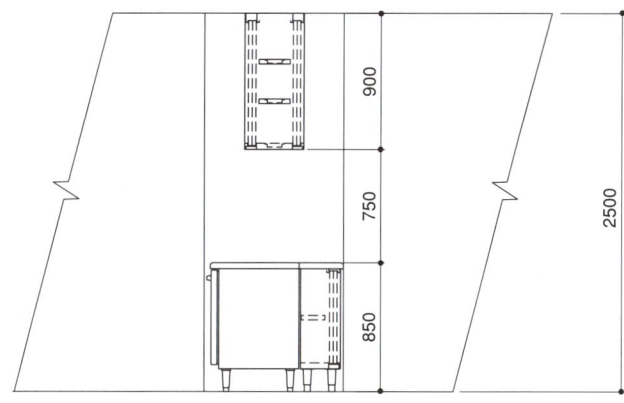

ライブジャズバー●A-1 断面図 1：50

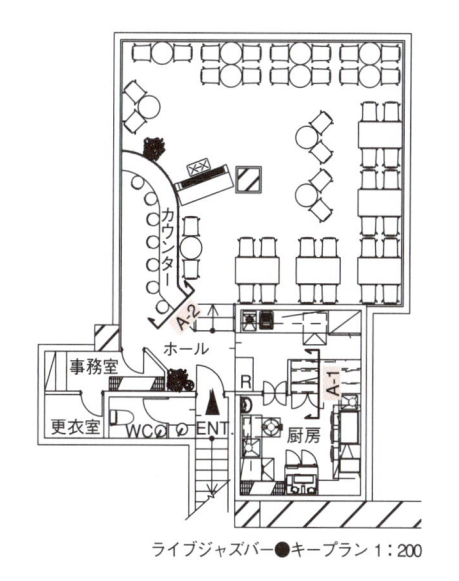

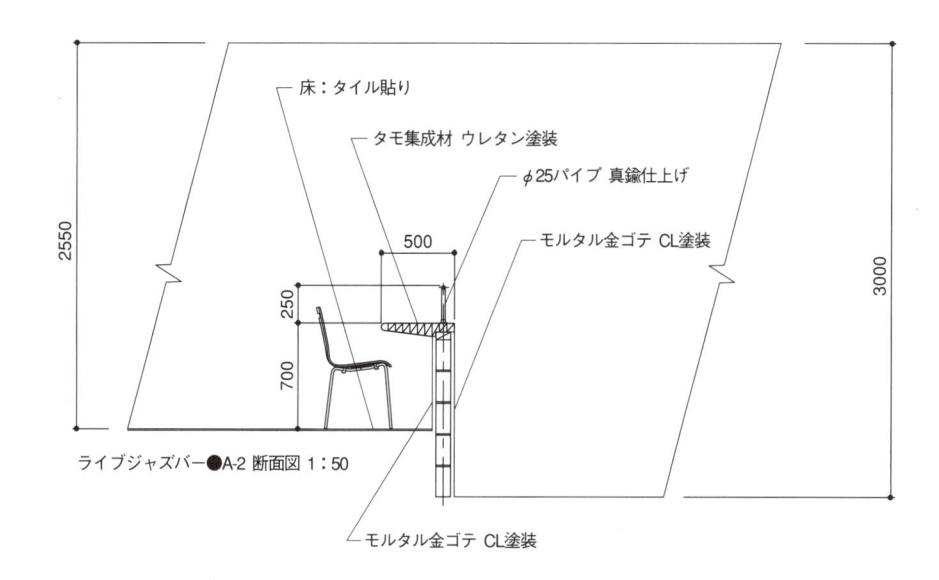

ライブジャズバー●キープラン 1：200

ライブジャズバー●A-2 断面図 1：50

グなど一回でサービスできるワンプレートサービス（すべての料理を皿に盛りこむこと）にすることやその日によっての日替わり料理もあると、客の利用頻度を高めることも可能になるだろう。

もちろん料理としては、ひとつひとつのメニューにこだわりがある味づくりをしなければ、昼に客を集客することは難しいことになる。

昼のランチ営業を想定している場合には、店づくりの段階で照明計画は昼と夜で店内の明るさを調整できるようにコントロールできる仕組みにしておくことが大切であろう。

夜のライブジャズの時間帯は、一般的にはドリンク類の価格帯はソフトドリンク類で500円から600円、アルコール類で800円以上、つまみ類は480円から1000円まで、その他ライブチャージ料として一人約1500円から1800円前後が一般的であろう。最近の傾向としては、ライブが始まる前の時間に入店し簡単なつまみや食事をしながら良い席を確保（他の店で食事してライブジャズに来るのではなく）するという時間と費用を効率的に考える客が増えている。

ゾーニング計画と設計ポイント

この物件条件は、地下1階であるが地下の物件としては天井高が高くFLから5000ミリあり、種々なイメージづくりができるだろう。

地下の物件では、設備についての制約がある場合が多く、この店の場合には、階段を降りてすぐ右側に設備が集中していることや排水経路もこのスペース以外の場所に変更できないという条件がある。

排気設備についても現在の場所から地上にダクトが上がっているなど、地上階の物件よりも、地下階の場合は設備制約内容を十分に調査した上で計画に臨むことが大切である。

本例では、入り口に向かって右側にキッチンスペースを配置し、左側にトイレを計画している。ここで注意しておきたいことは、排気設備のダクト開口を地下から地上に上げているため、必要な排気容量を計画できないことであった。

このように厨房設備の排気容量をまかなえるダクトの開口がない場合には、調理機器の排熱や排気する調理機器内容を再検討しなければならない。したがって業態コンセプトを決定する段階でメニュー内容、必要調理機器の排熱排気量の大枠を把握しておき、物件調査ではどのぐらいの排気容量が可能かなどのチェックがポイントになる。

①地下の物件で天井が高いという特別な条件の場合には、入り口階段を降りてさらに階段があり床が下がっているという場合が多い。一般的には地下物件の天井高が高いという条件はまれであるため、その条件を生かしたゾーニング計画をすること。

②客席は、ライブジャズステージを取り巻くように配置し、1人、2人客のためのカウンター席をステージに近くで配置し、部分的に床レベルを上げている。

③物件が地下に位置している場合、換気設備が十分に確保できないことが多い。最近、飲食店は禁煙が一般的になっているが、業態的イメージとして禁煙にしにくいため、テーブルゾーンごとに喫煙と禁煙を分けることがポイントである。換気が十分に確保できる客席エリアを喫煙席にするとよいだろう。

④一般的にジャズステージは客席レベルより上にあるが、逆にステージと同じレベル、上から見下ろす視線など物件状況に合わせた空間演出とする。あまり装飾で締め上げることなく、物件の現状をうまく生かしたインテリアデザインを計画すること。

⑤インテリアデザインイメージとしては、低いフロアの天井に鉄骨で櫓を組んで空間に変化をもたせる計画にしてもよいし、予算を掛けたくないということであれば、天井からペンダントライトを要所々に配置するなど、天高のある空間をそのまま生かしたデザインにすること。

⑥ライブジャズという業態の場合は、客席と客席の間が狭くとも、目的がライブを聴くということであり、狭くても気にならないことが多い。またステージの傍に席を配置してほしいという要望があるため、ステージ、客席双方の視点からの配置を検討すること。

厨房設備機器リスト

No	品名	台数	寸法(mm)			配管接続口径(A)			ガス		電気容量(kW)		
			W	D	H	給水	給湯	排水	口径	KW	単相100V	単相200V	三相200V
1	手洗器	1	410	320	760	15		40					
2	ソイルドディッシュテーブル	1	1200	600	850	15	15	40					
3	炊飯カート	1	500	500	200								
4	IH炊飯保温ジャー	1	430	500	390							4.6	
5	オーバーシェルフ	1	1750	300	2段								
6	食器洗浄機	1	600	600	850		15	HT40x2					5.1
7	シェルフ	1	1221	307	1820								
8	冷凍冷蔵庫	1	900	800	1890			40			0.5		
9	ワークテーブル	1	1200 600	400 600	850								
10	卓上フライヤー	1	380	600	300								4.0
11	ワークテーブル	1	370	600	300								
12	ガステーブル	1	900	600	300				20	32.6			
13	冷蔵コールドドロワー	1	1650	600	550			40			0.4		
14	排気フード	1	1450	750	下端1900						0.1		
15	一槽シンク	1	450	600	850	15	15	40					
16	冷蔵コールドテーブル	1	1200	600	850			40			0.2		
17	オーバーシェルフ&キャビネット	1	1900	400	900 1段								
18	ディッシュアップテーブル	1	1200	300	850								
19	ワークテーブル	1	700	900	850								
20	冷蔵ショーケース	1	900	650	1880						0.5		
21	製氷機	1	630	585	800	15		40			0.4		
22	カプチーノマシン	1	355	380	460						1.5		
23	ドリンクテーブル	1	2450	600	850	15	15	40					
24	シェルフ	1	1521	307	1820								
	合計									32.6	3.6	4.6	9.1

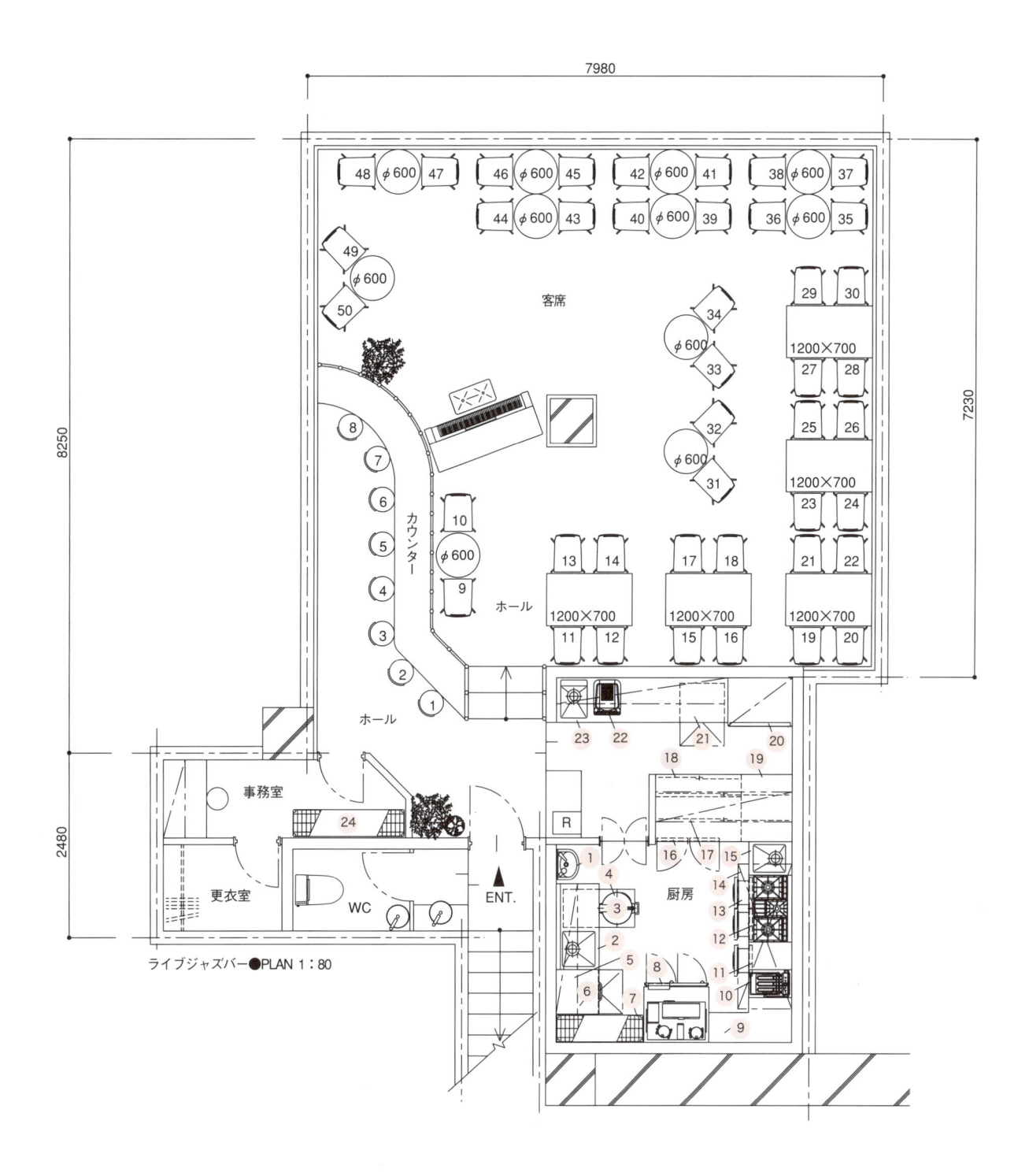

ライブジャズバー●PLAN 1：80

和風甘味カフェ

78.9m² / 30 seats

オリジナル鯛焼きを武器に、和をキーワードにしたレトロ感を訴求する

総投資金額（保証金その他備品除く）：1800万円
月商売上高：350万円
回転率：昼3回　夜2回
平均客単価：昼650円　夜600円
店舗面積：78.9m²
厨房面積（バックヤード含む）：24.9m²
客席面積（トイレ含む）：54.0m²
客席数：30席

Chapter 3　事例集　業種業態別平面計画

業態特徴とイメージ・コンセプト

和風甘味カフェという業態で、店頭販売の鯛焼きとカフェエリアでの甘味メニューを提供するコンセプトの店である。

一般的に鯛焼きは店頭販売の2坪ほどのスペースでテイクアウトを中心に計画することが多いが、この店の場合はオリジナルの鯛焼きを武器に、その他あんみつ、ところてん、大福、饅頭など和をキーワードにレトロ感を訴求した複合店である。

最近の傾向としては、鯛焼きの生地や中に入れる具材も和風や洋風など種々のバリエーションのものが登場してきていることや1個の価格が低価格であるという買いやすさも人気の秘密であろう。

また客層や年齢層に関係なく歩きながら食べてもさほど負担にならないなどファストフード商品としては気軽さも人気のひとつである。

しかし基本的には、商品そのものが美味しくなければ、繁盛店にはならないだろうし、奇抜なアイデアだけでは生活者の支持を受けることは難しいことを理解しておかなければならない。

この店の場合の甘味メニューの素材は原材料からすべて店内のキッチンで製造や仕込みができるように専用の調理機器を配置し、店としての「こだわり」と「オリジナリティー」を訴求するものである。

客層としては、甘味である以上、女性客、家族、子供などに焦点を合わせてメニュー構成や価格設定をすることがポイントになるだろう。また今後の高齢化社会の状況を配慮すると、老人も大きなマーケットのひとつである。

価格帯については、鯛焼き1個の価格は約80円、その他大福、おはぎなど120円前後、その他メニュー600円が上限であり、コーヒー、紅茶、その他ドリンク類も300円から400円以内で比較的低価格で提供するスタイルが、新しい甘味カフェのスタイルとしては繁盛するだろう。

近年のカフェスタイルは、欧米の洋風スタイルが若い女性客の支持を集めているものの、今後の高齢化社会や主婦層の喫茶需要を配慮すると、立地によっては有望な業態コンセプトになり、都心部に主婦層が利用する甘味カフェが成立する時代がやってくるだろう。全国的に街の洋風カフェの数はオーバーストアになりつつあり、競争も激化してきている。ただ単に居心地の良い空間を提供すれば、ほどほどに集客できるという時代は将来的には終わっていくだろう。

むしろこれからは、現実的な社会情勢を見据えながらも独自性を打ち出していかなければ生き残っていけない時代になることを忘れてはならない。

いまや簡易的かつ合理的な業態が流行であろうとも常に利用者が求めるものは、自分にあった業態や居心地の良い環境の店などを常に探していることを理解しておかなくてはならない。

厨房設備機器リスト

No	品名	台数	寸法(mm)			配管接続口径(A)			ガス		電気容量(kW)		
			W	D	H	給水	給湯	排水	口径	KW	単相100V	単相200V	三相200V
1	二槽シンク	1	1400 960	600	850	15	15	40×2					
2	オーバーシェルフ	1	1400	300	2段								
3	冷蔵コールドテーブル	1	1500	600	850			40			0.2		
4	架台	1	2040	600	540								
5	ガスたい焼き機	2	1020	570	310				13x2	18.5x2			
6	手洗器	1	410	320	760	15		40					
7	シンク付ワークテーブル	1	1500	600	850	15		40					
8	オーバーシェルフ	1	1350	300	2段								
9	食器洗浄機	1	600	600	955	15		40					0.4
10	排気フード	1	900	750	下端1900								
11	冷凍冷蔵庫	1	1200	650	1890			40					0.4
12	パイプシェルフ	1	1200	300	1段								
13	ガステーブル	1	1200	600	850				25	39.5			
14	排気フード	1	1350	750	下端1900						0.1		
15	シェルフ	1	603	460	1867								
16	ミキサー	1	655	679	1142						0.8		
17	冷蔵コールドテーブル	1	1200	750	850			40			0.2		
18	センターシェルフ	1	1200	350	2段								
19	シンク付ワークテーブル	1	1800	900	850	15	15	40					
20	アイスメーカー	1	630	525	800	15		40					
21	オーバーシェルフ	1	900	300	2段								
22	シンク付ワークテーブル	1	1750	600	850	15		40					
23	ホット&アイスコーヒーメーカー	1	760	565	760	15		50			0.4		6.0
24	手洗器	1	410	320	760	15		40					
25	排気フード	1	2190	650	下端1900						0.2		
	合計									76.5	1.1	0.0	7.6

甘味カフェ●PLAN 1:60

- 客席
- 厨房＆対面販売
- テラス
- 厨房
- WC
- 事務室
- 更衣室
- ENT.

ゾーニング計画と設計ポイント

この物件の設備条件は、3階建てのマンションの1階部分を飲食店として改修したものである。店頭販売のエリアは道路と同じ床レベルの高さにできるようにし、客席については床を250ミリ上げている（基本的にテナント物件の場合には床レベルを下げることは許可されない）。また入り口正面の奥側が庭になっている部分にテラス席を配置し、季節によって扉を開放して、来店客に合わせて誘導する検討をしている。

キッチンスペースについては、店頭販売エリアのすぐ背面にキッチンスペースを配置するか、現在の計画位置にキッチンスペースを配置するかのいずれかになるが、店頭販売エリアからカフェエリアが見え隠れしたほうが、店内に誘導しやすいことを配慮すると、入り口に向かって右側のエリアにキッチンを配置することが理想的であろう。

またトイレや事務所などの付帯設備はキッチン側の奥側に配置することが設備計画的にも効率的であろう。

キッチンスペースの床については、新たに床をつくらなければならないため、物件のどこの位置にでも配置できるが、ビルの設備が集中している位置を考慮してキッチン計画や水周りの計画することがポイントであろう。

①店頭販売を想定し製造工程を演出コーナーとして訴求する場合には、鯛焼き機がよく見えることが販売訴求のポイントになることから、鯛焼き機の焼き面の高さが750ミリになるように配置することが大切であること。

②カフェエリアへの導入口周辺には、サンプルケースを配置しメニューや価格を表記することが入りやすい誘導材料になる。甘味カフェはあくまでもセルフサービスの業態ではないため、カフェエリアでゆっくりと休息をとれることや、価格的にも付加価値があるということ訴求が大切なポイントになる。客席スタイルは、女性客をターゲットとして検討する場合には、グループ利用、2人、4人、1人など種々な客層に対応できるように、種々なスタイルの客席配置を検討しておく。

③キッチンエリアと客席エリアは、完全に区画するために、キッチンのドリンクラインから客席が見え隠れするようにデザインしておくこと。

④カフェエリアの精算については客席テーブルでの精算としレジは1台で計画することが効率的である。カフェエリアの来客人数が多い場合には、店頭販売とカフェエリアのレジは別々に配置することも考慮すること。

⑤カフェのインテリアデザインは、主客層に合わせて昭和レトロ的なイメージで全体的の装飾をすると良いだろう。

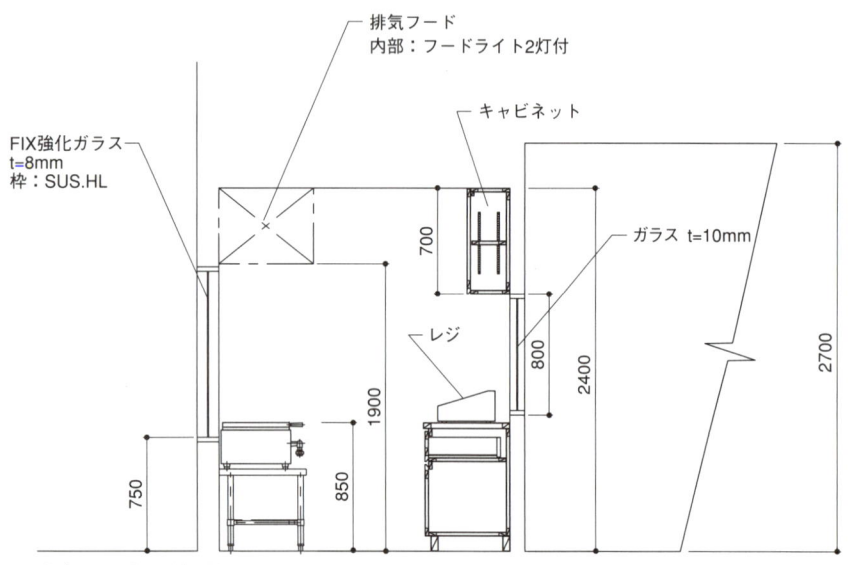

甘味カフェ●A-1断面図 1：50

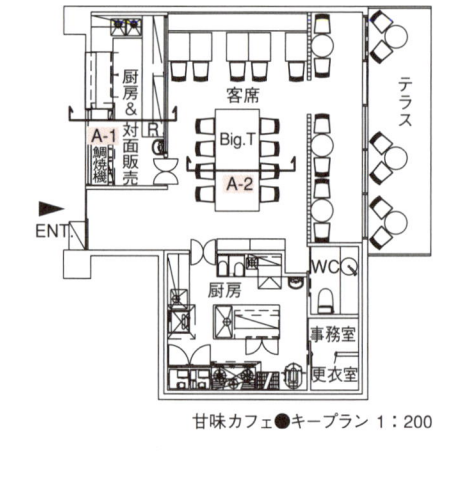

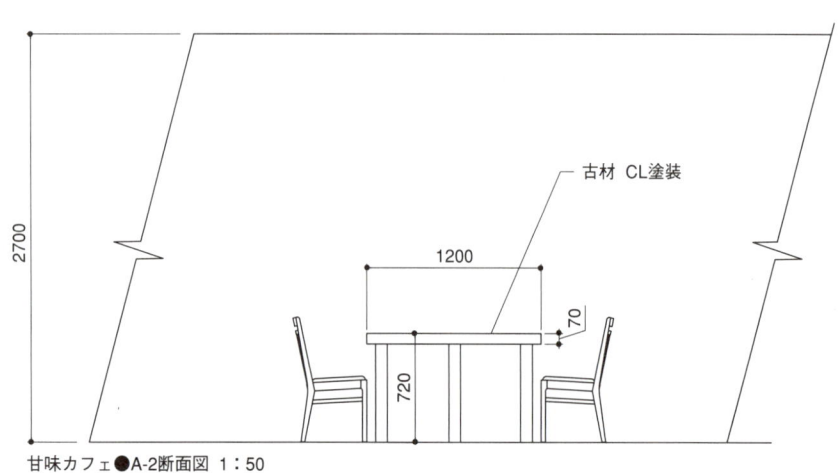

甘味カフェ●キープラン 1：200

甘味カフェ●A-2断面図 1：50

| カフェレストラン | 119.7m² | 54 seats |

気軽なカフェメシが人気を集める

総投資金額（保証金その他備品除く）：3300万円
月商売上高：800万円
回転率：昼4回（カフェタイム含む）　夜1.8回
平均客単価：昼1000円　夜1200円
店舗面積：119.7m²
厨房面積（バックヤード含む）：32.7m²
客席面積（トイレ含む）：87.0m²
客席数：54席

業態特徴とイメージ・コンセプト

気軽にカフェを楽しめる女性客に視点を合わせた店づくりである。

ターゲットとする客の年齢層は20代から40代の女性客を想定して、インテリアデザイン、椅子の形状やカフェメシメニューに至るまで詳細に練りこんだ企画である。

立地周辺が女性を対象にしたブティックが多く点在していることや、1階がブティックであることなどから、周辺のブティックで働くスタッフや一般の来店客を店に誘導しようとするもので、リゾートにある家庭に招いたイメージ「リゾートカフェ」をサブコンセプトとしている。

メニュー内容は女性客をターゲットとしているだけに、健康志向、ローカロリー、野菜が美味しいなど、また食材のトレサビリティーに至るまで明確化している。

価格帯についても、低価格高付加価値を訴求できるように、ランチはメイン料理はいくつかの料理から選んでもらいフルサービスするものの、パンやドリンク類、デザートはセルフサービスする仕組みをとり、1000円で美味しい料理とカフェを楽しめる空間づくりを企画している。

夜の営業については、ワイン、カクテル類、梅酒を取り揃えて、つまみもオーガニック野菜を使用したシンプルな料理。もちろん肉、魚料理も食事として提案できるように、ワンプレートにメイン、ガルニは少量であるが多く皿の上を埋め尽くす女性客を意識したメニューにしている。

ゾーニング計画と設計ポイント

この物件は、飲食店のテナント賃貸を想定した設備を揃えていないため設備条件に制限があり、幅広いメニューに対応した調理はできないことが基本にある。

投資を気にしなければ、設備変更や電気設備増量などできないことはないものの、設備変更工事に大きな投資をしてまでも、また限られた条件下での出店することはほとんどないだろう。

もちろん企画する飲食店の内容が、限られた設備内容や容量で計画をできる場合には、ビル側との調整で店づくりが成立する場合も多々ある。よって企画する飲食店の設備条件が合致しているか確認することがポイントになるだろう。

この物件の場合には、入り口階段下に設備が集中していること、排水経路がないためにビル側の許可をとり床スラブ貫通することで排水経路を確保することができたため店づくりが成立している。

設備が制限された物件であるため、入り口階段を上がったデッドエリアにキッチンを配置し、その周辺にトイレを配置している。

一般的には、レジの位置は入り口に近い場所に配置することが、サービスの流れから効率的であるものの、この店では精算をテーブルチェックにして、オープンキッチンのドリンクエリアに配置したレジで精算作業を行い、客席へ戻すというオペレーションをとっている。

ドリンクエリアはオープンキッチンにして、昼のバイキングのための大テーブルをキッチンとの区画としているため、テーブルの上に

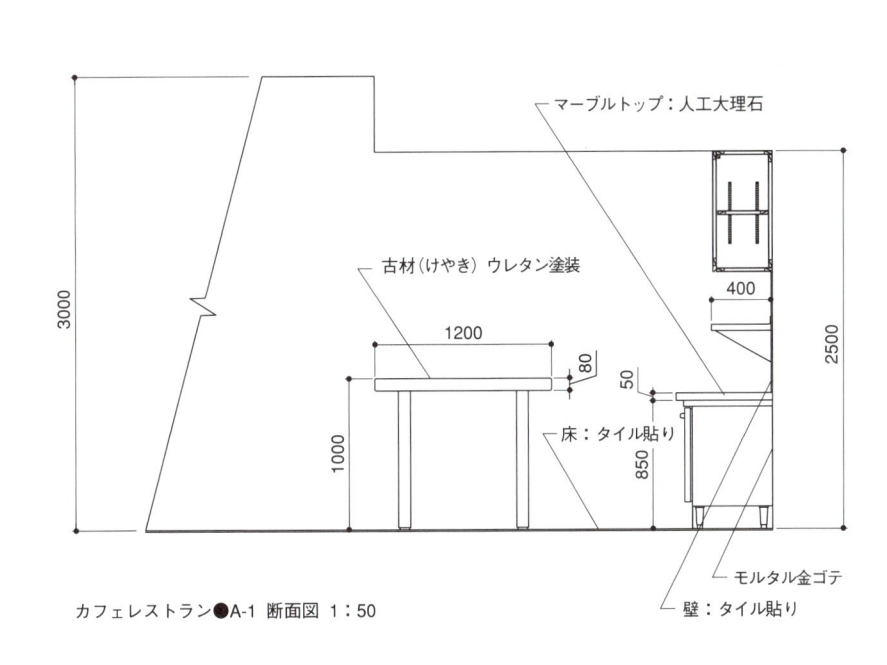

カフェレストラン●A-1 断面図 1：50

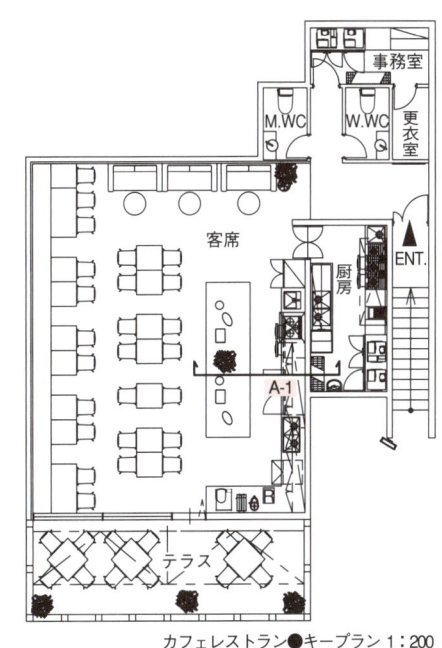

カフェレストラン●キープラン1：200

並べたパン、ドリンク類、デザート類の減り具合やサービスのサポートをするためには、客席の中間に配置した大テーブルは有効であろう。

① リゾートカフェというサブコンセプトに合わせて内装の色調は白を基本に、オープンキッチンおよびドリンクステーションは家庭のシステムキッチンをイメージした業務用キッチンを製作している（家庭用システムキッチンでは耐久性が持たない）。

② 客席の椅子やソファは、リゾートというイメージを意識した座り心地の良い椅子を選定し、テーブルは無垢の木目調のテーブルをフロア全体に配置している。

③ 内装イメージもリゾートにある家庭のキッチンダイニングをイメージしたものであり、奇抜なデザインや装飾は違和感が生まれてしまうため、ベンチシート側の壁に、リゾートをイメージしたヨットハーバーと海の写真を、また壁の各所にリゾートをイメージする小物を装飾品として演出すること。

④ キッチンやドリンクステーションを区画なしにすることは、基本的には保健所の申請は許可されないものと理解しておかなければならない。少なくともキッチンエリアには手洗い器の設置と、キッチンエリアを客席と区画するためのドアが必要である（この店の場合には許可をされているが、具体的手法についてはその地域の保健所に相談すること）。

⑤ 扉が付いたキッチンエリアの床は客席フロアと同じレベルにあるが、これはキッチン機器の排水を直接床スラブ下に配管できたためである。床段差がなくてもよいが、キッチンエリアには水を流すことができなくなるため、清掃は部分的に水洗いし、すぐにモップで汚れた水を拭き取る必要がある（一般的には床スラブを貫通する許可は出ないものと理解しておくこと。この店の場合にはキッチンエリアの下がデッドスペースで特別に問題がないため許可を得た）。

厨房設備機器リスト

No	品名	台数	寸法(mm)			配管接続口径(A)			ガス		電気容量(kW)		
			W	D	H	給水	給湯	排水	口径	Kw	単相100V	単相200V	三相200V
1	冷凍冷蔵庫	1	1500	800	1890			*					0.7
2	シェルフ	1	1212	307	1892								
3	一槽シンク	1	500	600	850	15	15	40					
4	ガステーブル	1	1200	600	300				25	41.4			
5	冷蔵ドロワーコールド	1	1200	600	550			40			0.5		
6	ワークテーブル	1	450	600	850								
7	フライヤー	1	330	600	850								4.5
8	排気フード	1	2300	750	下端1900						0.2		
9	ワークテーブル	1	400	600	850								
10	冷凍冷蔵庫	1	1500	800	1890			40					0.7
11	手洗器	1	410	320	760	15		40					
12	シェルフ	1	910	360	1892								
13	食器洗浄機	1	600	600	1380		15	HT40x2					5.1
14	オーバーシェルフ	1	1800	300	1段								
15	ソイルドディッシュテーブル	1	1800	600	850	15x2	15x2	40x2					
16	ワインセラー	1	750	585	1720						0.2		
17	排気フード	1	800	700	下端1900						0.1		
18	IHクッキングヒーター	1	599	563	230							4.8	
19	冷蔵ドロワーコールド	1	1200	600	550			40			0.5		
20	冷蔵コールドテーブル	1	1500	600	850			40			0.2		
21	ビルトイン二槽シンク	1	900	600	850	15x2	15x2	40x2			0.5		
22	製氷機	1	630	585	800	15		40			0.4		
23	コーヒーミル	1	215	400	685								0.5
24	ジュースディスペンサー	1	252	440	572						0.3		
25	コーヒーマシン	1	450	565	750	15		50					6.0
	合計									58.2	3.1	4.8	17.5

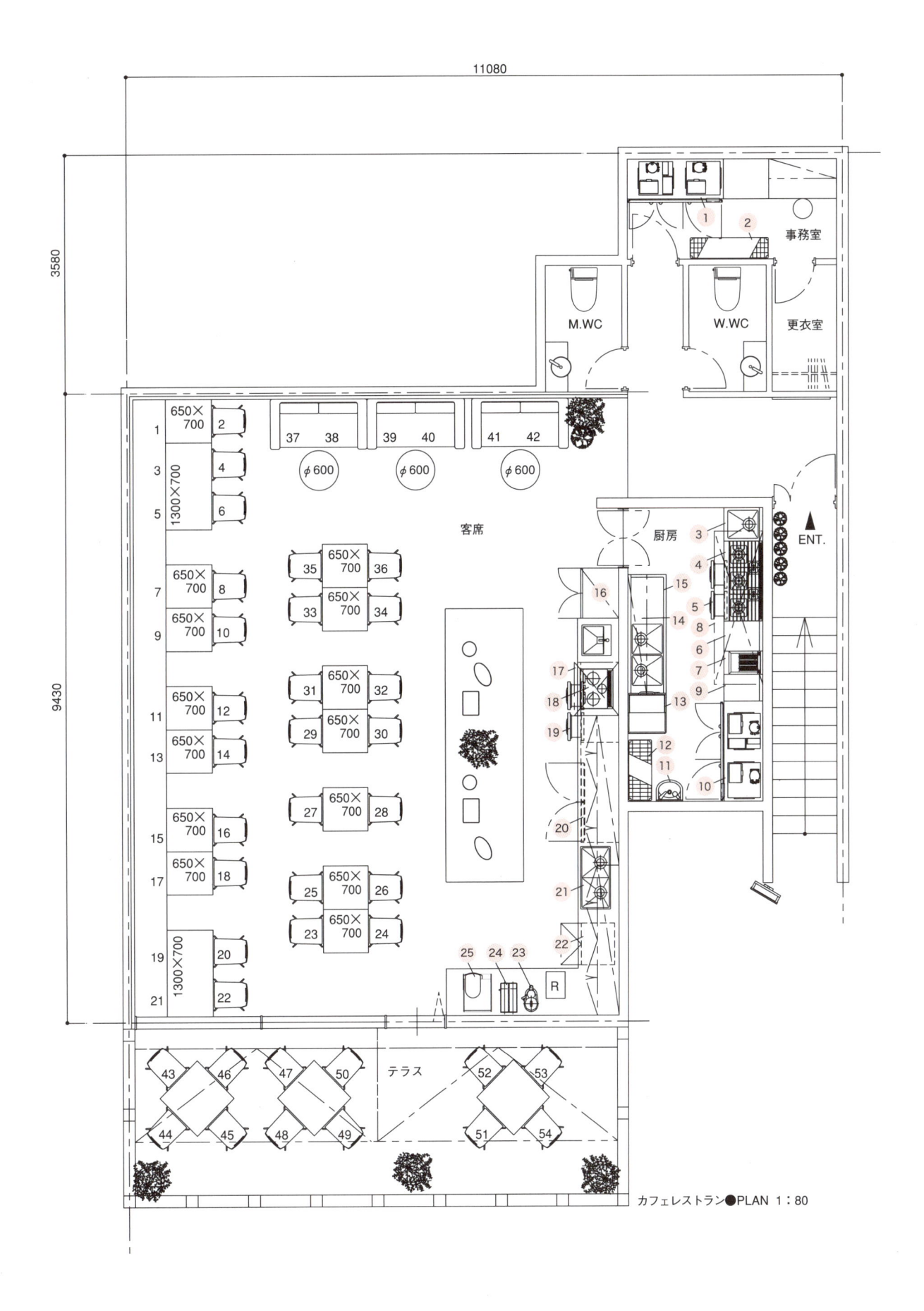

事務室
M.WC
W.WC
更衣室
客席
厨房
ENT.
テラス

カフェレストラン●PLAN 1：80

| セルフカフェ | 112.0m² | 52 seats |

北欧雑貨との複合スタイル

総投資金額（保証金その他備品除く）：4000万円
月商売上高：1200万円
回転率：昼・夜15回（テイクアウト含む）
平均客単価：昼夜平均580円
店舗面積：112.0m²
厨房面積（バックヤード含む）：18.7m²
客席面積（トイレ含む）：93.3m²
客席数：52席

業態特徴とイメージ・コンセプト

近年、都心部で増加し続ける新しいカフェのスタイルの北欧版であり、ナチュラルをキーワードとしてメニュー、インテリアデザインに至るまで「北欧の自然」をイメージとしたものである。また入り口周辺では北欧雑貨類の小物を販売する新しい複合カフェの提案である。

北欧雑貨はキッチングッズ類を中心にテーブルクロス、カトラリー、木製ミル、クロスハンガー、ステーショナリーに至るまで小物類を多品種、数多く品揃えをしたものである。基本的には、カフェに来客する客層の購買力を刺激するオリジナリティーある本物志向の商品やこだわりの逸品をショーウインドー陳列棚に整然と並べたものである。

最近の傾向としてカフェと雑貨店、ブティック、花屋など複合店の企画が増えていることもあり、業態を複合することによって集客力を高めるというマーケット戦略が増えてきている。

もちろんスペースが広く確保できれば、商品数や種類も増加させることができるだろうし、雑貨店専門店としての位置づけを確立できるが、あくまでも限られたスペースで雑貨類の陳列展開する場合には、他店の雑貨店にはないオリジナリティーを強く打ち出すことが大切であろう。

レジ会計については、会計上単独でレジを配置する場合と販売カウンターと併用する場合があるが、雑貨店としてのニーズや商品説明を求められる商品が多い場合には、レジは単独で雑貨スペースに配置し、客のニーズに合わせて商品説明にカウンターエリアから雑貨スペースへ出入りできる計画にしておくことがよいだろう。

この店の主客層としては、20代を中心に、50代以上の高齢者の主婦層に至るまで幅広くとらえ、ナチュラルなインテリアデザイン、食も自然派嗜好で体にやさしいメニュー構成としている。

特にデザートは「マクロビオ」思想をレシピに加えた、美味しく体に優しく食べることによって健康になるというイメージを訴求している。

ケーキ類については野菜、トマト、ほうれん草などをメインにしたデザートを提案するなど全てをマクロビオ思想に終始するのではなく、健康思想としてのコンセプトを店としてしっかり持つことであろう。

基本的な営業は、昼から夜までを通してカフェというスタイルの業態をとるものの、一般的にカフェの会話のうるささやざわめきが店内に響かないように、客席同士の空間を比較的広く確保している。

また夜はイージーリスニングとしてスムースジャズが静かに流れる空間を演出する環境計画にしていることが特徴である。

ドリンク、デザート、サンドイッチ類の価格帯についても、競合店と変わらない比較的280円から450円低価格設定として気軽に利用できる店を目指している。

もちろん店としてのコンセプトに合わせた他店にはないドリンク類やデザート商品は「こだわり」として独自の品揃えをしておくことが理想的であることを忘れてはならない。

また客層として20代から50代の幅広い層をターゲットとする場合には、一人客、グループ客など客構成としては多種多様になるため、客席スタイルも来店客の想定に合わせて種々な客席配置計画をすることが大切である。

また、席そのものの環境もソファや簡易的な椅子など種々の嗜好に対応できるように計画するとよいだろう。

客席スタイルそのものをゾーン別に分けることも来店客に対応できる環境をつくりだすことができるだろうし、テラス席は季節ごとの外気温度で利用を左右されない空間にしておくことが利用頻度を高めることになるだろう。

来店席が真っ先に座る席の傾向としては、販売エリア（商品注文や接客でざわめいたところ）に近くない離れた空間を求めるものであり、この店の場合には、店の奥側の席から埋まっていくことになるだろう。

ゾーニング計画と設計ポイント

ビルの1階に位置した飲食店対応設備を備えたテナントであり、設備内容は入り口に向かって左側に集中しているため、キッチン、バックヤード、トイレなど付帯設備はすべて

厨房設備機器リスト

No	品名	台数	寸法(mm) W	D	H	配管接続口径(A) 給水	給湯	排水	ガス 口径	KW	電気容量(kW) 単相100V	単相200V	三相200V
1	シンク	1	440	490	300	15	15	40					
2	エスプレッソマシン	1	785	560	475	15		50×2					3.8
3	ドリンクディスペンサー	1	252	440	572						0.3		
4	アイスビン	1	346	460				40					
5	ジュースディスペンサー	1	336	510	521						0.6		
6	バーシンク	1	340	340	250	15		40					
7	スムージーブレンダー	2	230	305	483						1.2×2		
8	アイスメーカー	1	1000	600	850	15		40			0.6		
9	欠番												
10	食器洗浄機	1	600	600	850								4.6
11	手洗器	1	410	320	760	15		40					
12	冷蔵ショーケース	1	1500	600	1150						1.0		
13	排気フード	1	900	750	下端1900								
14	シェルフ	1	1212	460	1867								
	合計									0.0	4.9		8.4

テラス席

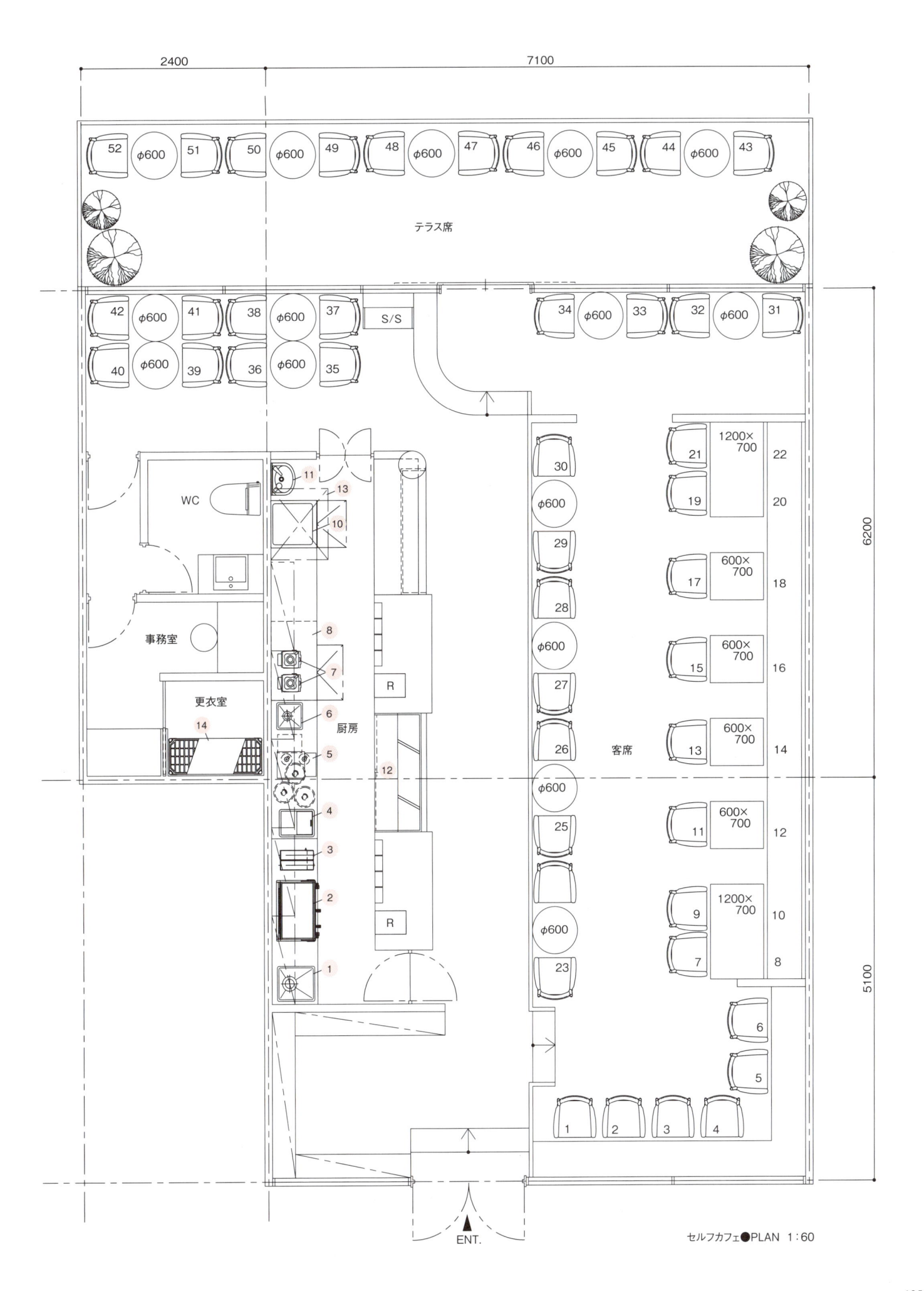

WC
事務室
更衣室
厨房
客席

ENT.

セルフカフェ●PLAN 1:60

を1カ所にまとめている。

また、地下階があるためキッチン、衛生設備、排水系統などすべて床を上げて埋設しなければならないため、キッチンエリアの床レベルを約300ミリ上げる計画にしている。したがってゾーニング計画も入り口から左側にキッチンエリアを配置し、入り口右側に客席を配置するという計画にすることが理想的だろう。

奥側のゾーンは、ビルの建物が変形しているため環境の良い客席空間となり、テラス席としても開放的な空間演出ができるはずだ。

客席スタイルとしては1人、2人、グループ客に対応できるように、種々なスタイルの席を配置することが客席計画としては良いだろう。

インテリアデザインについては、北欧のナチュラルな木調の家具や壁など比較的自然の囲まれたデザインイメージとすることによってコンセプトとの整合性が図れるだろう。

雑貨類の販売エリアを入り口左側に配置する理由は、カフェを利用しない北欧グッズエリアへの来店客に対応できるようにした、雑貨販売の効率化を図ったためである。

①雑貨類の販売は、通路側のガラスを通して商品が見えることが理想的であり、ショーウインドーとしての客導入の役割をする配置であること。夜間、入り口周辺が暗くなる場合には、ガラス側の陳列棚には照明を配置しておくこと。

②カフェ利用に対してはあくまでもセルフサービスの仕組みをとるためには、入り口から商品注文、商品受取りまでのサービスラインが一列に配置するように計画することが、繁忙時にスムーズに客を誘導するポイントになろう。

③セルフカフェのスタイルの場合は、ドリンク類はカウンターで注文するがサンドイッチ類、スナック類は自らセルフでショーケースからとる場合と、対面ショーケースからスタッフに注文し、受け渡しカウンターで商品を受けとるというスタイルの仕組みを計画すること。

④インテリアデザインとしては、北欧のイメージを空間いっぱいに表現することが競合店との差別化の提案になるだろうし、客席の椅子やテーブルも北欧テイストのイメージにするとよいだろう。

⑤一般的には客席フロアは段差がなく、バリアフリーであることが望ましいことだが、設備問題上どうしても段差が発生してしまう部分については、手摺や段差の高さ寸法はできるだけつまずかない1段が125ミリ〜150ミリの高さにしておくこと。

⑥セルフサービスカフェの場合には、来店客が食器類をキッチンあるいはサービスステーションに返却することが一般的であるが、繁忙時でなければスタッフ側が率先して下膳のサポートできるように、客席間にサービスステーションを配置すること。

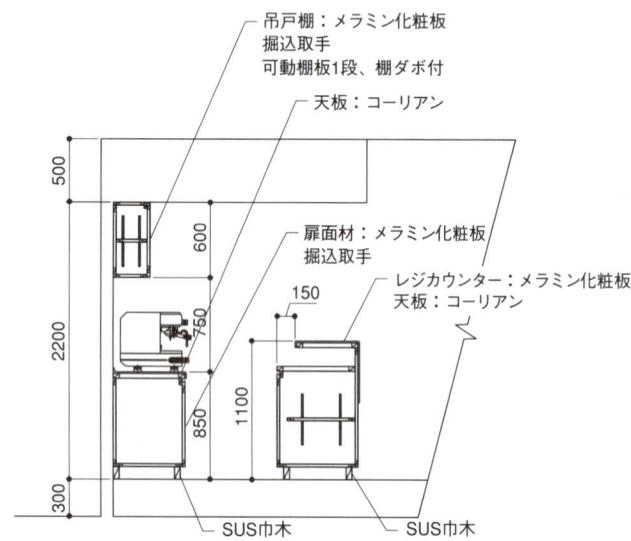

セルフカフェ●A-1断面図 1:50

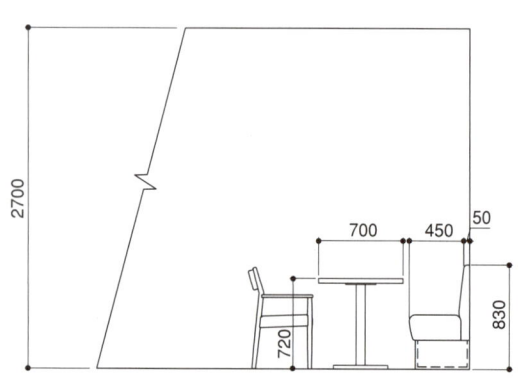

セルフカフェ●A-2断面図 1:50

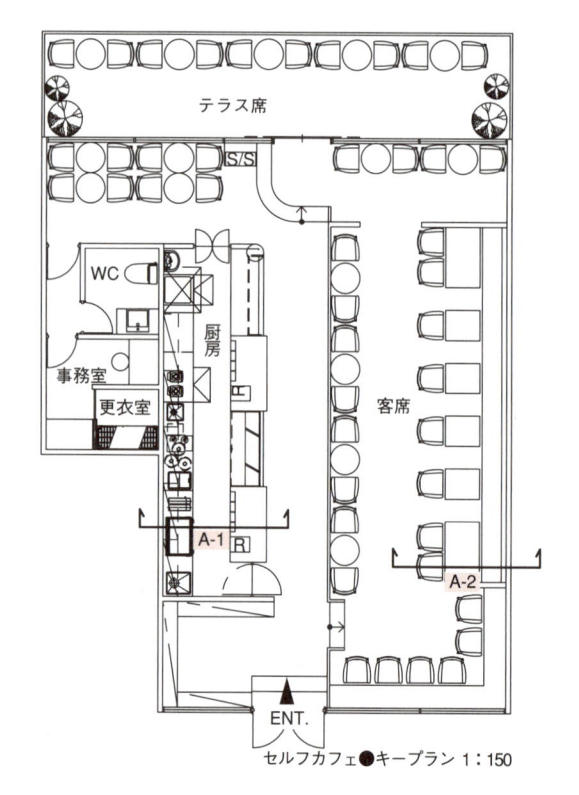

セルフカフェ●キープラン 1:150

イタリアンデリ＆カフェ　　　145.1m²　　70 seats

デリカテッセンとバールの複合店

総投資金額（保証金その他備品除く）：3650万円
月商売上高：800万円
回転率：昼2.8回　夜1.8回
平均客単価：昼1000円　夜2000円
店舗面積：145.1m²
厨房面積（バックヤード含む）：37.6m²
客席面積（トイレ含む）：107.6m²
客席数：70席

業態特徴とイメージ・コンセプト

この店は、イタリアにあるバールとデリカの複合店であり、朝から夜まで時間帯に合わせて業態のスタイルが変化していく新しい業態である。

パンとコーヒーの軽い朝食、昼はデリを主体としたデリランチプレートでスパゲティー、魚、肉などランチタイムのみの8種類の料理から選択でき、繁忙時に合わせてデリ総菜類をメインに合わせて使用しスピード提供を図るものである。

立地によっては、主婦層やOLのテイクアウト需要に対応できるように、量目を少なくして約80g250円で販売する。また今後の高齢化社会の需要に適合するように仕組みを配慮した計画にしている。

価格帯はランチプレートで890円から1000円でドリンク付き（セルフサービス）であり、テイクアウト・デリランチボックスは500円から650円前後として需要の喚起も狙い、繁忙時に売り上げ効率を上げることが大切である。ターゲットは全体の70％が女性客であり、ランチ需要に限らず営業時間全体を通して女性を集客することがポイントとなろう。

したがって、ティータイム需要やデザート、野菜ケーキ、おからと豆乳を使用した焼きドーナツなど、時間帯問わずテイクアウトができるなどの他店にはない業態特性を持つ。この業態の特性は時間帯に合わせて客層の需要が変化する利用動機に適合していこうとするものであり、朝、昼、ティータイム、ディナーに至るまで種々の利用者のライフスタイルにいかにマッチできるかにあるだろう。

もちろん女性客をメインターゲットにおくならば、女性が最も関心がある食材のトレサビリティー、健康志向、マクロビオなどの思想を取り入れたレシピを「こだわり」として訴求するのも効果が大きい。

夜の時間帯は、会社の帰りに一人で食事をするのもよいし、ワイン、ビールなどアルコール類とデリ料理や種々のイタリア小皿料理を楽しむなど女性同士や男女カップル、若いサラリーマンなど、女性客を中心に取り込むことが成立のポイントになるだろう。

夜メニューについては、コールドデリだけではなくホットデリ、一品料理として食事あるいはつまみ料理を提案することが幅広い客層

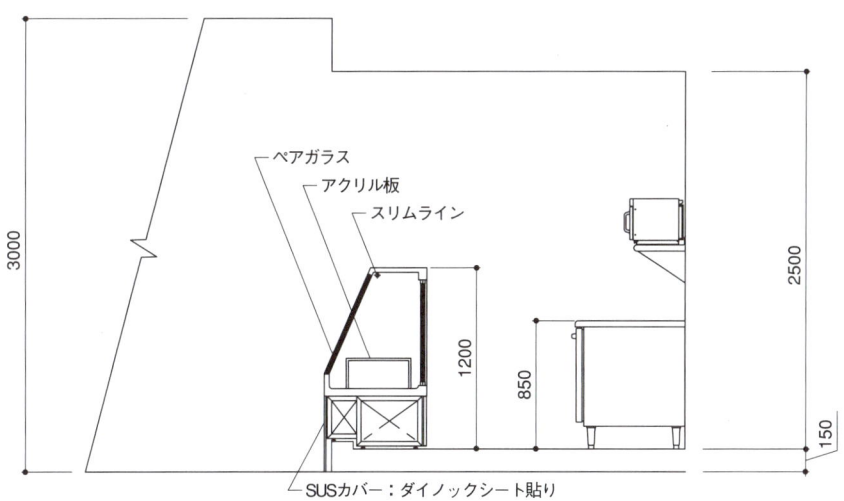

イタリアンデリ＆カフェ●A-1断面図　1：50

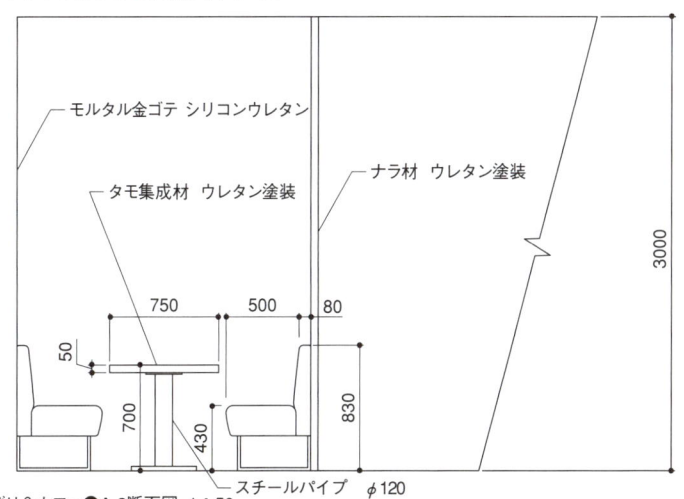

イタリアンデリ＆カフェ●A-2断面図　1：50

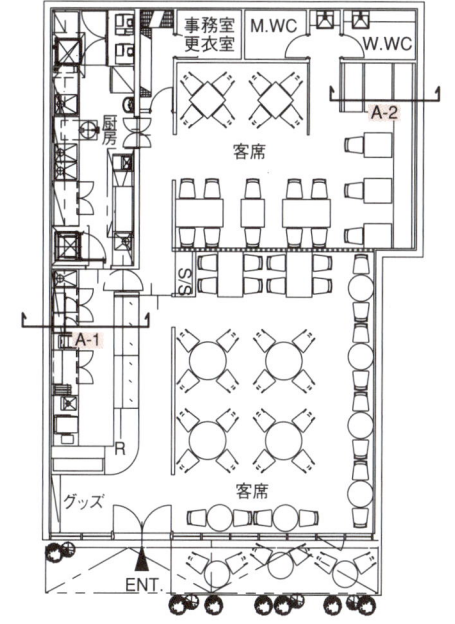

イタリアンデリ＆カフェ●キープラン　1：200

を集客するための武器になるだろう。
夜の客単価としては2000円から2800円で料理とアルコールを楽しめる環境づくりをすることが気軽に利用できる店になる。また夜にお茶やデザートを食べるという客でも受け入れ、時間帯による利用規制を多く持たないことである。利用者のライフスタイルに沿った気軽に利用できる店としての存在を訴求することが新業態として認知してもらうカギであろう。

ゾーニング計画と設計ポイント

ローカル駅前周辺の5階建てビルの1階に位置し、入り口奥の壁側に設備が集中している。キッチンは設備エリアを配慮すると、入り口奥側の対面で配置するか、図のように入り口左側に確保する2通りがあるものの、業態コンセプトを配慮したゾーニング計画を考えると、現況のゾーニングが理想的計画と言えよう。
ゾーニング計画は、設備条件を優先しつつ業態コンセプトに適合した計画をすることが、飲食店としての成立させるためのポイントではあるが、企画する業態コンセプトを優先しなければ、ビジネスとしての成否を危うくしてしまう。
この店のキッチンスペースは、入り口左側にテイクアウトコーナー、レジの奥にデリショーケース、奥に調理機器を集めたクッキングエリアを配置している。
①クッキングエリアは客席から少し見え隠れするように、ガラスをフィックスした開口としている。また洗浄エリア、仕込みエリアについては客席フロアから見えないように区画している。洗浄エリアと仕込みエリアは区画することが理想的であるが、スペースに余裕がない場合には、作業台にパーティションを配置するなどの工夫が必要である。
②時間帯に応じて業態が変化する場合には、時間帯に合わせた食事シーンを想定した計画にしておくこと。
③時間帯に合わせて照明の明るさの調整ができるように照度コントロールを設備しておくこと。
④フロア計画はコンセプトを配慮すると、基本的には入り口から段差を設けないことが理想的であるが、奥の客席エリアは150ミリ高くし、入り口エリアと奥のエリアのイメージを変化させている。
⑤昼と夜のイメージ変化をつくるための一つのアイデアとしてテーブルにクロスをかけるなど照明の明るさ調整だけでなく夕方の時間帯に合わせて変化させることも業態コンセプトの実現に繋がる。

厨房設備機器リスト

No	品名	台数	寸法(mm)			配管接続口径(A)			ガス		電気容量(kW)		
			W	D	H	給水	給湯	排水	口径	Kw	単相100V	単相200V	三相200V
1	オープンショーケース	1	1500	750	1200						0.5		
2	冷蔵ショーケース	1	1400	700	1200						1.0		
3	冷蔵ショーケース	1	1600	700	1200						1.0		
4	ミルククーラー	1	220	325	315						0.2		
5	エスプレッソマシン	1	510	660	840	15		60					4.7
6	ワークテーブル	1	1340	750	850	15	15	40					
7	ジュースディスペンサー	1	252	440	572						0.3		
8	冷蔵コールドテーブル	1	1200	750	850			40			0.2		
9	カクテルハンガー	1	900	250	1段								
10	アイスビンテーブル	1	450	750	850			40					
11	電子レンジ	1	510	360	306							1.6	
12	電子レンジ	1	510	360	306							1.6	
13	冷蔵コールドテーブル	1	1200	750	850			40			0.2		
14	オーバーシェルフ	1	2150	350	1段								
15	一槽シンク	1	500	750	850	15	15	40					
16	シンク付ワークテーブル	1	900	600	850	15	15	40					
17	オーバーシェルフ	1	750	300	2段								
18	排気フード	1	2350	750	下端1900						0.2		
19	ガスレンジ	1	1200	600	850				25	41.4			
20	ワークテーブル	1	400	600	300								
21	フライヤー	1	450	600	850				15	10.5	0.1		
22	排気フード	1	1050	1000	下端1900								
23	スチームコンベクションオーブン	1	750	735	815	15x2		50					9.0
24	オーブン専用架台	1	750	550	785								
25	冷蔵コールドテーブル	1	1200	750	850			40			0.2		
26	オーバーシェルフ	1	1100	300	2段								
27	二槽シンク	1	1700	750	850	15x2	15x2	40x2					
28	オーバーシェルフ	1	1700	300	1段								
29	IH炊飯保温ジャー	1	502	429	390								4.6
30	炊飯カート	1	500	500	200								
31	オーバーシェルフ	1	1030	350	1段								
32	ソイルドディッシュテーブル	1	1420	750	850	15	15	40					
33	排気フード	1	1200	900	下端1900								
34	食器洗浄機	1	600	600	1430		15	40	15	11.0			4.0
35	オーバーシェルフ	1	600	350	1段								
36	クリーンディッシュテーブル	1	800	750	850								
37	冷凍冷蔵庫	1	1500	650	1890			40			0.7		
38	製氷機	1	700	670	1610	15		40			1.2		
39													
40	手洗器	1	410	320	760	15		40					
41	シェルフ	1	1821	307	1892								
42	シェルフ	1	909	460	1867								
	合　計									62.9	3.9	3.2	24.2

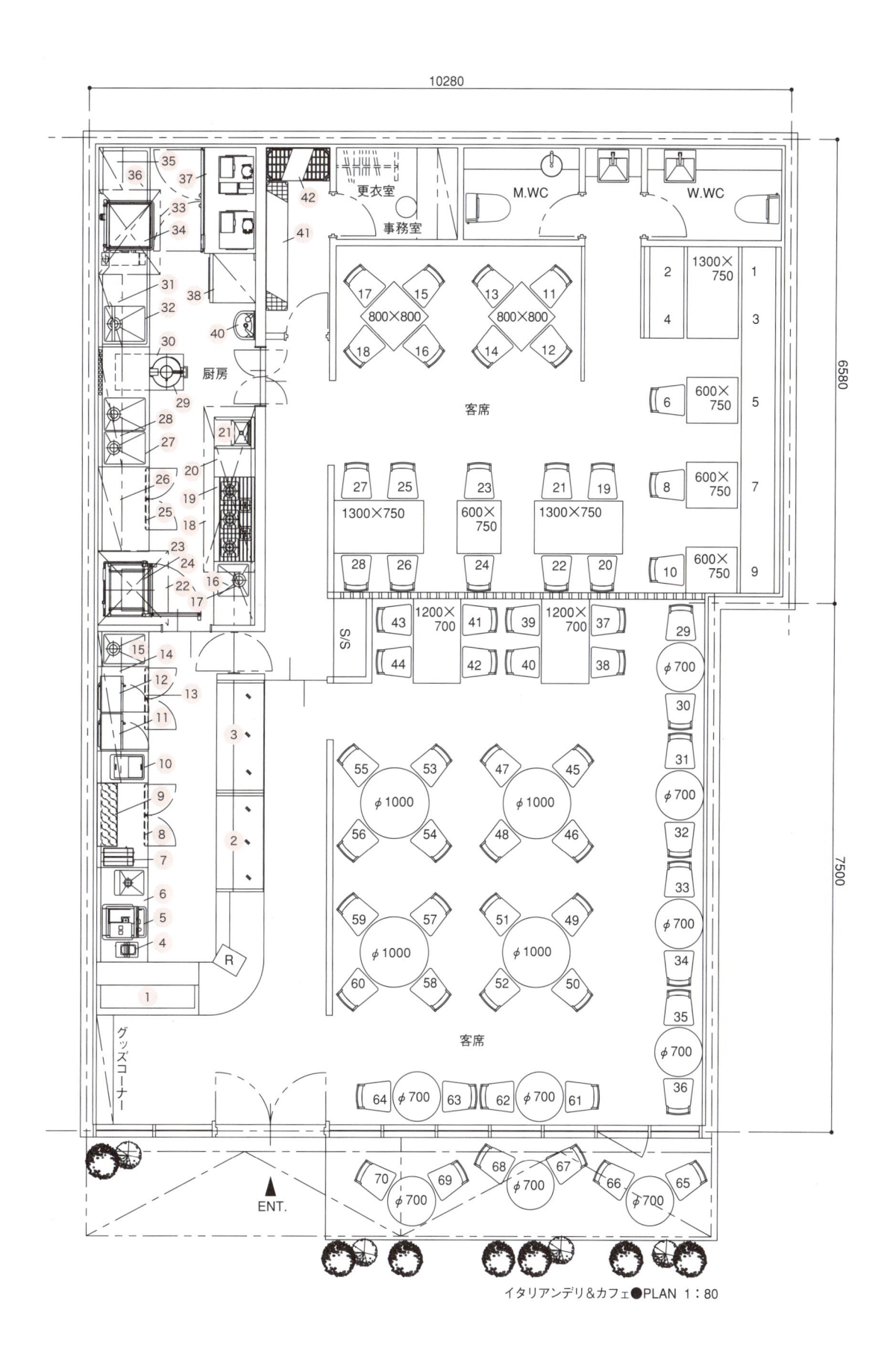

更衣室　M.WC　W.WC
事務室
厨房
客席
S/S
客席
グッズコーナー
ENT.

イタリアンデリ&カフェ●PLAN 1：80

| フレッシュジュースファクトリー | 65.5m² | 18 seats |

新提案のドリンクが健康を訴求する

総投資金額（保証金その他備品除く）：1800万円
月商売上高：500万円
回転率：昼・夜18回（テイクアウト含む）
平均客単価：昼夜平均680円
店舗面積：65.5m²
厨房面積（バックヤード含む）：21.8m²
客席面積（トイレ含む）：43.7m²
客席数：18席

業態特徴とイメージ・コンセプト

この店の業態コンセプトは、季節の果物、野菜類をミキシングすることによって美味しくかつ健康になる組み合わせをメニュー化した企画であり、フレッシュドリンク、コーヒー、紅茶、デトックスメニューに至るまで、ジュースを飲むことによって健康を維持できることを訴求する店である。

近年の傾向としては、デパート地下の食品売り場の一角に位置していたドリンクスタンドが、駅中や一般の商業施設などで専門店として再認識され、いまや全国に広まりつつある。この事例としては冬の季節メニューとして健康的な食べるスープもメニュー化し、気軽に食べられるベジタブルケーキ（野菜ケーキ）などドリンクと合わせて楽しんでもらう仕組みにしている。いかに他店にはない差別化したメニューを提案できるかがビジネスとしての成否を大きく左右する。

この業態の特性として、立地によって大きく成否が左右される。競争の激しい都心部では単独店として1等地でなければ成立しないビジネスであることを理解しておこう。

つまり店側の運営としても繁忙時とアイドル時の人員を削減できるなど、効率的計画がビジネス継続の生命線にもなることを忘れてはならない。

したがって業態の仕組みとしてはセルフサービスを基本とする。カウンターで注文と精算し、好きな席で食事をしてもらうことになるが、繁忙時にスピード対応できないメニューについては、スタッフが席まで届ける仕組みにしている。

ターゲットとする主客層は20歳から35歳前後の女性客を中心にメニュー内容や構成することで固定客化する計画をしている。女性客を主軸におくものの、健康志向に対しては、高齢化に伴い健康に配慮する男性客も増加しているため、男性客に合わせたドリンクメニューも開発するようにしている。

価格帯としてドリンク類は280円から480円ぐらい、デトックスなど特徴あるメニューは400円から500円以内で提供できる仕組みにすることが訴求ポイントになるだろう。

内装イメージとしては、近年流行りのカフェイメージでかつ落ち着ける雰囲気にしておくことが大切であろう。ファストフードであるからといっても、主客層はあくまでもOL、女性客が中心になるため席の座り心地には配慮しておくことが重要である。

立地としては、前述したように人通りが良いことが最低条件になるため、駅前あるいは駅周辺、駅中などに位置することが理想的であろう。客席がなければ成立しない業態ではなく、テイクアウトスタイルとしても成立するため、立地条件に合わせてスタイルを変化させることも可能であろう。

ゾーニング計画と設計ポイント

この物件は3階建のテナントビルの1階に位置し、少し奥側が変形した形状で、入り口左側に設備が集中している。ゾーニング計画としては、入り口に対してキッチンを対面するか、入り口左側にキッチンスペースを配置するかのいずれかの計画になるだろう。

基本的にはセルフサービスであるため、目的客であれば、キッチンやカウンターの位置はさして問題にならないところであるが、サービススピードやすぐに利用できるという簡便性を優先すると、入り口に近い位置にキッチンエリアを計画することが一般的であろう。また、店内・テイクアウト問わず、すべて紙カップ、皿類も包材を使用しているため、キッチンエリアには洗浄機もなく、スタッフがキッチンからフロアにでる場合には、ゲストの利用ごとにテーブルを清潔にするだけのケアですむであろう。

①キッチンエリアで180ミリ、トイレエリアで300ミリ床を上げている。
②キッチンエリアの熱源としては電磁調理機の排熱しかないため排気容量も少なくてすみ、大きな排気設備の必要もなく展開しやすい業態である。
③客席スタイルは、2人、4人席を中心に配置し、テーブルを移動させることによってグループ客の構成に対応できるように計画している。
④インテリアデザインについては、果物、野菜、ジュースの絞りたてのイメージなどの画像を壁装飾としてグラフィック使用することで、イメージ訴求とコストを低減させている。
⑤ファサードは、何の店であるか明確にしたサインやデザインであること。メニュー価格も分かる看板も店頭に配置しておくこと。

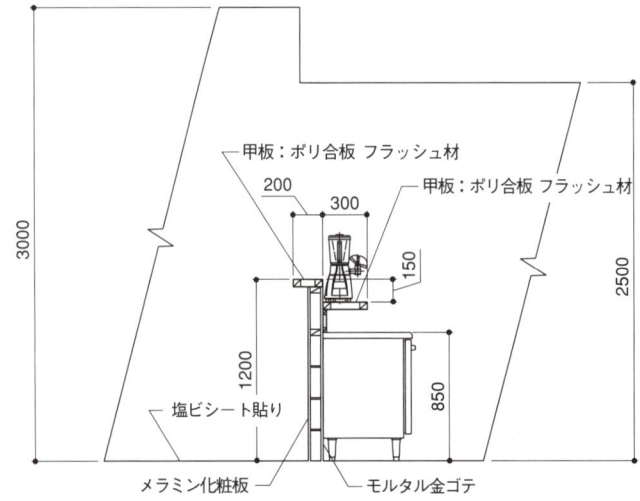

フレッシュジュースファクトリー●A-1断面図 1：50

フレッシュジュースファクトリー●PLAN 1:80

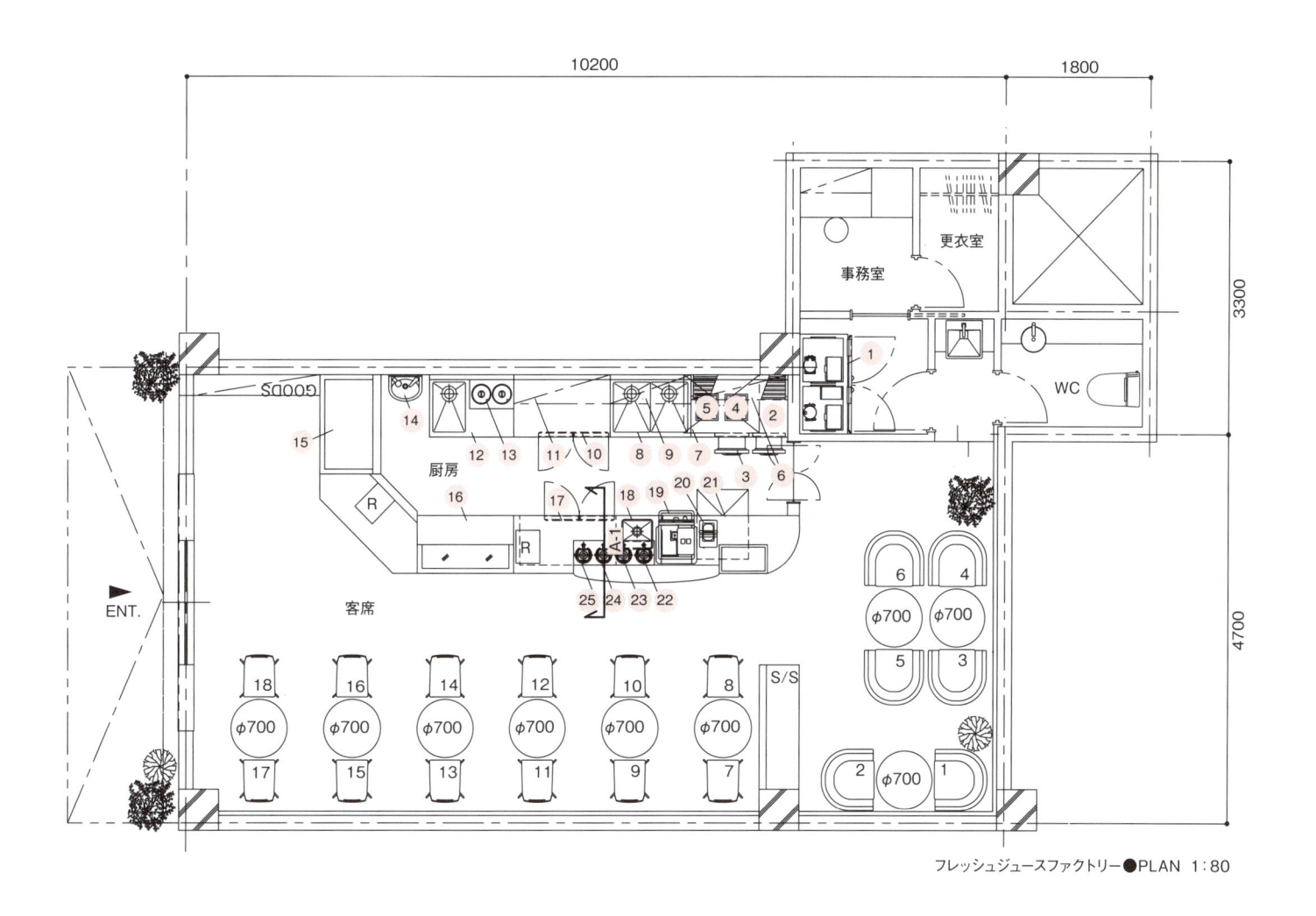

厨房設備機器リスト

No	品名	台数	寸法(mm)			配管接続口径(A)			ガス		電気容量(kW)		50Hz
			W	D	H	給水	給湯	排水	口径	Kw	単相100V	単相200V	三相200V
1	冷凍冷蔵庫	1	1200	650	1890			40			0.7		
2	ワークテーブル	1	1200	750	350								
3	冷蔵ドロワーコールド	1	1200	750	500			40			0.4		
4	電磁調理器	1	276	316	105							2.1	
5	電磁調理器	1	276	316	105							2.1	
6	パイプシェルフ	1	1200	300	1段								
7	排気フード	1	900	700	下端1900						0.1		
8	二槽シンク	1	1000	750	850	15x2	15x2	40x2					
9	オーバーシェルフ	1	1000	350	2段								
10	冷蔵コールドテーブル	1	1200	750	850			40			0.2		
11	オーバーシェルフ	1	1200	350	2段								
12	シンク付ワークテーブル	1	1050	750	850	15	15	40					
13	スープウォーマー	1	550	350	260			25			0.9		
14	手洗器	1	410	320	760	15		40					
15	オープンショーケース	1	1500	750	1200						0.5		
16	冷蔵ショーケース	1	1200	700	1200						1.0		
17	冷蔵コールドテーブル	1	1200	600	850			40			0.2		
18	一槽シンク	1	400	400		15	15	40					
19	エスプレッソマシン	1	510	660	840	15		60					4.7
20	ミルククーラー	1	220	325	315						0.2		
21	製氷機	1	630	525	800	15		40			0.4		
22	ジュースディスペンサー	1	205	190	450						0.4		
23	ジュースディスペンサー	1	205	190	450						0.4		
24	ジュースディスペンサー	1	205	190	450						0.4		
25	ジュースディスペンサー	1	205	190	450						0.4		
	合　計									0.0	6.2	4.2	4.7

洋風デリカテッセン　　55.9m²　　0 seats

主菜、総菜、サラダ類の盛り付け演出が集客ポイント

総投資金額（保証金その他備品除く）：1500万円
月商売上高：820万円
回転率：昼・夜平均400人
平均客単価：昼夜平均680円
店舗面積：55.9m²
厨房面積（バックヤード含む）：34.7m²
客席面積射（トイレ含む）：21.2m²

業態特徴とイメージ・コンセプト

これまでは、デリカテッセンなどの業態は限られた立地のみで成立していたものの、食へのニーズの変化に合わせて、駅中や駅周辺に気軽に夕食のおかずとして購買する環境が整ってきている。

もちろん料理の主軸を和という切り口で表現する業態も成立するだろうし、今後の展開としては和・洋総菜というように、生活者の食に対する嗜好やニーズで日々変わってくるであろう。

この店の業態コンセプトは、洋風デリを小ポーションで提供するデパート食品売り場が、都心部の駅中や周辺立地に出現したような店である。

この店の場合は、洋という括りの中でフレンチ、イタリアンなど比較的女性層が嗜好として馴染みある総菜を提案するものであり、温かいデリの比重は抑えつつ、コールドデリ総菜の種類を多く取り揃えている。

主ターゲット層は、若い女性から高齢者の主婦層までとし、気軽に小ポーションで購入できる量り売りとパック売りの仕組みにしている。

価格帯としてはパック売りでは280円から380円、はかり売りではグラム当たり3円から6円以内でメニュー構成をしている。料理のひとつずつが明確化している商品については1個売り販売をするなど、日々変化するメニュー内容に合わせて価格設定を変える仕組みとしている。

また特に主婦層や若い女性の食に対するニーズや嗜好は、健康志向やマクロビオなど食材のトレサビリティーから調理レシピに至るまで、それぞれにメッセージとして訴求できることが理想的であろうし、この店の場合には、キッチンスペースですべての総菜を調理製造していることを訴求している。

メインの主菜、総菜としてはコールドデリ10種類、ホットデリ5種類を基本に2日おきに一部メニュー内容を変更し、利用者の食に対する興味を飽きさせないように配慮している。

ゾーニング計画と設計ポイント

この物件は、6階建ての駅ビルに位置しているため、テナントの設備工事はB工事（テナント側の費用でビル側の指定業者が工事を行う）の範囲はテナント内の設備つなぎ込み部分までとなり、テナント内についてはC工事になるという条件である。

大手の商業施設あるいは駅など施設管理が厳しいテナント出店の場合には、工事範囲の確認や具体的内容を物件条件提示の際、あるいは物件調査の段階でしっかりと調べておくことが大切であろう。

このようテナント物件の場合には、設備条件はB、C工事に区分されていることが多く、B工事費用については業態の物件内容によっても費用が大きく変化してくることを理解しておかなくてはならない。

またB工事は、ゼネコン工事の場合には一般施工業者の2倍以上の見積もりが提示されることが多く、具体的な工事内容や同じ内容で依頼する施工業者で参考見積りをとっておくことが、予算交渉するためのポイントと言える。

基本的には、有名商業施設へ出店する場合には、設備計画内容や条件が詳細に決定されていることが多く、この店の場合には、ショーケースに向かって正面奥トイレ側に設備が集中していることだ。

ゾーニング計画としては、駅中の通行客の動線に沿ってショーケース類を配置していくことが基本になる。種々のゾーニング計画は難しいと理解しておくことだろう。

①セルフサービスでドリンク類、パック販売をする縦型の冷蔵ショーケースは、中心の販売コーナー側から見えるように配置すること（基本的にはセキュリティーの問題であり、店舗内で万引きされることは少ないが）。

②デリカテッセンの場合には、冷蔵・温蔵ショーケースに調理商品を陳列、秤販売あるいはパック販売の仕組みが多く、その背後にガラスで区画されたオープンキッチンが見えるといったデザイン構成や配置が一般的である（キッチンで調理調整した料理を前にあるショーケースに運ぶ仕組み）。

③この店の場合には、一部仕様書発注品もあるがほとんどメインキッチンで調理するように、調理設備機器を配置しているが、一日の販売量に合わせてドライストレージの大きさなどを検討、決定すること。

④業態としてはテイクアウト専門であり、料理の販売の仕組みや料理はスムーズに提供できることがポイントである。床の高さは、販売ショーケースでは床の高さは150ミリ上げ、キッチンでさらに150ミリ上げる計画にすること（冷蔵ショーケースのドレイン排水はパンで受けるか、蒸発する仕組みの機器を選定すること）。

⑤内装デザインについては、洋風総菜を販売するイメージとしては白タイルとステンレスの組み合わせで清潔感を前面に訴求するのが一般的である。

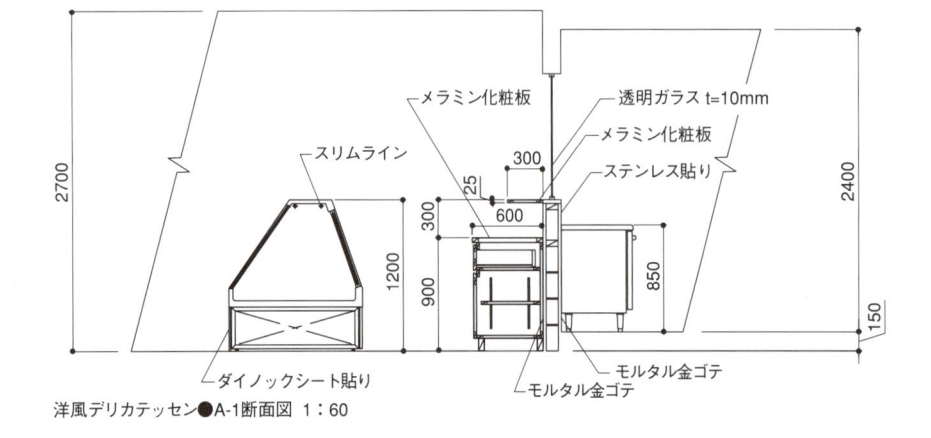

洋風デリカテッセン●A-1断面図 1:60

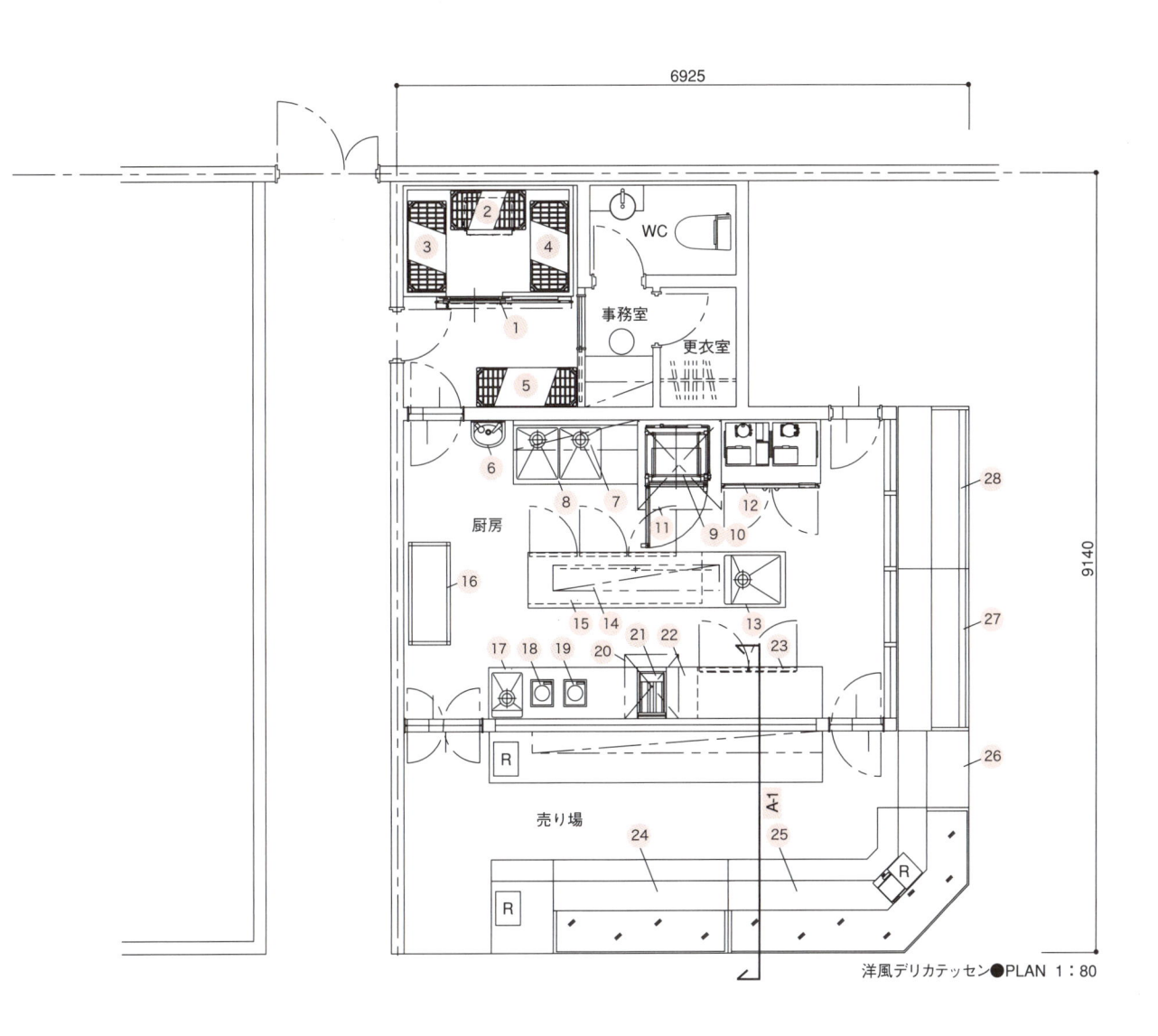

洋風デリカテッセン●PLAN 1：80

厨房設備機器リスト

No	品名	台数	寸法(mm)			配管接続口径(A)			ガス		電気容量(kW)		
			W	D	H	給水	給湯	排水	口径	Kw	単相100V	単相200V	三相200V
1	プレハブ冷蔵庫	1	2050	1300	2400			40			0.2		1.7
2	シェルフ	1	909	460	1867								
3	シェルフ	1	1061	460	1867								
4	シェルフ	1	1061	460	1867								
5	シェルフ	1	1212	460	1867								
6	手洗器	1	410	320	760	15		40					
7	オーバーシェルフ	1	1500	300	2段								
8	二槽シンク	1	1500	750	850	15x2	15x2	40x2					
9	スチームコンベクションオーブン	1	750	735	815	15		50					9.0
10	オーブン架台	1	750	550	785								
11	排気フード	1	1000	1050	下端1900								
12	冷凍冷蔵庫	1	1200	800	1890			40					0.7
13	一槽シンク	1	750	1000	850	15	15	40					
14	オーバーキャビネット	1	2000	300	1250								
15	冷蔵コールドテーブル	1	1800	750	850			40			0.3		
16	シルバーキャビネット	1	1200	500	1100								
17	シンク付ワークテーブル	1	1800	600	850	15	15	40					
18	電磁調理器	1	276	316	105							2.1	
19	電磁調理器	1	276	316	105							2.1	
20	排気フード	1	650	750	下端1900						0.1		
21	フライヤー	1	370	600	850				15	10.5	0.1		
22	サイドテーブル	1	400	600	850								
23	冷凍冷蔵コールドテーブル	1	1500	600	850			40			0.5		
24	ホットショーケース	1	2100	880	1100						1.5		
25	冷蔵ショーケース	1	3000 1700	880	1100						0.2		0.4
26	常温ケース	1	900	880	1100						0.2		
27	オープン冷蔵ショーケース	1	1900	880	1100						0.2		0.3
28	オープン冷蔵ショーケース	1	1900	880	1100						0.2		0.3
	合　計									10.5	3.5	4.2	12.4

和食総菜と弁当店　　　53.5m²　　　0 seats

ロハスをキーワードにした和食デリカショップ

総投資金額（保証金その他備品除く）：1800万円
月商売上高：580万円
回転率：来客数250人
平均客単価：昼夜平均780円
店舗面積：53.5m²
厨房面積（バックヤード含む）：21.9m²
客席面積（トイレ含む）：31.6m²

業態特徴とイメージ・コンセプト

この店のコンセプトは、今後の生活者のニーズである健康志向や食のトレサビリティー、ロハスなどキーワードにした和食デリショップである。和食総菜を少しずつパックし低価格で提供するとともに、ランチ需要や夜の一人暮らしの男女、高齢者などの弁当需要に適合した手作り弁当を訴求する店である。
和食総菜と弁当店は地域の商店街や、駅周辺あるいはデパートの食品売り場で多く目にするようになってきているものの、まだ食材の原材料やトレサビリティーにこだわりを持った店の数は少ない。この店はすべての食材にこだわりを持った健康志向という、今後の時代のニーズや趣勢に適合したコンセプトを訴求している。
主軸にする客層はサラリーマン、OL、若い主婦層、高齢者まで幅広く設定している。特に食材の産地や健康志向というこだわりを持っている客層に、他店との差別化を訴求することであろう。
価格帯についても現行の店と比較してもさほど変わりのない価格帯（1パック280円から320円程度）で提供できるようにすることや、オリジナル商品や煮魚、焼魚など1品料理については購入しやすい価格設定にしている。特に和食総菜・デリ商品を販売する業態は、高齢化が進む時代においては街に最低一店は必要な業態になるだろうし、今後の成長業態のひとつと言える。

ゾーニング計画と設計ポイント

間口は狭く奥にいって右側に曲がっている変形物件であり、ファサードの訴求方法や、店内がよく見えるようにショーケースや陳列棚の配置は十分に検討しておくことが大切である。
この店の設備は店奥に集中しているため、キッチンスペースは奥側に配置することがよく、店のサービスの仕組みを配慮しても入り口から食材の陳列冷蔵ショーケース、ホットショーケース、常温棚など入り口の両側の壁に沿って什器を配置することが大切であろう。この物件は1階にあるが地下に設備スペースがあるため、キッチンの床レベルをフロアスペースと同じレベルにできず、キッチンスペースの床を250ミリ以上高くしなければならなかった。
この業態のように店内に客席を持たず、テイクアウトだけの場合には、キッチンの床が上がっても販売カウンターの高さはフロアから約1100ミリにすることで客側、スタッフ側のサービスもしやすくなるため、床の段差は問題がほとんどない。
①変形している物件の場合、入り口周辺が販売カウンターから見える配置計画をしなければ、セキュリティーや店内の食材管理面からも問題があるため全体の配置計画は重要なポ

事例集　業種業態別平面計画

厨房設備機器リスト

No	品名	台数	寸法(mm) W	D	H	配管接続口径(A) 給水	給湯	排水	ガス 口径	Kw	電気容量(kW) 単相100V	単相200V	三相200V
1	冷凍冷蔵庫	1	1500	800	1890			強制蒸発			0.3		0.7
2	シェルフ	1	1516	460	1867								
3	手洗器	1	410	320	760	15		40					
4	二槽シンク	1	1000	600	850	15x2	15x2	40x2					
5	パイプシェルフ	1	1000	300	1段								
6	ワークテーブル	1	1200	600	850								
7	炊飯器	2	466	436	430				φ7x2	8.4x2	0.1x2		
8	オーバーシェルフ	1	2200	300	2段								
9	冷蔵コールドテーブル	1	1200	600	850			40				0.2	
10	オーバーシェルフ	1	1800	400	2段								
11	ワークテーブル	1	1200	600	850								
12	ワークテーブル	1	1200	600	850								
13	冷凍冷蔵コールドテーブル	1	1800	600	850			40				0.5	
14	ワークテーブル	1	600	600	850								
15	排気フード	1	2650	750	下端1900							0.2	
16	焼物器	1	603	400	602				φ13	5.7			
17	ワークテーブル	1	1050	600	850								
18	フライヤー	1	450	600	850				15	10.5	0.1		
19	ワークテーブル	1	300	600	850								
20	ガスレンジ	1	900	600	850				32	67.5			
21	一槽シンク	1	450	600	850	15	15	40					
22	卓上はかり	1	350	238	85								
23	冷蔵ショーケース(デリカテッセン)	1	1500	700	1200			40				0.7	
24	手洗器	1	410	320	760	15		40					
25	冷蔵ショーケース	1	1800/2900	880	1500			強制蒸発				0.4x2	1.5x2
26	温蔵ショーケース	1	1800	880	1500							1.5	2.8
27	常温ショーケース	1	2400	880	1500							1.5	
	合計									100.5	5.2	0.8	6.5

イントになる。

②冷蔵ショーケース、ホットショーケースなどの食材陳列什器は、床の上に配置しているだけであり、冷蔵ショーケースの排水は機器下部に受け皿があるタイプあるいは蒸発させる機能が付いた機種を選べば電気コンセントを設備しておけばよい。

③この店のようにセルフサービスが主体の場合には、内装も特に奇抜なデザインをする必要がなく、むしろファサードの訴求力を高め、いかに客を店内に誘導するかが重要になる。店頭にはバナースペースの確保や看板も一目で何の店であるのかすぐに理解できるように工夫することが重要であろう。

④キッチンの設備としては、ほとんどの食材を店内で調理するために、排気設備や電気設備の容量は意外と必要になるため、設備調査の段階でどのぐらいの容量が必要になるかなど、業態に添った設備情報の確認が必要だ。

⑤この惣菜業態のようにテイクアウト専門の場合には、店内に手洗い設置指導はあるものの、店内にトイレ設置の義務はないが、物件のスペースに余裕があれば店内に配置すると利用者にとっては便利であろう。

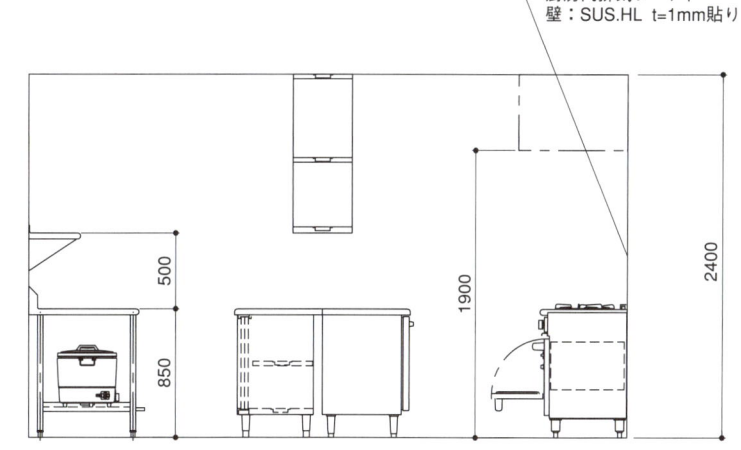

和食惣菜と弁当店●A-1断面図 1：50

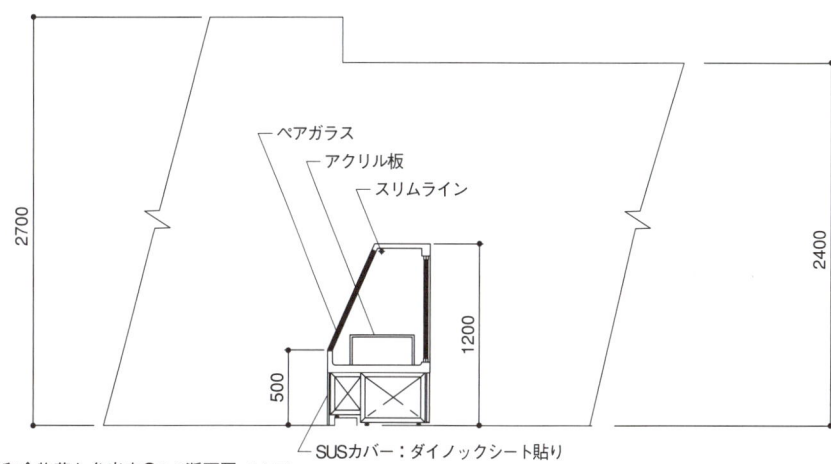

和食惣菜と弁当店●A-2断面図 1：50

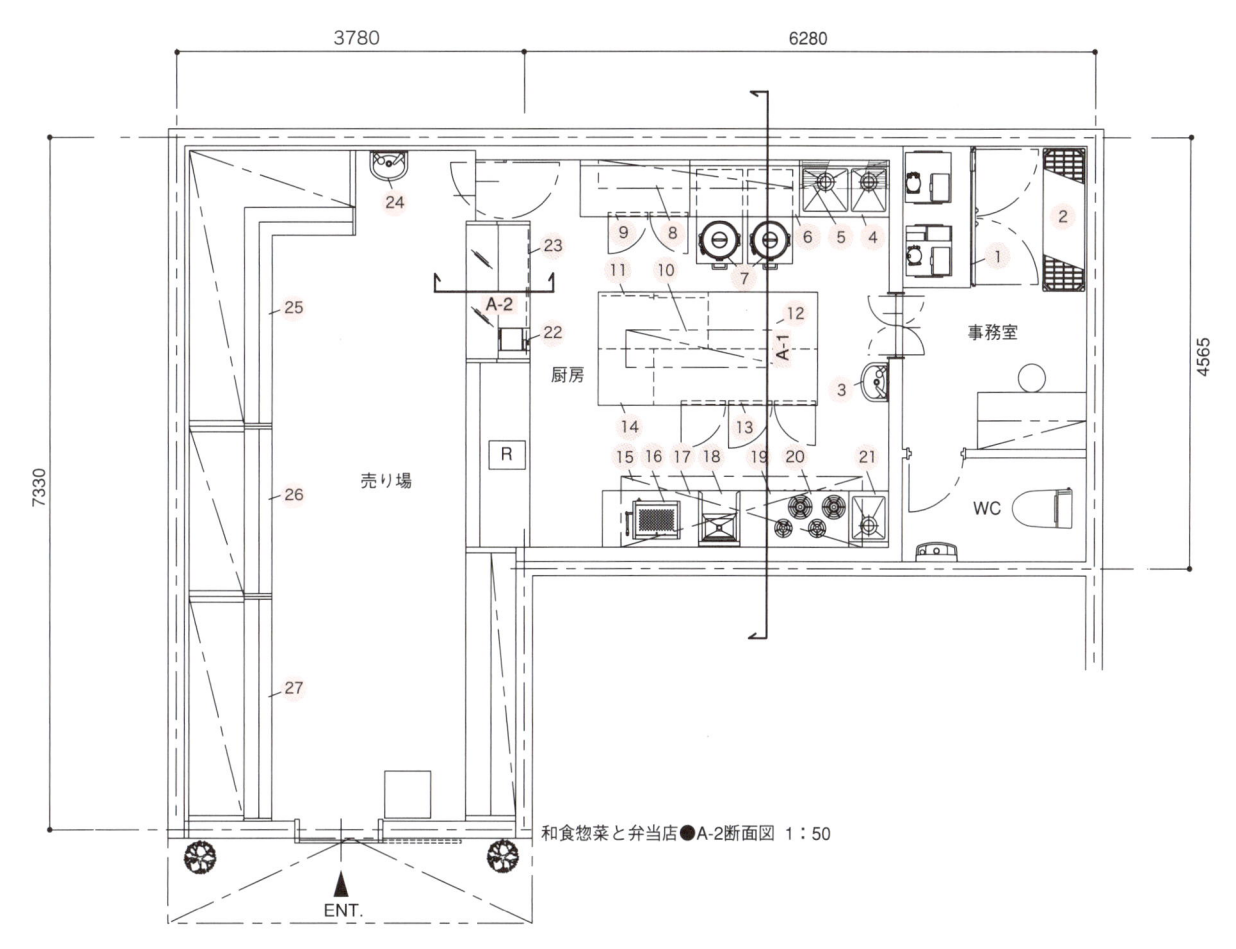

和食惣菜と弁当店●A-2断面図 1：50

あとがき

昨今、飲食店は年間新規に5万件開業しその後の経営不振により5万件が閉店を余技なくされているという。開業しやすいが昔に比べると経営継続が難しいビジネスのひとつになりつつある。

何故に5万件もの飲食店が閉店に追い込まれてしまうかは（一過性の理由だけではないものの）、その多くはしっかりとした企画や内容検討がされないままに、安易に開業してしまう個人店の生業家業店が圧倒的に多いことにある。

その失敗の大きな理由は、立地が悪い、料理の味がまずい、価格が高いなどの順で、基本的な企画をする段階で業種業態の現実そのものを把握できていないことにあると言える。

そうした現状において設計デザイナーの役割は、よい店づくりをすることが大きな使命であるものの、いまやただ単に空間に種々な装飾デザインをすることがすべてではないことをこの本を通して理解いただいたことと確信している。

実務的な現実に即した設計方法の在り方やマネジメント（計数管理）、厨房設備を始め各設備に関わる設計の注意点など、経験が浅いデザイナーやこれから実務経験を積み重ねていくあらゆる業界関係者のために幅広く比較的理解しやすく内容を論じてきた。読み終わって、もっとこの部分の知識や情報を勉強したいという方には、その分野の専門書をひもとき、さらにより深い理解や自分の知識にすることをお勧めする。

これからの設計デザイナーの理想的な姿とは、種々な情報と実践に強い知識を持ったコンサルタント的な役割がより求められてくる時代になってくることは明白であり、そのキャリアを目指すために日々努力研鑽し実務の経験を積み重ねていくことが、時代に適合した一人前のデザイナーになるための一歩であることを理解してほしい。

最後にこの本があなたにとって実践的かつ店づくりの知識や設計経験を積み重ねていくための実務的参考書として活用していただけるものと切に願ってやまない。

2010年3月吉日
竹谷稔宏（たけや・としひろ）